"十二五"普通高等教育本科国家级规划教材
高等学校交通运输与工程类专业规划教材

公路小桥涵勘测设计

（第五版）

孙家驷　主　编
吴进良　张　铭　副主编
高冬光　刘新生　主　审

人民交通出版社股份有限公司
China Communications Press Co.,Ltd.

内 容 提 要

本书为《公路小桥涵勘测设计》第五版,在原四版的基础上重点吸收了《公路工程技术标准》(JTG B01—2014)和《公路桥涵设计通用规范》(JTG D60—2015)等标准规范的相关内容,补充加强了钢波纹管涵和涵洞CAD等方面的内容。本书主要介绍公路小桥涵勘测设计的基本概念、流量及孔径计算的基本原理,以及外业勘测、内业设计的基本方法。

本书可作为土木工程及其他相关专业本科教材,亦可供从事公路工程设计、施工、养护管理的工程技术人员参考。

图书在版编目(CIP)数据

公路小桥涵勘测设计 / 孙家驷主编. —5 版. —北京:人民交通出版社股份有限公司,2017.4
 ISBN 978-7-114-13715-0

Ⅰ.①公… Ⅱ.①孙… Ⅲ.①公路桥—桥涵工程—设计 Ⅳ.①U448.142.5

中国版本图书馆 CIP 数据核字(2017)第 053415 号

审图号:GS(2019)3459 号

"十二五"普通高等教育本科国家级规划教材
高等学校交通运输与工程类专业规划教材

书　　　名:	公路小桥涵勘测设计(第五版)
著　作　者:	孙家驷
责任编辑:	李　瑞
出版发行:	人民交通出版社股份有限公司
地　　　址:	(100011)北京市朝阳区安定门外外馆斜街3号
网　　　址:	http://www.ccpress.com.cn
销售电话:	(010)59757973
总　经　销:	人民交通出版社股份有限公司发行部
经　　　销:	各地新华书店
印　　　刷:	北京武英文博科技有限公司
开　　　本:	787×1092　1/16
印　　　张:	16.25
字　　　数:	388 千
版　　　次:	1990 年 1 月　第 1 版　1998 年 7 月　第 2 版 2004 年 9 月　第 3 版　2009 年 6 月　第 4 版 2017 年 4 月　第 5 版
印　　　次:	2023 年 12 月　第 5 版　第 5 次印刷　总第 33 次印刷
书　　　号:	ISBN 978-7-114-13715-0
定　　　价:	35.00 元

(有印刷、装订质量问题的图书由本公司负责调换)

高等学校交通运输与工程(道路、桥梁、隧道与交通工程)教材建设委员会

主 任 委 员: 沙爱民　(长安大学)

副主任委员: 梁乃兴　(重庆交通大学)
　　　　　　　陈艾荣　(同济大学)
　　　　　　　徐　岳　(长安大学)
　　　　　　　黄晓明　(东南大学)
　　　　　　　韩　敏　(人民交通出版社股份有限公司)

委　　　员: (按姓氏笔画排序)

马松林　(哈尔滨工业大学)	王云鹏　(北京航空航天大学)
石　京　(清华大学)	申爱琴　(长安大学)
朱合华　(同济大学)	任伟新　(合肥工业大学)
向中富　(重庆交通大学)	刘　扬　(长沙理工大学)
刘朝晖　(长沙理工大学)	刘寒冰　(吉林大学)
关宏志　(北京工业大学)	李亚东　(西南交通大学)
杨晓光　(同济大学)	吴卫国　(武汉理工大学)
吴瑞麟　(华中科技大学)	何　民　(昆明理工大学)
何东坡　(东北林业大学)	张顶立　(北京交通大学)
张金喜　(北京工业大学)	陈　红　(长安大学)
陈　峻　(东南大学)	陈宝春　(福州大学)
陈静云　(大连理工大学)	邵旭东　(湖南大学)
项贻强　(浙江大学)	郭忠印　(同济大学)
黄　侨　(东南大学)	黄立葵　(湖南大学)
黄亚新　(解放军理工大学)	符锌砂　(华南理工大学)
葛耀君　(同济大学)	裴玉龙　(东北林业大学)
戴公连　(中南大学)	

秘 书 长: 孙　玺　(人民交通出版社股份有限公司)

第五版前言

为适应土木工程对人才培养的需求,20世纪80年代末国内一些工科院校把小桥涵测设内容从《桥梁工程》《桥梁水文》《工程水力学》课程中分离出来,单独设置《公路小桥涵勘测设计》选修课程,1990年1月,由人民交通出版社正式出版《公路小桥涵勘测设计》(第一版)。1996年由于教材具有一定创新性和适应性,获交通部优秀教材二等奖。后根据"全国高等学校路桥及交通工程教学指导委员会"审定的教学大纲重新编写,于1998年7月出版第二版。2004年3月,为适应小桥涵测设技术的发展和标准、规范的变动,又重新编写了第三版,并列为人民交通出版社面向21世纪交通版高等学校系列教材之一,三版教材共印刷19次。经多次改版,教材日趋完善,2006年8月8日,教育部将《公路小桥涵勘测设计》列入普通高等教育"十一五"国家级规划教材,2012年又列入教育部普通高等教育"十二五"国家级规划教材。2013年又根据新颁布的《公路涵洞设计细则》(JTG/T D65-04—2007)对教材进行了较大补充和修改,出版了第四版,到2016年底总计印刷28次,累计发行10万册。

由于标准规范重编和小桥涵工程实践及学科发展,根据出版社的计划,进行第五版编写。本次改版修改要点是:

(1)按《公路工程技术标准》(JTG B01—2014)和《公路桥涵设计通用规范》(JTG D60—2015)对全书内容进行通改。

(2)适当补充、更新波纹管涵(桥)的内容。

(3)删除原第七章涵洞结构计算的内容。

(4)结合生产需求,对原第十章内容予以重新编写。

教材是课堂教学的基础,教材建设是教学改革的重要环节,教材的编写和更新是一个不断充实完善的长期过程,需要不断修改和精练。由于编者水平有限,书中的不足乃至错误之处在所难免,恳请读者批评指正。

孙家驷

2016年10月

第四版前言

为适应道桥及土木工程对人才培养的需求,20世纪80年代末国内一些工科院校把小桥涵测设内容从《桥梁工程》《桥涵水文》《工程水力学》课程中分离出来,单独设置《公路小桥涵勘测设计》选修课程,1990年1月,由人民交通出版正式出版《公路小桥涵勘测设计》(第一版)。1996年由于教材具有一定创新性和适应性,获交通部优秀教材二等奖。后根据"全国高等学校路桥及交通工程教学指导委员会"审定的教学大纲,重新编写,于1998年7月出版第二版。2004年3月,为适应小桥涵测设技术的发展和标准、规范的变动,又重新编写了第三版,并列为人民交通出版社面向21世纪交通版高等学校系列教材之一,三版教材共印刷19次,总计印数66 500册。经多次改版,教材日趋完善,2006年8月8日,教育部将《公路小桥涵勘测设计》列入普通高等教育"十一五"国家级规划教材。

教材主编在原教材的基础上,进一步加强调研,紧密结合小桥涵工程小、数量大、测设灵活等特点,结合该学科的发展、工程实践和适应课程教学需求,按照行业新标准、新规范内容进行了重新编写。本书在原三版的基础上重点吸收了新颁布的《公路涵洞设计细则》(JTG/T D65-04—2007)的相关内容,补充加强了钢波纹管涵、倒虹吸涵洞等方面的实例,对教材中过时、烦琐的内容进行了删减。总之,新编后的第四版教材,系统性更强、内容更新、图文并茂、文字精练。

教材是课堂教学的基础,教材建设是教学改革的重要环节,教材的编写和更新是一个不断充实完善的长期过程,需要不断修改和精练,加之编者的水平有限,书中的不足,乃至错误之处在所难免,恳请读者批评指正。

孙家驷
2008年8月于重庆

第三版前言

本书始编于1990年1月(第一版),并于1996年获**交通部优秀教材二等奖**。后根据全国高等学校路桥及交通工程教学指导委员会审定的教学大纲,重新编写,于1998年7月出版第二版。随着公路建设的迅猛发展,公路测设技术的不断进步,小桥涵勘测设计知识也在不断地更新,加之有关标准和规范的变动,原书已不能适应生产发展的需要,为此,进行了本书第三版的编写工作。本书按照近年来颁布的新标准、新规范,在原书主要介绍勘测设计的基本概念、流量及孔径计算的基本原理、外业勘测及内业设计的基本方法的基础上,增加了涵洞结构计算和涵洞CAD章节,并进一步充实了箱涵、波纹钢管涵的内容,适当补充了涵洞水文和水力计算。

本教材由重庆交通学院教授孙家驷主编,河北省交通规划设计院教授级高级工程师刘新生主审。本教材主审结合几十年小桥涵勘测设计的具体实践对教材内容进行了细致审查,提出了十分宝贵的意见,有效地提高了书稿质量,借此机会表示衷心感谢!

本教材第三版系统性强,内容更加丰富,更加结合生产实践,图文并茂,文字精练。可作为土木工程专业(道路工程、桥梁工程方向)本科教材,也可供公路设计、施工、养护管理单位的工程技术人员学习参考。

孙家驷
2004年8月

目录
CONTENTS

第一章 小桥涵概论 ··· 1
  第一节 小桥涵 ·· 1
  第二节 小型排水构造物 ·· 12
  复习思考题及习题 ··· 15

第二章 小桥涵类型及选择 ··· 16
  第一节 小桥涵的分类 ··· 16
  第二节 小桥涵类型选择 ·· 21
  复习思考题及习题 ··· 29

第三章 小桥涵勘测 ··· 30
  第一节 小桥涵勘测概述 ·· 30
  第二节 小桥涵位置选择 ·· 33
  第三节 小桥涵测量 ·· 39
  第四节 小桥涵水文勘测 ·· 45
  第五节 小桥涵工程地质调查及勘探 ······························ 52
  第六节 小桥涵综合调查及记录 ···································· 54
  复习思考题及习题 ··· 56

第四章 小桥涵水文计算 ··· 57
  第一节 小流域水文计算概要 ······································· 57
  第二节 暴雨推理法 ·· 60
  第三节 径流形成法 ·· 67
  第四节 形态调查法 ·· 72
  第五节 直接类比法 ·· 76
  第六节 特殊情况水文计算及各方法比较、核对 ············· 79
  复习思考题及习题 ··· 84

第五章　小桥涵水力计算 ··· 86
第一节　小桥涵水力计算概要 ··· 86
第二节　小桥水力计算 ··· 92
第三节　涵洞水力计算 ··· 99
第四节　确定小桥涵孔径经验方法 ··· 104
复习思考题及习题 ··· 104

第六章　小桥涵构造 ··· 106
第一节　常见小桥的组成 ··· 106
第二节　涵洞的组成 ··· 110
第三节　涵洞洞身构造 ··· 111
第四节　涵洞洞口形式及构造 ··· 130
第五节　涵洞进出口沟床加固及防护 ··· 139
复习思考题及习题 ··· 151

第七章　小桥涵尺寸及工程量计算 ··· 152
第一节　涵洞长度计算 ··· 152
第二节　小桥涵主体工程数量计算 ··· 157
第三节　涵洞洞口尺寸及工程数量计算 ··· 164
第四节　算例 ··· 172
复习思考题及习题 ··· 177

第八章　小桥涵设计 ··· 179
第一节　小桥涵基础设计 ··· 179
第二节　涵洞设计 ··· 187
第三节　小桥设计 ··· 194
复习思考题及习题 ··· 198

第九章　涵洞CAD简介 ··· 200
第一节　概述与主要功能 ··· 200
第二节　涵洞CAD系统的模块简介及流程 ··· 202

附录 ··· 206
附录一　小桥涵水文计算用表 ··· 206
附录二　小桥涵水力计算用表 ··· 239
附录三　小桥涵勘测调查记录簿 ··· 241

参考文献 ··· 242

第一章 小桥涵概论

第一节 小 桥 涵

一、小桥涵作用与划分

1. 作用

小桥涵是公路排水构造物的重要组成部分之一。在公路跨越沟谷、河流、人工渠道以及排除路基内侧边沟水流时,常常需要修建各种横向排水构造物,以使沟谷、河流、人工渠道穿过路基,使路基连续,确保路基不受水流冲刷或侵袭,从而达到路基稳定的目的。小桥涵是公路上最常见的小型排水构造物。有时公路为了跨越相交道路、管线或其他障碍物,也常采用小桥涵。

小桥涵在公路工程中的作用和建设意义可归纳为以下几点。

1)数量多、比重大,直接影响公路工程的进度、质量和造价

就个体而言,小桥涵工程数量较小,但对整条公路来说,因其分布全线,工程量占有很大比重。一般平原区每公里有 1~3 道,山区 3~5 道,据全国 195 条三、四级公路资料统计,小桥涵投资占公路总投资的 20.56%。可见,小桥涵的设计与布置是否合理,对于整条公路的造价和使用质量都有很大影响。

2)分布广,类型多,直接影响公路营运的安全

小桥涵是公路防御洪水的重要结构物,沿线分布广、类型多,其跨径拟定、结构类型选择、轴线与水流方向的夹角确定、进出口处理以及台背回填等都与公路整体工程质量及安全运营有着密切关系,不能轻视。在使用中常常因为设计不当,造成较大水毁,不仅影响行车安全,而且给工程带来损失。

3)兴水利,利农业,直接影响农田水利灌溉

公路是带状的线形结构物,通过农业区的公路,农田灌溉涵的设置十分重要,因此设计中应解决好农路结合问题,确实保护好农民的利益,充分考虑农田灌溉和农业水利的需求。若处理不好,不仅影响农业生产,冲毁农田和庄舍,而且也影响公路的营运。

4)设通道,利行人,直接影响沿线群众生产生活

在高速公路设计中,认真调查布设好人行天桥和通道,不仅关系到工程项目的建设和安全运营,而且涉及沿线民众的生产和生活问题。如果天桥或通道布设不合理,可能给周围群众的生产和生活带来很大影响。

5)跨线桥,架于路线上空,直接影响道路的景观

跨线桥是高速公路景观的重要组成部分。简洁大方、舒展优美的桥型结构将为公路增色,为城市添彩,而笨拙、不协调、粗糙的跨线桥则破坏景观,给人造成视觉障碍和心理上的不适应。因此,在进行跨线桥设计时一定要精心考虑美观效果,切不可简单套用标准图了事。

由此可见,小桥涵设计是否合理直接影响到工程的进度、质量和造价,关系到公路营运效率和安全,是涉及沿线农田水利、居民生产生活以及道路景观的重大问题。

2.桥涵划分

根据《公路工程技术标准》(JTG B01—2014)的规定,小桥涵洞按其多孔跨径总长 L 和单孔跨径 L_0 两项指标来划分,如表1-1所示。

小桥和涵洞按孔径分类表　　　　表1-1

划分指标 名　称	多孔跨径总长 L(m)	单孔跨径 L_0(m)
小桥	8≤L≤30	5≤L_0<20
涵洞	—	L_0<5

注:1.单孔跨径系指标准跨径。
　　2.梁式桥、板式桥的多孔跨径总长为多孔标准跨径的总长,拱式桥为两岸桥台内起拱线间的距离,其他形式桥梁为桥面系车道长度。
　　3.管涵及箱涵不论管径或跨径大小、孔数多少,均称为涵洞。
　　4.对于标准跨径,梁式桥、板式桥以两桥墩中线间距离或桥墩中线与台背前缘间距为准,拱式桥和涵洞以净跨径为准。

小桥和涵洞从结构类型和水流图式来看是两种不同类型的排水结构物,但由于均属规模小、分布广的小型排水构造物,因而本教材将其划为一类进行介绍,按生产习惯统称小桥涵。

二、小桥涵设计原则及基本要求

1.设计原则

小桥涵设计应与所在公路的等级、性质、使用任务和将来的发展需要相适应,应遵循安全、耐久、适用、环保、经济和美观的原则进行设计,并应做到因地制宜、就地取材、便于施工和养护等。

1)安全

确保工程安全是土木工程设计的基本要求,"安全第一"的理念是"以人为本"方针的具体体现。设计的桥涵构造物,应具有足够的强度和稳定性,使其在车辆和自然力的作用下牢固、可靠,确保能正常使用。桥面系设计应保证车辆行驶畅通和安全。

2)耐久

小桥涵是公路工程的重要组成部分之一,属永久性土木建筑工程,设计中应树立全寿命周期成本的理念。不能因为资金不足而削减小桥涵的耐久性及使用寿命。在可能条件下,在等级公路中的小桥涵,宜使用混凝土结构。小桥涵孔径确定,应加强水文调查和水力计算,确保桥涵泄洪能力和抵御洪水灾害的能力。

3)适用

小桥涵设计必须满足交通运输、排水输沙的基本要求。在满足基本要求的同时,还应综合考虑农田水利、农田灌溉、桥下通航、通车、行人的要求。靠近城市、村镇的桥涵还应结合各有关方面的要求,考虑综合利用。

小桥涵要有足够的承载力,能保证行车的畅通、舒适和安全,既满足当前的需要,又照顾今后的发展。小桥涵要有足够的排洪能力,以使桥下水流畅通,不影响路基和周围的安全。

4)环保

坚持可持续发展,重视和加强工程环境保护,是我国的一项基本国策。在进行公路桥涵总体布置和设计时,应结合工程条件、桥涵位置,进行深入调查,认真分析研究,进行环境保护方面的合理设计。特别是桥涵开挖的弃土处理,桥涵对农田水利排灌系统的影响,桥涵上游积水对环境的影响,桥涵径流对附近养殖业水体的影响,以及水土流失等,应在桥涵位设置时予以充分考虑,并采取必要的环保措施,以避免桥涵布设对周围环境产生不良的干扰和影响。作为地下人行通道兼用的小桥涵设置,应充分考虑便民、利民的要求,为地方的生产和生活创造更为便捷、适宜的交通条件。环境保护措施应以"保护优先,预防为主,防治结合,注重实效"为原则。

5)经济

在满足安全适用的条件下,桥涵设计还要体现经济上的合理性。桥涵类型选择要尽量因地制宜、就地取材和便于施工、养护,要进行技术经济比较,力求做到优选、优化,以达到用料省、工期短、造价低,并且养护费用少的目的。桥涵结构设计应尽量标准化、定型化,积极采用新结构、新材料、新工艺,要有利于施工机械化、工厂化,以求得最大的经济和社会效益。

6)美观

在安全、适用、经济的前提下,桥涵应尽可能具有优美的造型,并与周围的环境相协调。桥梁的轮廓形状、涵洞的孔径尺寸比例以及洞口结构形式的选择,都应在不过分增加工程费用的条件下,力求达到美观、协调的要求。高速公路及城市道路上的人行天桥,是道路景观的重要组成部分,在形式、造型及色彩上应加强设计,满足美观、协调的要求。

2. 设计要求

小桥涵作为一种常见多用的小型排水人工构造物,在使用上应满足行车、排水、通航、跨越等基本要求,现分述如下。

1)行车要求

(1)满足行车安全、快速、舒适和经济的要求

在设有小桥涵的路段,桥涵与路基共同承受车辆行驶的荷载,构成行车的基本部分。因

此,小桥涵的设计首先应满足行车安全、快速、舒适和经济的要求。设计必须满足《公路工程技术标准》(JTG B01—2014)、《公路桥涵设计通用规范》(JTG D60—2015)规定的桥涵设计安全等级、桥涵净空、路基宽度、线形标准、设计荷载等的要求,并使桥涵构件和结构物在制造、运输、安装和使用过程中具有足够的强度、刚度、稳定性和耐久性,确保在桥涵结构设计基准期(100年)内,结构稳定,使用安全。

(2)符合桥面净空建筑限界规定

根据《公路工程技术标准》(JTG B01—2014)规定,公路桥涵净空应符合图1-1的规定。当桥上设置人行道时,桥涵净空应包括该部分的宽度。人行道、自行车道与行车道分开设置时,其净高不应小于2.5m。

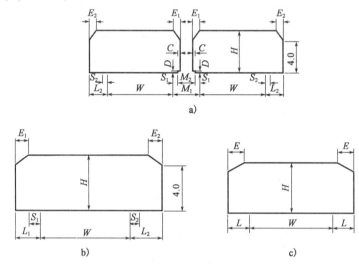

图1-1 桥涵净空(尺寸单位:m)

a)高速公路、一级公路(整体式);b)高速公路、一级公路(分离式);c)二、三、四级公路

图中:W——行车道宽度(m),为车道数乘以车道宽度,并计入所设置的加(减)速车道、紧急停车道、爬坡车道、慢车道或错车道的宽度,车道宽度规定见表1-2;

C——当设计速度大于100km/h时为0.5m,当设计速度等于或小于100km/h时为0.25m;

S_1——行车道左侧路缘带宽度(m),见表1-3;

S_2——行车道右侧路缘带宽度(m),应为0.5m;

M_1——中间带宽度(m),由两条左侧路缘带和中央分隔带组成,见表1-3;

M_2——中央分隔带宽度(m),见表1-3;

E——桥涵净空顶角宽度(m),当$L \leqslant 1m$时,$E=L$;当$L>1m$时,$E=1m$;

E_1——建筑限界顶角宽度(m),当$L_1 \leqslant 1m$,$E_1=L_1$,或$S_1+C<1m$时,$E_1=S_1+C$;当$L_1 \geqslant 1m$,或$S_1+C \geqslant 1m$时,$E_1=1m$;

E_2——建筑界顶角宽度(m),$E_2=1m$;

H——净空高度(m),高速公路和一级、二级公路上的桥梁应为5.0m,三级、四级公路上的桥梁应为4.5m;

L_2——桥涵右侧路肩宽度(m),见表1-4,当受地形条件及其他特殊情况限制时,可采用最小值;高速公路和一级公路上桥梁应在右侧路肩内设右侧路缘带,其

宽度为 0.5m，设计速度为 120km/h 的四车道高速公路上桥梁，宜采用 3.50m 的右侧路肩；六车道、八车道高速公路上桥梁，宜采用 3.00m 的右侧路肩；高速公路、一级公路上桥梁的右侧路肩宽度小于 2.50m 且桥长超过 500m 时，宜设置紧急停车带，紧急停车带宽度包括路肩在内为 3.50m，有效长度不应小于 30m，间距不宜大于 500m；

L_1——桥梁左侧路肩宽度(m)，见表 1-5，八车道及八车道以上高速公路上的桥梁宜设置左路肩，其宽度应为 2.50m，左侧路肩宽度内含左侧路缘带宽度；

L——侧向宽度(m)，高速公路、一级公路上桥梁的侧向宽度为路肩宽度(L_1、L_2)，二级公路的侧向宽度为硬路肩宽度，三级、四级公路上桥梁的侧向宽度为其相应的路肩宽度减去 0.25m。

车 道 宽 度　　　　　　　　　　　　　表 1-2

设计速度(km/h)	120	100	80	60	40	30	20
车道宽度(m)	3.75	3.75	3.75	3.50	3.50	3.25	3.0(单车道为3.50m)

注：高速公路上的八车道桥梁，当设置左侧路肩时，内侧车道宽度可采用 3.50m。

中 间 带 宽 度　　　　　　　　　　　　　表 1-3

设计速度(km/h)		120	100	80	60
中央分隔带宽度 M_2(m)	一般值	3.00	2.00	2.00	2.00
	最小值	1.00	1.00	1.00	1.00
左侧路缘带宽度 S_2(m)	一般值	0.75	0.75	0.50	0.50
	最小值	0.75	0.50	0.50	0.50
中间带宽度 M_1(m)	一般值	4.50	3.50	3.00	3.00
	最小值	2.5	2.0	2.00	2.00

注："一般值"为正常情况下的采用值；"最小值"为条件受限制时，可采用的值。

右 侧 路 肩 宽 度　　　　　　　　　　　　　表 1-4

公路等级(功能)		高 速 公 路			一级公路(干线功能)	
设计速度(km/h)		120	100	80	100	80
右侧硬路肩宽度(m)	一般值	3.00 (2.50)	3.00 (2.50)	3.00 (2.50)	3.00 (2.50)	3.00 (2.50)
	最小值	1.50	1.50	1.50	1.50	1.50
土路肩宽度(m)	一般值	0.75	0.75	0.75	0.75	0.75
	最小值	0.75	0.75	0.75	0.75	0.75
公路等级(功能)		一级公路(集散功能)和二级公路			三级公路、四级公路	
设计速度(km/h)		80	60	40	30	20
右侧硬路肩宽度(m)	一般值	1.50	0.75	—	—	—
	最小值	0.75	0.25			
土路肩宽度(m)	一般值	0.75	0.75	0.75	0.50	0.25(双车道) 0.50(单车道)
	最小值	0.50	0.50			

注：1. 正常情况下，应采用"一般值"；在设爬坡车道、变速车道及超车道路段，受地形、地物等条件限制路段及多车道公路特大桥，可论证采用"最小值"。
　　2. 高速公路和作为干线的一级公路以通行小客车为主时，右侧硬路肩宽度可采用括号内数值。

分离式断面高速公路和一级公路左侧路肩宽度　　　　表1-5

设计速度(km/h)	120	100	80	60
左侧硬路肩宽度(m)	1.25	1.00	0.75	0.75
左侧土路肩宽度(m)	0.75	0.75	0.75	0.50

2)排水要求

排除路基两侧水流,确保路基稳定是桥涵的基本功能。

小桥涵的布设必须保证桥涵下水流的畅通,使路线通过地区不因公路修建而造成水流宣泄不畅、水毁、积水淹没、严重冲刷等现象,也不应影响路基稳定或造成损害农业等水害。

排水要求主要通过保证桥涵下有足够的净空尺寸来实现。桥涵下的净空尺寸应满足以下两个要求。

(1)保证桥涵下一定设计频率洪水流量的安全宣泄。《公路工程技术标准》(JTG B01—2014)规定,永久性小桥涵设计洪水频率见表1-6。

小桥涵设计洪水频率表　　　　表1-6

构造物名称	公　路　等　级			
	高速公路、一级公路	二级公路	三级公路	四级公路
小桥	1/100	1/50	1/25	1/25
涵洞及小型排水构造物	1/100	1/50	1/25	不作规定

(2)根据不同结构类型的要求,选择合理跨径(或孔径)适当限制桥涵下洪水位的高度,使桥涵下有足够的富余净空高度,以保证结构物能安全、正常使用。

桥下净空应根据计算水位(设计水位计入壅水、浪高的水位)或最高流冰水位加安全高度来确定。

当河流有形成流冰阻塞的危险或有漂浮物通过时,应按实际调查的数据、结合当地具体情况并酌情留一定富余量,作为确定桥下净空的依据。对于有淤积的河流,桥下净空应适当增高。《公路桥涵设计通用规范》(JTG D60—2015)有关桥涵下最小净空规定如下。

①在不通航或无流放木筏河流上及通航河流的不通航桥孔内,桥下净空应不小于表1-7的规定。

非通航河流桥下最小净空　　　　表1-7

桥梁的部位		高出计算水位(m)	高出最高流冰面(m)
梁底	洪水期无大漂流物	0.50	0.75
	洪水期有大漂流物	1.50	—
	有泥石流	1.00	—
支承垫石顶面		0.25	0.50
有铰拱拱脚		0.25	0.25

②无铰拱的拱脚允许被设计洪水淹没,但不宜超过拱圈高度的2/3,且拱顶底面至计算水位的净高不得小于1.0m。

③在不通航和无流筏的水库区域内,梁底面或拱顶底面离开水面的高度不应小于计算浪

高的 0.75 倍加上 0.25m。

④无压力式涵洞内顶点至洞内设计洪水频率标准水位的净高应符合表 1-8 的规定。

无压力式涵洞内顶点至最高流水面的净高   表 1-8

涵洞进口净高（或内径）h	管 涵	拱 涵	矩 形 涵
$h \leq 3m$	$\geq h/4$	$\geq h/4$	$\geq h/6$
$h > 3m$	$\geq 0.75m$	$\geq 0.75m$	$\geq 0.5m$

3）通航净空要求

一般来说大多数小桥涵不要求通航，但跨径较大的小桥下的河流可能会遇到通航问题。我国通行标准有关规定如下，供参考。

(1) 在通航或流放木筏河流上，通航孔的桥下净空应符合《内河通航标准》(GB 50139—2014)的规定。水上跨河建筑物通航净空图如图 1-2 所示。

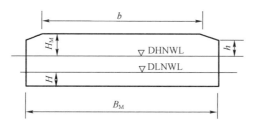

图 1-2 桥下通航净空图

B_M-水上过河建筑物通航净空宽度(m)；H_M-水上过河建筑物通航净空高度(m)；b-水上过河建筑物通航净空上底宽度(m)；h-水上过河建筑物通航净空侧边高度(m)；H-通航规划水深(m)；DHNWL-设计最高通航水位(m)；DLNWL-设计最低通航水位(m)

(2) 我国规定通航 50 吨级和 50 吨级以上船舶内河航道的等级，按其通航船舶吨级分为 7 级。各等级航道的划分应符合表 1-9 的规定。

航 道 等 级 划 分   表 1-9

航道等级	Ⅰ	Ⅱ	Ⅲ	Ⅳ	Ⅴ	Ⅵ	Ⅶ
船舶吨级	3 000	2 000	1 000	500	300	100	50

(3) 我国天然河流及渠化河流过河建筑物通航净空尺度规定见表 1-10。

天然河流及渠化河段水上过河建筑物通航净空尺度(m)   表 1-10

航道等级	船队队形	航道属性	净高 H_M	净宽 B_M	上底宽 b	侧高 h
Ⅰ	(1)T4×4	一般天然河流及渠化河段	24	200	150	7
	(2)T3×3		18	160	120	7
	(3)T3×2			110	82	7
Ⅱ	(1)T3×3	一般天然河流及渠化河段	18	145	108	6
	(2)T2×2			105	78	8
	(3)T2×1		10	75	56	6
	(4)T2×2	宽浅河流		115	86	6
	(5)T2×1		10	75	56	6

续上表

航道等级	船队队形	航道属性	净高 H_M	净宽 B_M	上底宽 b	侧高 h
Ⅲ	(1)T4×4	一般天然河流及渠化河段	10	80	60	6
	(2)T3×3			—	—	—
	(3)T2×2			55	41	6
	(4)3驳品顶	山区河流	18	100	75	6
	(5)2驳梭顶		10	80	60	6
	(6)T2×2	宽浅河流	10	95	71	6
	(7)T2×1			65	48	6
Ⅳ	(1)T3×3	一般天然河流及渠化河段	8	75	61	4
	(2)T2×2			60	49	4
	(3)T2×1			45	36	5
	(4)3驳品顶	山区河流	8	65	53	4
	(5)2驳梭顶			80	65	4
	(6)T2×1	宽浅河流	8	50	41	4
Ⅴ	(1)T3×3	一般天然河流及渠化河段	8	60	49	4
	(2)T2×2			40	32	4.5
	(3)T2×2	山区河流	8	55	45	4
	(4)T2×1			25	20	4.5
	(5)T2×1	宽浅河流	8	50	41	4.5
Ⅵ	(1)T2×1	一般天然河流及渠化河段	4.5	35	26	3.4
	(2)1拖5		6	25	18	4
	(3)T2×2	山区河流	4.5	35	26	3.4
	(4)T2×1	宽浅河流	4.5	30	22	3.4
Ⅶ	(1)T2×1	一般天然河流及渠化河段	3.5	30	15	2.8
	(2)1拖5		4.5	30	22	2.8
	(3)T2×1	山区河流	4.5	30	22	2.8

注:本表所列水上过河建筑物的通航孔净宽均为单向净宽,双向通航净宽为单向净宽的两倍。

(4)我国限制性航道水上过河建筑物通航净空尺度规定如表1-11所示。

限制性航道水上过河建筑物通航净空尺度 表1-11

航道等级	船队队形	净高 H_M	净宽 B_M	上底宽 b	侧高 h
Ⅰ	—	—	—	—	—
Ⅱ	①T2×1	10	65	50	6
Ⅲ	①T2×1	10	50	40	6
Ⅳ	①T2×1	8	45	37	4
Ⅴ	①T2×1	8.5	38	31	5、3.5
Ⅵ	①T2×2	4.5	18～22	14～17	3.4
	②1拖11	6	25～30	19	3.6
Ⅶ	①T2×2	3.5	18	14	2.8
	②1拖11	4.5	25～30	19	2.8

注:在建桥遇特殊困难时,可按具体条件研究确定。

4)跨线要求

(1)当桥下需通行火车、汽车、自行车、行人、牲畜时,应满足必要的通行净空尺寸。

公路与铁路、公路立体交叉时,立交桥下应保证所跨越铁路、公路建筑限界规定的净空尺寸。当农村道路从公路下面穿越时,其净空尺寸可根据当地通行的车辆和交叉情况而定,净高一般不小于2.5m,净宽一般不小于3.5m。

各类交通方式所需净空尺寸可参见表1-12。

各类交通方式净空表 表1-12

交 通 方 式	净高度(m)	净宽度(m)	说　　明
行人及人力车	≥2.2	≥4.0	
汽车通道	≥3.5	≥6.0	
畜力车、拖拉机	≥2.7	4.0	
农用汽车	≥3.2	≥4.0	通道过长视情况增宽
无轨电车	4.2~5.5	8.5	宽度指有对开车辆的道路
大型机械(外形尺寸)	3.5	8.07	联合收割机等
铁路(标准轨、电力牵引)	6.55	4.88(单轨) 8.88(双轨)	困难条件下高度可用6.2m
铁路(标准轨、蒸汽、内燃牵引)	6.00	4.88(单轨) 8.88(双轨)	困难条件下高度可用5.5m

(2)公路立交桥净空。《公路桥涵设计通用规范》(JTG D60—2015)规定:

①公路与公路立体交叉的跨线桥桥下净空及布孔除应符合规范桥涵净空的规定外,尚应满足桥下公路的视距和前方信息识别的要求,其结构形式应与周围环境相协调。

②铁路从公路上跨越通过时,其跨线桥桥下净空及布孔除应符合规范桥涵净空的规定外,尚应满足桥下公路的视距和前方信息识别的要求。

③农村道路与公路立体交叉的跨线桥桥下净空为:

a.当农村道路从公路上面跨越时,跨线桥桥下净空应符合规范建筑限界的规定。

b.当农村道路从公路下面穿过时,其净空可根据当地通行的车辆和交叉情况而定,人行通道的净高应大于或等于2.2m,净宽应大于或等于4.0m。

c.畜力车及拖拉机通道的净高应大于或等于2.7m,净宽应大于或等于4.0m。

d.农用汽车通道的净高应大于或等于3.2m,净宽应根据交通量和通行农业机械的类型选用,且应大于或等于4.0m。

e.汽车通道的净高应大于或等于3.5m,净宽应大于或等于6.0m。

④车行天桥桥面净宽按交通量和通行农业机械类型可选用4.5m或7.0m,其汽车荷载应符合规范有关四级公路汽车荷载的规定。人行天桥桥面净宽应大于或等于3.0m,其人群荷载应符合规范的规定。

(3)公路与管线交叉。

①各种管线如电信线、电力线、电缆、管道、渠道的设置,不得侵入公路建筑限界,不得妨碍公路交通安全,也不得对公路及其他设施形成潜在威胁。

②油、气管道跨越河流时,管道与桥梁间的最小距离:大、中桥安全距离不应小于100m,离开小桥的距离不应小于50m。严禁天然气输送管道利用公路桥梁跨越河流。

③原油、天然气输送管道与高速公路、一级公路相交,应采用穿越方式,埋置地下专用通道;原油、天然气输送管道穿越二级公路、三级公路、四级公路时,应埋置保护套管。

④穿越公路的地下专用通道的埋置深度,除应符合石油天然气行业标准的荷载相关规定外,还应符合《公路桥涵设计通用规范》(JTG D60—2015)的相关规定,并按所穿越公路的车辆荷载等级进行验算。穿越公路的保护套管其顶面距路面底基层的底面应不小于1.0m。

⑤高压线跨河塔架的轴线与桥梁间的最小距离,不得小于塔高。

5) 满足设计荷载要求

公路桥涵设计荷载由车道荷载和车辆荷载组成。车道荷载由均布荷载和集中荷载组成。桥梁结构的整体计算采用车道荷载;桥梁结构的局部加载、涵洞、桥台和挡土墙压力等的计算采用车辆荷载。车道荷载与车辆荷载的作用不得叠加。

各级公路桥涵设计的汽车荷载等级应符合表1-13的规定。

汽车荷载等级 表1-13

公路等级	高速公路	一级公路	二级公路	三级公路	四级公路
汽车荷载等级	公路-Ⅰ级	公路-Ⅰ级	公路-Ⅰ级	公路-Ⅱ级	公路-Ⅱ级

注:1. 二级公路作为集散公路且交通量小、重型车辆少时,其桥涵可采用公路-Ⅱ级荷载。
2. 对交通组成中重载交通比重较大的公路,宜采用与该公路交通组成相适应的汽车荷载模式进行结构整体和局部验算。

6) 使用年限要求

《公路桥涵设计通用规范》(JTG D60—2015)规定,公路桥涵结构的设计基准期为100年,小桥涵设计使用年限不低于如下规定:

(1)高速公路及一级公路,50年。

(2)二、三、四级公路,30年。

(3)小桥涵可更换部件如栏杆、伸缩装置、支座等,15年。

7) 桥上线形及桥头引道要求

根据《公路桥涵设计通用规范》(JTG D60—2015),桥上及桥头引道的线形和尺寸还需满足如下要求。

(1)桥上线形与路线布设相互协调。当桥上线形为曲线时,其各项技术指标应符合路线布设的规定。桥上纵坡不宜大于4%,桥头引道纵坡不宜大于5%;位于市镇混合交通繁忙处,桥上纵坡和桥头引道纵坡不得大于3%。对易结冰、积雪的桥梁,桥上纵坡不宜大于3%。桥头两端引道线形应与桥上线形相配合。

(2)在洪水泛滥区域以内,特大桥、大桥、中桥桥头引道的路肩高程应高出桥梁设计洪水频率的水位加壅水高、波浪爬高、河湾超高、河床淤积等影响0.5m以上;小桥涵引道的路肩高程宜高出桥梁前壅水水位(不计浪高)0.5m以上;压力式或半压力式涵洞的路肩高程宜高出涵前壅水水位1.0m以上。

(3)桥头锥体及引道应符合下列规定:

①桥头锥体及桥台台后5~10m长度内的引道,可用砂性土等材料填筑。在非严寒地区,当无透水性土时,可就地取土经处理后填筑。

②锥坡与桥台两侧正交线的坡度,当有铺砌时,路肩边缘下的第一个8m高度内不宜陡于1:1;在8~12m高度内不宜陡于1:1.25;高于12m的路基,其12m以下的边坡坡度应由计算

确定,但不应陡于1:1.5,变坡处台前宜设宽0.5~2.0m的锥坡平台;不受洪水冲刷的锥坡可采用不陡于1:1.25的坡度;经常受水淹没部分的边坡坡度不应陡于1:2。

(4)埋置式桥台和钢筋混凝土灌注桩式或排架桩式桥台,其锥坡坡度不应陡于1:1.5;对不受洪水冲刷的锥坡,加强防护时可采用不陡于1:1.25的坡度。

(5)洪水泛滥范围以内的锥坡和引道的边坡坡面,应根据设计流速设置铺砌层。铺砌层的高度应为:特大、大、中桥应高出计算水位0.5m以上;小桥涵应高出设计水位加壅水水位(不计浪高)0.25m以上;当有逆风、冰冻或漂流物等影响时,应适当提高。

(6)桥台侧墙后端和悬臂梁桥的悬臂端深入桥头锥坡顶点以内的长度,均不应小于0.75m(按路基和锥坡沉实后计)。

(7)高速公路、一级公路、二级公路和三级公路的桥头宜设置搭板,搭板设置应符合下列规定:
①搭板长度不宜小于5m;桥台高度不小于5m时,搭板长度不宜小于8m。
②搭板宽度宜与桥台侧墙内缘相齐,并用柔性材料隔离,最小宽度不应小于行车道宽度。
③搭板厚度不宜小于0.25m;长度不小于6m的搭板,其厚度不宜小于0.3m。

三、小桥涵测设任务、内容、步骤及成果

1. 测设任务

小桥涵勘测设计包括小桥涵外业勘测和内业设计两大部分。通过对公路所跨越的沟谷、河流进行水文、地形、地质及施工条件的勘探和调查,并进行桥(涵)位测量,收集有关的外业资料,再结合公路的要求,通过内业设计,完成公路设计文件,编制规定的桥涵设计图表资料,为小桥涵概、预算编制和施工提供依据。

2. 内容及步骤

小桥涵勘测设计是公路勘测设计的一个重要组成部分,不同的公路测设阶段在步骤和内容上有不同的要求。在施工图设计阶段,小桥涵勘测设计的步骤和内容如下。

1)小桥涵外业勘测
(1)资料收集及勘测准备。
(2)小桥涵结构类型选择。
(3)小桥涵位置选择。
(4)拟建小桥涵址测量。
(5)小桥涵址调查。包括水文、地形、地质、气象、建筑材料供源以及原有桥涵和水利设施等的调查。

2)小桥涵内业设计
(1)设计流量与孔径计算。
(2)几何设计及结构设计。
(3)设计图表文件编制。
(4)工程数量计算。
(5)概预算编制。

3. 主要成果

小桥涵设计成果是公路设计文件的组成部分,编入设计文件第四篇桥梁、涵洞中。《公路工程

基本建设项目设计文件编制办法》(交公路发〔2007〕358号)规定小桥涵设计成果主要内容如下。

1)初步设计阶段

(1)小桥表。列出中心桩号、河流名称或地名、孔数及孔径、交角、全长、上下部结构类型、主要工程、材料数量等。

(2)典型小桥布置图。绘出桥型方案立面、平面、横断面和各部尺寸等,具体要求同桥型总体布置图。

(3)涵洞表。列出中心桩号、结构类型、孔数及孔径、交角、填土高度、长度、进出口形式及主要工程、材料数量等。

(4)典型涵洞设计图。按不同类型分别绘出全线涵洞典型布置图。比例尺为1∶200～1∶50。

2)施工图设计阶段

(1)小桥工程数量表。列出中心桩号、河流名称或桥名、交角、孔数及孔径、全长、上下部结构类型、采用标准图或通用图编号、上下部构造、墩台工程、材料数量等。

(2)小桥设计图。

①布置图。绘出立面(或纵断面)、平面、横断面。示出河床断面,注明特征水位、地质概况、各部尺寸、高程和里程。比例尺为1∶200～1∶50。

②结构设计图。采用标准图或通用图的,在布置图中注明标准图或通用图的名称及编号,不再绘本图。特殊设计的,应按大、中桥结构设计图的内容及要求绘制。

(3)涵洞工程数量表。列出中心桩号、交角、孔数及孔径、涵长、结构类型、进出口形式、采用标准图或通用图编号、工程数量、材料数量等。

(4)涵洞设计图:

①布置图。绘出设置涵洞处原地面线及涵洞纵向布置,斜涵应绘出平面和进口的立面。示出地基土质情况,各部尺寸和高程。比例尺为1∶200～1∶50。

②结构设计图。采用标准图或通用图的,在布置图中注明标准图或通用图的名称及编号,不再绘本图。特殊设计的(包括进出口式样特殊或铺砌复杂的),应绘各部详图。

第二节 小型排水构造物

小型排水构造物,是指汇水面积小、过水流量小、工程数量较小的人工排水构造物,主要包括小桥、涵洞、漫水桥、过水路面、透水路堤、倒虹吸涵洞、渡槽等,前面已对小桥涵作了概述。下面对其他小型排水构造物简介如下。

一、漫水桥

漫水桥,又称过水桥,是指洪水期容许桥面漫水、短期淹没的桥梁,如图1-3所示。

通常经过已不发展的冲积扇漫流地区,或通过河床宽而浅的河流,或通过主槽很窄但两岸漫水较宽的河流及其他淹没地区时,可以修建这种桥,以达到降低造价、满足交通运输的要求。桥面一般低于或略高于河流的常年洪水位,而桥头引道则采用漫水路堤。

漫水桥孔径及高程,按容许中断交通时间计算决定。一般根据洪水水位过程线以漫水桥容许通过的设计频率水位曲线,求得某标准洪水通过时的中断交通时间,同时根据河流水文水力条件、地形、构筑物稳定与经济,选定最稳定的水位,作为确定桥面高程的依据。

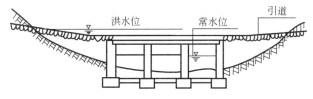

图1-3 漫水桥

漫水桥桥下宣泄大部分流量,桥上通过部分流量。漫水桥的容许漫水深度与过水路面上最大许可的水深规定相同。为安全行车,桥面应设栏杆或护栏,高度一般为0.40m。

在洪水期,由于桥上要漫水,允许临时中断交通。漫水桥通常适于雨量集中,洪水历时短暂,河床宽浅,河滩宽阔,两岸地形平坦,公路容许有限度中断交通的三、四级公路。

漫水桥应尽量减少桥面及桥墩的阻水面积,其上部构造与桥墩连接必须可靠,并应采取必要措施使基础不冲毁。

二、过水路面

用加固路面、路肩及路基边坡的方式,允许洪水期水流从路面上流过的排水构造物称过水路面,如图1-4所示。

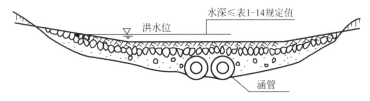

图1-4 过水路面

带有涵洞或漫水桥的过水路面称为混合式过水路面,图1-6即为混合式过水路面的纵剖面,过水路面既起排水作用,又起路面作用。过水路面构造简单,建筑高度小、造价低、用料省,仅适用于流速较小、无底砂运动或底砂运动轻微,并且公路容许有限度中断交通的三、四级公路,常用于宽阔漫流地区的河流。

当路面漫水深度不超过表1-14允许值时,可以不中断交通,车辆照常行驶。漫水深度超过表内所示的水深时,相应的有关车辆或拖拉机要禁止通行。过水路面一般采用洪水频率1/10~1/5进行设计,对经常流水的小河流也可用多年平均洪水流量进行设计。路面因经受行车和水流作用,应有较好的强度、平整度和整体性。一般采用当地石料铺砌,缺乏石料地区可用砖块立砌或混凝土预制块铺砌。上下游边坡可采用1:1.5的坡度,并用浆砌片石等加固,坡脚处设置截水墙,下游坡脚末端必要时设置挑坎。过水路面路段要设置指示标志,两侧设栏杆或护栏,指引车辆通过。

过水路面上最大许可水深(单位:m)　　　　　　表1-14

流速(m/s)	小 汽 车	畜 力 车	履带式拖拉机
<1.5	0.3	0.4	0.7
1.5~2.0	0.3	0.3	0.6
>2.0	0.3	0.2	0.5

三、透水路堤

透水路堤是一种用块、片石干砌成路堤，利用石块孔隙排水的构造物，如图1-5所示。

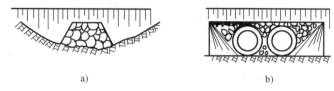

图1-5 透水路堤
a)石砌透水路堤；b)带涵管的透水路堤

透水路堤排水量少、费用低，一般只在流量小、水流含沙量少的低等级公路上采用。在寒冷地区，受冰冻的影响，不宜采用透水路堤。

四、渡槽

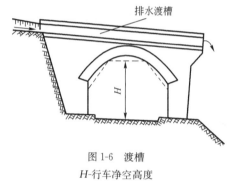

图1-6 渡槽
H-行车净空高度

当横跨公路的沟渠被公路截断，又不能改移，且沟渠下足以保证行车净空高度时，在公路上空架设的横向排水构造物称渡槽，如图1-6所示。渡槽一般用于农田灌溉排水，很少用于排洪。

渡槽上部排水槽的断面为槽形或箱形，内壁要求过水流畅，并应有防止漏水的措施。渡槽用于灌溉或排洪，由砖石、钢筋混凝土等材料组成。如湖南省韶山灌区北干渠中的"飞涟灌万顷"钢筋混凝土拱桥，即为一座距地面25.9m用以贯通两岸灌溉渠的桥梁。

五、路基小型排水构造物

除上述提及的公路小型排水构造物外，还有公路路基排水构造物、公路各类构造物（如路面、桥梁、隧道、支挡结构物等）中专门排水的构造物以及泄水隧洞等。公路路基排水构造物主要有路面排水、边沟、坡面排水、排水沟、截水沟、地下排水渗沟等，如图1-7所示。

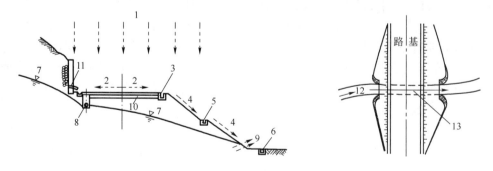

图1-7 路基排水构造物
1-降水；2-路面排水；3-边沟；4-坡面排水；5-排水沟；6-坡脚排水沟；7-地下水位；8-地下排水渗沟；9-涌水；10-排水基层；11-挡土墙背排水；12-溪流；13-横向排水设施

【复习思考题及习题】

1. 什么叫小桥涵？《公路工程技术标准》(JTG B01—2014) 中对小桥和涵洞是如何界定的？
2. 小桥和涵洞有哪些区别？
3. 简述小桥涵在公路工程及农田灌溉中的作用。
4. 小型人工排水构造物有哪些类型？其技术特征和适用条件怎样？
5. 小桥涵设计应满足哪些要求？小桥涵测设的任务和内容是什么？
6. 简述小桥涵在公路工程中的作用和意义。
7. 名词解释：
单孔跨径　多孔跨径总长　漫水桥　过水路面　渡槽

第二章 小桥涵类型及选择

第一节 小桥涵的分类

一、按桥涵的建筑材料分

1. 木桥涵

木桥涵是以木材为主要建筑材料建造的桥涵,一般为临时性结构物,较少采用。

2. 石桥涵

石桥涵是以石料为主要建筑材料建造的桥涵,是公路上常见的桥涵类型。

石桥涵按力学性能不同又有石盖板涵、石拱涵、石拱桥等类型;按构成桥涵的砌体有无砂浆又有浆砌和干砌之分。

3. 混凝土桥涵

混凝土桥涵是以混凝土为主要建筑材料建造的桥涵。按力学性能不同,混凝土桥涵又有四铰管涵、混凝土圆管涵、混凝土盖板涵、混凝土拱桥、双曲拱桥之分。

砖、石料和混凝土材料在工程结构物中以承受压力为主,统称圬工材料,由这些材料组成的桥涵叫作圬工桥涵。

4.钢筋混凝土桥涵

钢筋混凝土桥涵是以钢筋混凝土为主要建筑材料建造的桥涵。由于钢筋混凝土结构坚固耐用、力学性能好,是高等级公路上常采用的结构类型。

钢筋混凝土桥涵按力学性能不同又有钢筋混凝土管涵、钢筋混凝土板涵、钢筋混凝土板梁桥、钢筋混凝土箱涵、钢筋混凝土拱涵、钢筋混凝土拱桥、钢筋混凝土双曲拱桥等类型。

5.其他材料组成的涵洞

除以上四种桥涵外,涵洞由于孔径小,有时也可以采用其他材料建造,如砖、陶瓷、铸铁、钢波纹管涵、石灰三合土等。这类涵洞有砖涵、陶瓷管涵、波纹钢管涵、石灰三合土涵,除特殊情况外,一般很少采用。

二、按桥涵的孔数分

小桥涵跨越沟谷时,根据其跨越条件如基础状况、建筑高度等的要求,设置不同孔数的小桥涵,按此可有单孔桥涵、双孔桥涵以及多孔桥涵之分,如图2-1所示。

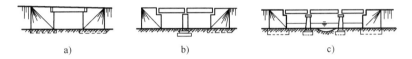

图2-1 桥涵按孔数分类
a)单孔;b)双孔;c)多孔

三、按桥涵的使用功能分

小桥涵是跨越性构造物,按其跨越功能和性质可有排洪涵(桥)、灌溉涵(桥)、渠涵(桥)和交通涵(桥)等类型。图2-2为渠涵(桥)的纵剖面图式。

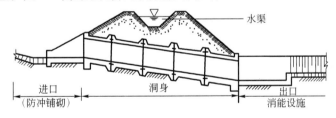

图2-2 渠涵(桥)

交通涵(桥)主要是通车过人之用,交通涵(桥)又有人行地道(通道)、人行天桥、立交桥之分。人行地道是指行人从道路车行道下面穿越的构造物,如图2-3所示;人行天桥则是指行人从道路行车道上面跨越的构造物,如图2-4所示;立交桥则是两条线路(道路或铁路)在空间分离而设置的桥跨构造物,如图2-5所示。

图2-3 人行地道

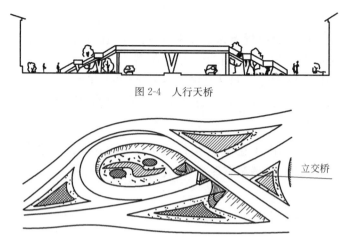

图 2-4 人行天桥

图 2-5 立交桥

四、按桥涵的平纵面布置分

根据桥涵平面布置形式不同有正交桥（涵）、斜交桥（涵）、曲线桥（涵）等类型，见图 2-6。小桥在立面上布置时，当桥面纵坡大于 3% 时叫作坡桥。弯、坡、斜桥（涵）是山区公路常用的桥（涵）布置形式。

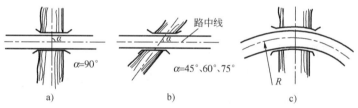

图 2-6 桥涵按平面布置分类
a)正交桥（涵）；b)斜交桥（涵）；c)曲线桥（涵）

五、按桥涵的施工方法分

桥涵按其施工方法来分，还可分为现浇砌筑和预制拼装两种；已有公路施工涵洞又可有明挖修筑涵洞和顶进涵洞（如顶入法、顶拉法、对拉法、中继间法、牵引法）等之分。

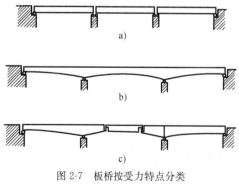

图 2-7 板桥按受力特点分类
a)简支板；b)连续板；c)悬臂板

六、小桥类型

小桥为单孔跨径小于 20m，多孔跨径总长小于或等于 30m 的桥梁，由于跨径小，主要形式有板式、拱式及刚架结构三种。

1. 板桥

(1)按受力特点有简支板、连续板及悬臂板之分，如图 2-7 所示。

(2)按截面形式不同可有现浇实心矩形板[图 2-8a)]、肋板[图 2-8b)]、预制实心[图 2-8c)]、预制空心[图 2-8d)]、半预制现浇[图 2-8e)],以及各种异形[图 2-8f)]等形式。

2. 拱桥

(1)拱桥按建筑材料可分为石拱桥、砖拱桥和混凝土拱桥。

(2)按拱圈静力图式可有三铰拱、两铰拱及无铰拱之分,见图 2-9。

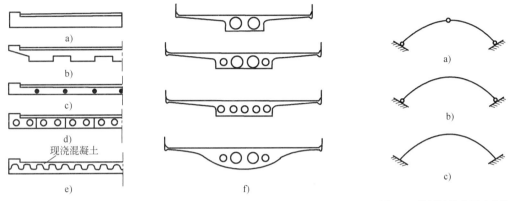

图 2-8 板桥按截面形式分类

图 2-9 拱桥按静力图式分类
a)三铰拱;b)两铰拱;c)无铰拱

3. 刚架桥

刚架桥是指桥跨结构(主梁)和墩台(支柱)整体固结的桥梁。由于两者之间是刚性连接,在荷载作用下,将在主梁端部产生负弯矩,减小断面尺寸,使建筑高度减小。刚架桥具有受力条件好、外形尺寸小、桥下净空大、混凝土数量少等特点,但钢筋用量较大,基础造价高。按其结构形式不同可分为直柱式和斜腿式两类,如图 2-10 所示。

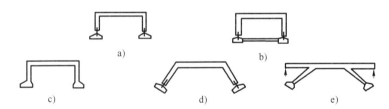

图 2-10 刚架桥类型
a)双铰直柱式;b)带横撑梁直柱式;c)无铰直柱式;d)斜腿式;e)悬臂斜腿式

七、涵洞类型

1. 涵洞按洞身断面构造形式分

涵洞按洞身断面构造形式不同可分为管涵(通常用圆管涵)、盖板涵、拱涵、箱涵等类型。各类型又可由不同材料构成多种类型的涵洞。由于各类涵洞的构造及力学性能不同,在跨径尺寸上有很大的差异。

2. 按填土高度分

1)明涵

当涵洞洞顶填土高度小于 0.5m 时叫作明涵,通常在低填方和挖方路段时采用,如图 2-11a)所示。

2)暗涵

当涵洞洞顶填土高度大于或等于0.5m时叫作暗涵,通常在填方路段采用,如图2-11b)所示。

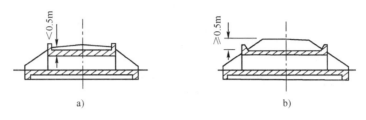

图 2-11　明涵与暗涵
a)明涵;b)暗涵

3.涵洞按水力性质分

水流通过涵洞的深度不同,直接影响涵洞过水的水力状态,从而产生不同涵洞水力计算的图式。因此,按涵洞过水的水力性质不同,涵洞可分为无压力式、半压力式和压力式三种,如图2-12所示。

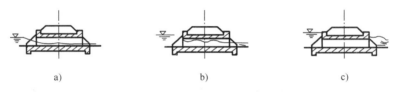

图 2-12　涵洞按水力性质分类
a)无压力式;b)半压力式;c)压力式

1)无压力式涵洞

涵洞入口水流深度小于洞口高度,并在洞身全长范围内水面都不触入洞顶,洞内具有自由水面时,叫作无压力式涵洞。

2)半压力式涵洞

涵洞入口水流深度大于洞口高度,但在洞身全长范围内(进水口处除外)都具有自由水面时,叫作半压力式涵洞。

3)压力式涵洞

涵洞入口水流深度大于洞口高度,并在洞身全长范围内都充满水流且无自由水面时,叫作压力式涵洞。

4.涵洞按洞身形式分

1)进口不抬高式涵洞

全部洞身等高、基础平置的涵洞叫作进口不抬高式涵洞,如图2-13a)所示,由于洞身断面相同,施工简便,是一般常用的洞身形式。

2)进口抬高式涵洞

为适应涵洞过水面的壅水曲线,可将涵洞进口端一定长度范围的涵台抬高的洞身形式叫作进口抬高式涵洞,如图2-13b)所示。从理论上讲,进口抬高式涵洞水力性质较好,又叫作升高管节式涵洞。

3)平置式斜坡涵

当沟床纵坡陡时,为适应地形,将洞身做成台阶形式,涵管分节,基础平置的涵洞,叫作平置式斜坡涵,又叫作阶梯涵,如图 2-13c)所示。阶梯涵是山区公路较常采用的涵洞形式。

4)斜置式斜坡涵

在斜坡上设置涵洞,有时也可将基础斜置,并设置齿墙嵌入地基,以抵抗滑移,叫作斜置式斜坡涵,如图 2-13d)所示。

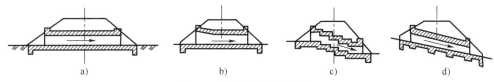

图 2-13 涵洞按洞身形式分类

a)进口不抬高式涵洞;b)进口抬高式涵洞;c)平置式斜坡涵;d)斜置式斜坡涵

第二节 小桥涵类型选择

一、选型原则

小桥及涵洞是公路桥涵的重要组成部分,小桥涵的类型选择直接影响小桥涵的使用功能、投资费用和使用年限。桥梁选型时除须满足"安全、耐久、适用、环保、经济和美观"的基本原则外,在具体确定类型时还应遵循如下原则。

(1)小桥涵类型选择应根据所在公路等级、使用任务、性质和将来发展的需要,综合各种因素和条件,经技术经济比较,权衡利弊确定。

(2)小桥涵类型选择应符合因地制宜、就地取材和便于施工、养护的原则。一条公路上的桥涵类型应尽可能采用统一的标准形式,以利施工。

(3)桥涵类型选择应考虑农田排灌的需要。靠近村镇、城市、铁路及水利设施的桥涵,应结合有关方面的要求,并适当考虑综合利用,相互配合。

(4)小桥类型选择还应综合考虑桥涵址的自然特征和环境条件,结合路堤高度和填料状况,考虑排洪和交通的需要。选择的类型应与河沟特征及地形、地质、水文等条件相适应。

二、选型因素

小桥涵类型选择在符合上述原则的基础上,结合桥涵各方面的条件,综合以下因素,经技术经济比较确定。

1. 道路的等级、性质和任务

道路等级、性质和任务是确定桥涵类型的主要因素。高速公路及一级公路、国道、省道以及任务繁重连接大城市、重要工矿的道路,均宜选用力学性能较好的桥涵,如钢筋混凝土结构的箱涵、钢筋混凝土圆管涵等。一般对于低等级公路的桥涵,宜采用砖石结构。

2. 地形、地质、水文和水力条件

不同类型的桥涵适用于不同地形、地质、水文和水力条件,选型时应充分考虑这些条件,选择适宜的桥涵类型。

(1)采用涵洞或小桥,主要根据设计流量、路堤的填土高度、沟谷的深浅及河床纵坡、地基情况以及建筑材料等条件确定。

一般路线跨越常年流量较小,路堤高度能满足壅水高度的要求,并能满足设计流量宣泄时,宜采用涵洞。当沟槽设计流量较大,桥位处于陡岩深谷或冲积堆上,河道漂浮物较多或有泥石流运动时,宜采用小桥。

(2)一般新建涵洞多以无压力式涵洞为主,只有涵洞路堤与基底在水压和渗透作用下保持稳定时,才允许采用半压力式涵洞或压力式涵洞。设计流量在 $10m^3/s$ 左右时,宜采用圆管涵;路堤高度不能满足要求时,可考虑修建盖板明涵。设计流量在 $20m^3/s$ 以上,路堤高度可满足最小填土高度时,宜采用盖板暗涵或拱涵。

(3)从地质条件来看,混凝土管涵、拱涵要求有坚实基础,其他类型涵洞也要求基础沉陷不能过大且沉陷均匀;箱涵及盖板涵对地质较差的涵洞有较好的适用性。

位于沼泽、软土等地基土壤较差地区的涵洞,应采用基底压力较小的轻型结构,如盖板涵洞、钢筋混凝土箱形涵洞等。

(4)对泥石流或含有较多砂石推移质的河沟,有流木、流冰或其他漂流物的河沟以及严寒地区和多年冻土地区有冰锥、冰丘的河沟,一般宜设桥不宜设置涵洞,以免造成淤积堵塞,危及路基安全。对个别小沟,如能确保泥沙石直泄通畅不致淤积,或漂流物顺利通过不致堵塞者,亦可考虑设置较大孔径的涵洞,必要时涵洞净空可适当加大。

(5)在平坦戈壁滩或草原地区,除充分注意洪水情况合理布置桥涵外,一般涵洞上游积水条件均不甚理想,宜采用盖板涵洞或箱涵洞等,并适当加大涵洞孔径,以免影响路基安全。

(6)黄土地区设置涵洞时,需考虑泥流、壅水钻洞、冲刷切割和湿陷下沉等特点,尽量选取壅水较低的涵洞类型,并适当加大涵洞孔径。

修建在湿陷性黄土地区上的涵洞,应采用对不均匀沉陷敏感性较小的结构,如整基圆形涵洞、整基矩形涵洞和整基箱形涵洞(孔径较大时慎用)等,不宜采用拱形涵洞。

3. 工程造价

技术经济是桥涵选型的基本原则,选型时应对不同类型涵洞进行技术经济比较,在保证功能的原则下,尽量减少工程费用。

例如,山区选用石涵较经济;缺乏石料地区,选用圆管涵或混凝土盖板涵较经济;在满足流量要求条件下,单孔圆管涵比混凝土盖板涵、拱涵经济;在流量较大处,钢筋混凝土盖板涵比多孔管涵经济。路堤越高,涵洞越长,当路堤高度超过 $5\sim6m$,设计流量较小时,采用圆管涵比较经济;设计流量较大时,是选择涵洞还是选择小桥,应作方案的技术经济比较后确定。

4. 筑路材料

选用涵洞材料时要因地制宜,尽可能就地取材,优先考虑石结构,少用或不用钢材。在石料丰富地区,应充分利用石料修建石涵。在产陶、瓷器的地区,可选用符合荷载要求的陶、瓷管涵。对于一些不常用的材料,应经过试验鉴定后方可使用。

5. 施工条件

涵洞类型选择要方便施工。一段线路上不宜采用过多的涵洞类型,应尽可能定型化,便于集中预制,以节省模板和保证质量。设计预制件时,要考虑运输条件和方便安装,尽可能采用机械化预制和安装,加快施工进度。

例如,在高原地区人烟稀少、气候寒冷、现场施工季节短暂的情况下,或在干旱缺水、施工条件不良地区等新线上修建涵洞,或在既有线上增建涵洞,为了减少现场工作量,加快施工进度、缩短工期,可结合施工机具设备和运输能力,选用预制拼装式涵洞。

6. 养护维修条件

选择涵洞类型时,为了便于养护,孔径不宜过小,洞身不宜过长。

冰冻地区不宜采用小孔径管涵和倒虹吸管涵洞。当为了农田灌溉必须采用时,须在冻期前将管内积水排除,并将两端进出口封闭。

在不至于造成淤塞的情况下,农田灌溉用涵洞的跨径可采用0.5m,一般涵洞跨径应不小于0.75m。

7. 其他因素

(1)地震因素。涵洞与小桥相比具有较好的抗震性,应优先采用,一般采用钢筋混凝土圆形涵洞、钢筋混凝土矩形涵洞和箱形涵洞较宜。

(2)交通因素。排洪涵洞和交通涵洞原则上宜分别设置,避免洪水时危及交通安全。如必须设置排洪兼交通涵洞时,要认真分析历史洪水情况,提出全面可靠的技术经济比较资料,经综合研究确定。

通行人、畜、车辆和农业机械的涵洞,应能满足工农业发展的需要,确保通行人、畜和车辆的安全。

三、各类小桥涵特点及适用条件

1. 石拱桥(涵)

石拱桥(涵)是山区公路常用的一种类型。其主要特点是:

(1)能充分利用天然石料,不需钢材,只需少量水泥,因而造价低,工程费用少。

(2)施工技术简单,专用设备少,适用于地方修建。

(3)结构坚固,自重及超载潜力大,使用寿命长。

(4)与板式桥(涵)相比,拱式结构需要较大的建筑高度。

(5)不能进行工厂预制现场装配,遭受破坏后难于修复。

(6)具有施工时占用劳力较多、工期较长以及对地基要求较高等缺点,因而在使用范围上受到限制。

石拱桥(涵)通常适用于盛产石料的地区,设计流量一般大于$10m^3/s$,路堤填土高度在$2\sim2.5m$以上,跨径等于或大于2m,地基条件较好的涵洞。

2. 石盖板涵

石盖板涵除了具有石拱涵能就地取材、结构坚固等特点外,还具有建筑高度较小,对地基条件要求不高、施工简便、易于修复等特点。但由于其力学性能较差,因而一般仅适用于跨径小于2m,设计流量通常在$10m^3/s$以下的小型涵洞。

3. 钢筋混凝土板桥(涵)

这是无石料地区常采用的一种类型,其主要特点是:

(1)建筑高度较小,受填土高度限制较小。
(2)易于采用工厂预制,现场装配,施工简便、迅速。
(3)为简支结构,对地基条件要求不高。
(4)遭受破坏后易于修复。

但由于需用水泥、钢筋等材料,一般造价较高。通常适用于石料短缺、填土高度受限制以及公路等级较高的情况。由于这类桥(涵)用钢材较多,在缺乏钢材的情况下,应尽量采用其他类型。

钢筋混凝土桥(涵)按施工方法的不同还可有预制装配和就地浇筑之分。装配式桥(涵)可在工厂预制,再运至现场安装,具有施工不受气候条件影响、工期短、节省模板等优点,适用于桥涵分布集中并有运输及吊装条件的公路。就地浇筑的桥涵,整体性好,施工不需运输及吊装设备、施工简便,适用于分散或改建的单个桥涵,以及不具备运输及吊装条件的公路。

4. 钢筋混凝土圆管涵

这也是一种在缺石料地区常采用的涵洞,其主要特点是:力学性能好,对地基的适应性较强,构造简单,不需墩台,圬工数量少,施工方便,适于工厂预制,便于装配运输,工期较短。受预制吊装条件的限制,一般孔径较小,为 0.5~2.0m,宜泄设计流量在 $10m^3/s$ 以下。圆管涵一般采用单孔比较经济,多孔时一般不宜超过 3 孔。

5. 钢筋混凝土箱涵

箱涵是一种闭合式的钢筋混凝土薄壁结构,多用于无石料地区。其主要特点是整体性能好、对地基适应性较强,但用钢量多、造价高,一般多用现场浇筑施工,施工难度较大,通常适用于地基承载力较小的情况。由于箱涵整体性好、结构坚固、跨度尺寸适中,常用于高速公路人行通道。

6. 倒虹吸涵洞

倒虹吸涵洞是为灌溉渠而设置的一种过水建筑物。当遇到不深的路堑,挖方高度又不能满足设置渡槽的净空要求时,通常采用倒虹吸管涵。一般只用于灌溉渠道,不宜用于排洪河沟。

1)铸铁倒虹吸管涵

铸铁倒虹吸管涵具有管路接头少,防漏性能较好,造价低,施工简便等优点。但孔径较小,通过流量少(一般通过流量为 0.016~$0.26m^3/s$),不能满足较大灌溉渠道的要求。

2)钢筋混凝土倒虹吸管涵

钢筋混凝土倒虹吸管涵具有通过流量大、接头少、整体性好、渗漏病害较少等优点,但施工较复杂、造价较高、维修困难。尤其养护不便,仅在通过流量较大的干、支渠上不得已时采用。路基填土较低且流量很小的沟渠,应改用低填土的盖板涵。一般钢筋混凝土倒虹吸管有单孔、双孔两种,孔径多为 0.5~1.5m,适应的流量为 0.3~$10.0m^3/s$。

7. 钢波纹管涵

钢波纹管涵也称波纹钢管涵,是用螺旋波纹钢管、环形波纹钢管或波纹钢板拼装连接形成的一种柔性涵洞形式,见图 2-14。

1)主要特点

(1)结构受力合理,荷载分布均匀,具有一定的适应变形的能力。

（2）利于标准化设计、工厂规模化生产，易于结构工程质量控制。

（3）施工工期短、速度快、设备简单，不受季节和环境影响；用于临时工程和抢险工程，优势明显。

（4）后期养护工作量小，养护成本低。

（5）有利于改善特殊地基（软土、膨胀土、湿陷性黄土等）处的不均匀沉降问题；有利于改善软土地基结构物与路堤交界处的"错台"现象；有利于解决北方寒冷冰冻地区和沿海软土地区等对涵洞混凝土结构的破坏问题。

（6）管内的流水粗糙系数较混凝土管大，同样的泄洪流量采用钢波纹管涵时，所需孔径较大。

图 2-14　钢波纹管涵（多孔）

2）适用条件

（1）从国内外钢波纹管涵洞的使用情况及其受力特征、防腐分析看，应用钢波纹管涵洞必须满足以下条件：

①相应波形必须具有足够的壁厚，确保钢波纹管结构在受荷时最大应力低于钢结构的容许应力（或屈服应力）。

②钢波纹管的防腐处理必须不低于一定的要求，以确保一定年限内钢波纹管涵洞具有足够的耐腐蚀能力；钢板壁厚应适当考虑防腐富余量。

③钢波纹管应能够承受标准荷载引起的变形，不致产生非线性破坏，且不影响其上结构层的功能。

（2）下列地区宜优先考虑钢波纹管涵洞：

①不良岩土地基的涵洞，包括多年冻土、膨胀土、软土、湿陷性黄土等。

②人力资源缺乏或高危险、高原缺氧等的地区工程。

③砂石资源缺乏地区，水泥、钢材等运距较远的边远地区。

④为加快施工进度、达到快速通车目的的应急抢险、救灾等工程。

（3）下列情况下应慎重使用钢波纹管涵洞：

①高速公路重要路段或困难路段。钢波纹管涵洞为钢结构，必然存在腐蚀的威胁，高速公路对路基和涵洞的寿命周期要求较高，因此必须考虑防腐养护，在养护管理困难路段应慎重使用。由于钢波纹管涵洞存在一定的使用寿命周期，在高速公路的一些重要路段考虑其服务寿命或改建的便利等应慎重使用。

②泥石流堆积扇或排泄砂石流量大、流速高的区段。这些区段泥沙或砂石的冲刷将形成对防腐材料或钢结构的磨蚀，设计时应予以重视，必要时应针对具体情况独立进行防腐设计；局部区段可能存在淤积等，采用钢波纹管涵洞应考虑该问题。

③高填土路段。高填路段应根据施工工艺及施工后路堤不同土拱效应进行计算分析，确保涵洞受力安全。

④孔径较大或截面为非圆形时。一般钢波纹管涵洞孔径小于 2.5m，当大于 2.5m 时应进行独立计算分析，确保涵洞受力安全。大孔径涵洞采用拼装式施工时尤其要加强连接部位的

设计分析。异形截面钢波纹管涵洞和小桥,由于其受力特征与圆形截面截然不同,应进行独立分析,确保使用安全。

8. 砖拱涵

在平原或缺少石料的农村公路,可用砖代替石料修建拱涵。建筑用砖费用低廉,且尺寸为标准规格,施工方便,不需要进行石料采集和加工。对于荷载要求不高的乡村道路上的小型涵洞,为减少投资可考虑采用建筑用砖。但由于建筑砖的强度较低(烧结普通标准砖的抗压强只有 7.5~20MPa),一般仅用于车辆荷载小的地方公路小型涵洞,适用跨径通常为 0.75~3.0m。由于砖的抗冻及抗酸碱能力差,水流含碱量较大或冰冻地区不宜采用。

四、小桥与涵洞选择的综合分析

1. 小桥与涵洞技术经济比较

小桥与涵洞的选择,应根据线路技术条件、桥涵结构类型、水文特征、地形和地质条件、农业和交通需要、工程造价、施工运营与养护维修要求等因素综合比较确定。其主要技术条件如下。

1)水文方面

小桥的梁底和墩台支座顶须高出设计水位一定的安全高度,而涵洞只需上游具有积水的地形条件不致漫溢串流、淹没农田村舍,并有足够的路堤高度即可,涵前允许出现较小桥高的积水。因此,在相同孔径通过无压流的情况下,涵洞的过水能力大于小桥,承受超载流量的条件也较小桥好。但小桥具有桥前积水较低、出口流速较小、垂直线路方向的长度较短等特点,洪水能尽快地通过小桥排离路基,特别是有利于宣泄夹带泥沙、石块或带有漂流物的水流。

2)结构方面

在相同路堤高度情况下,对于较宽浅的沟谷而言,小桥顺线路方向的长度较长,且直接承受车辆活载,涵洞顺沟方向的长度则较短,上覆填土(或填石),活载影响一般较小,故设涵比设桥所需水泥钢材节省,较为经济。其次,在相同的路堤高度下,在沟床纵坡陡峻的山区沟谷设置涵洞,如涵节错台超出限制,或涵洞基础须设防滑措施尚难保证稳定者,或涵洞挖基及改沟刷方较大,易造成坍落堵塞水流者,往往设小桥较好,且较经济。然而,小桥对基底应力一般要求较高(刚构桥除外),而整体基础涵洞对基底应力要求一般不高。因此,就地基而言,涵洞比小桥具有较强的适应性。

3)施工方面

一般情况下,涵洞需要的施工机具及施工工艺较为简单,在劳力不缺乏时,整段线路上的涵洞可以配合路基土石方工程全面施工。

4)养护方面

小桥的桥面工程比较复杂,需设置人行道,有时还应设置缘石及栏杆,养护、维修工作量较大;涵洞顶部有填方覆盖,一般情况下养护维修工作较简单。

2. 涵洞和小桥选用条件

1)涵洞选用条件

(1)当地形、地质和水文等自然条件许可,上游积水、下游冲刷不影响农田房舍的安全时,应优先采用涵洞。

(2)沟床平缓的排洪沟,能满足通过设计流量时,应优先选用涵洞。

(3)当涵洞控制线路高度或纵坡较陡时,应优先采用盖板涵。
(4)当地有石料、填土较高或纵坡较大时,应优先采用石拱涵。
(5)钢筋混凝土涵洞钢筋用量较多,在缺石、缺水、平坦地区,工地预制对加速施工有利时,亦宜采用。
(6)渡槽是跨越公路路堑和排洪沟渠的过水建筑物,如符合限界要求时可采用。
(7)当遇路堑高度不能满足设置渡槽的净空要求,但灌溉需要且淤积较少时,通常采用倒虹吸涵洞。
(8)隧道口附近的沟谷,当架桥有困难,可利用弃方作填料时,在水文、地形条件适宜时,一般优先采用涵洞。

2)小桥选用条件

遇下列情况之一者,应优先考虑设桥方案。

(1)设计流量较大、上游积水条件较差,若采用涵洞时,涵前积水有可能淹没或危害农田村舍者。
(2)线路跨越冲积堆、泥石流沟,水流含泥沙、石块较多的河沟或流水、流木及树枝杂草等漂流物较多的沟;严寒区和多年冻土地区有冰锥、冰丘的河沟;风沙地区和积雪严重地区的河沟。
(3)山前漫流地区,一般地形起伏不大、路堤不高、线路上游无积水条件的天然沟槽且易发生淤积者。
(4)山区河沟纵坡陡峻,设置涵洞采用最大容许的涵节错台亦不易适应天然坡度者;山区傍山线路路堑挖方或半填半挖地段沟床坡度陡峻的小沟下游濒临大河的山区沟谷,设置涵洞时其出口临近大河易招致冲刷或大河洪水倒灌造成堵塞淤积者;线路上游有几个小沟汇合,设置涵洞将导致较大的改沟,甚至需要开挖并破坏不良地质的山体平衡者;或深沟高填路堤,预计设涵有长期下沉病害的不良后果者。
(5)淤泥、沼泽、软土覆盖地带的河沟。
(6)在水库淹没范围内常年受水库正常蓄水淹没的支沟,设置涵洞不易养护、检修者。
(7)沟床地质条件较差,或线路下游为农田,设置涵洞有可能造成出口剧烈冲刷危及涵洞主体工程并冲毁下游农田者。
(8)在农田和城市地区,为了少占农田,节约用地,减少拆迁房舍建筑,便于人、畜、车辆通行者;或路堤高度不高,结构高度受以限制,河网地区的河渠有通航或流筏要求者。

五、单孔与多孔的选择

小桥涵的孔数主要根据设计流量大小、建筑高度、地基情况等条件综合考虑确定。一般情况下,宜采用单孔。因为在相同的宣泄条件下,单孔比多孔要经济得多,且挖基工作量及水下挖基工作量都较小。多孔小桥涵通常是在建筑高度受限制无法采用单孔,或因修建单孔跨径过大而不经济且河床中有良好的修建桥(涵)墩的地基条件时才采用。

六、各类涵洞选择的综合参考资料

(1)各类涵洞适宜的跨径见表2-1。

各类涵洞适用跨径（单位：m）　　　　　　　　　表 2-1

构造形式	适用跨径	构造形式	适用跨径
钢筋混凝土管涵	0.75、1.00、1.25、1.50、2.00	石盖板涵	0.75、1.00、1.25
钢筋混凝土盖板涵	1.50、2.00、2.50、3.00、4.00	倒虹吸管涵	0.75、1.00、1.25、1.50
拱涵	1.50、2.00、2.50、3.00、4.00	钢波纹管涵	1.50、2.00、2.50、3.00、4.00
钢筋混凝土箱涵	1.50、2.00、2.50、3.00、4.00		

(2) 不同材料涵洞的适用性和优缺点见表 2-2。

不同材料涵洞的适用性和优缺点　　　　　　　　　表 2-2

	种类	适用性	优缺点
常用	石涵	产石地区，可做成石盖板涵、石拱涵	节省钢筋，水泥经久耐用，造价、养护费用低
	混凝土涵	可现场浇筑或预制成拱涵、圆管涵和小跨径盖板涵	节省钢筋，用于预制，但损坏后修理和养护较困难
	钢筋混凝土涵	用于管涵、盖板涵、拱涵，软土地基上可用箱涵	涵身坚固，经久耐用，养护费少。管涵、盖板涵安装运输便利，但耗钢量较多，预制工序多，造价较高
	砖涵	用于平原或缺少石料地区。可做成砖拱涵，有时做成砖管涵	便于就地取材，但强度较低；当水流含碱量大时或冰冻地区，易损坏，不宜采用
其他	陶、瓷管涵	陶、瓷产地，定型烧制	强度较高，运输、安装时易碎；造价高，跨径小
	铸铁管涵	工厂化生产的金属定型产品	强度较高，但长期受水影响锈蚀，造价高，跨径小
	钢波纹管涵	小跨径暗涵	力学性能好，但施工管节接头不易处理，易锈蚀，造价高，跨径小
	石灰三合土涵	可做成石灰三合土箧管涵或拱涵	强度较低，造价低，但水流冲刷极易损坏

(3) 各种构造形式涵洞的适用性和优缺点见表 2-3。

各种构造形式涵洞的适用性和优缺点　　　　　　　　　表 2-3

构造形式	适用性	优缺点
管涵	有足够填土高的小跨径暗涵	对基础的适应性、受力性能较好，不需墩台，圬工数量少，造价低
盖板涵	要求过水面积较大时，低路堤上明涵或一般路堤的暗涵	构造较简单，维修容易。跨径较小时用石盖板，跨径较大时用钢筋混凝土盖板
拱涵	跨越深沟或高路堤时选用。山区石料资源丰富，可用石拱涵	跨径较大，承载潜力较大，但自重引起的恒载也较大，施工工序较繁多
箱涵	软土地基时设置，常用于人行通道	整体性强，但用钢筋量多，造价高，施工较困难

(4) 不同水力性质涵洞的定向性见表 2-4。

不同水力性质的涵洞选型　　　　　　　　　　　　　表 2-4

水 力 性 质	外 观 描 述	适 用 性
无压力式	进口水流深度小于洞口高度,水流受侧向束挟,进口后不远处形成收缩断面。下游水面不影响水流出口。水流流经全涵保持自由水面	要求涵顶高出水面,涵前不允许壅水或壅水高
半压力式	水流充满进口,呈有压状态,但进口不远的收缩断面及以后的其余部分均为自由水面,呈无压状态	全涵净高相等,涵前允许一定的壅水高,且略高于涵进口净高
有压力式	涵前壅水较高,全涵内充满水流,无自由水面。一般出口被下游水面淹没,但升高式进水口(流线型),且涵底纵坡小于摩阻坡度时,出口不被下游水面淹没	深沟高路堤,不危害上游农田、房屋的前提下,涵前允许较高壅水
倒虹吸管	进出水口设置竖井,水流充满全部涵身	横穿路线的沟渠水面高程基本等于或略高于路基高程

【复习思考题及习题】

1. 小桥涵可按哪些条件进行分类？按建筑材料和构造形式分为哪些类型？
2. 小桥涵类型选择的原则是什么？
3. 小桥涵类型选择应综合考虑哪些因素？
4. 简述石拱桥(涵)、钢筋混凝土桥(涵)、钢筋混凝土圆管涵、钢筋混凝土箱涵的特点及适用条件。
5. 为什么说一般情况下采用单孔桥(涵)比多孔桥(涵)好？在哪些情况下采用多孔桥(涵)？
6. 钢波纹管有哪些特点？其适用条件有哪些？
7. 简要综述小桥及涵洞的选用条件。
8. 名词解释：
   明涵　暗涵　无压力式涵洞　半压力式涵洞　压力式涵洞　阶梯涵　斜坡涵　坡桥

第三章
小桥涵勘测

第一节 小桥涵勘测概述

一、目的、内容及要求

1. 目的

小桥涵勘测的目的是通过桥涵的外业勘测和调查,收集和初步整理出小桥涵设计所需的水文、水力、地形、地质、环境以及其他资料和数据。这些资料和数据是小桥涵位置选择、结构类型确定、水文及孔径计算、洞身及洞口布置以及附属工程设计的依据。

2. 内容及要求

小桥涵勘测是小桥涵设计前期的重要工作,直接关系到小桥涵设计的质量和进度,勘测的主要内容及要求如下。

1) 初测阶段

(1) 小桥以及复杂涵洞、改沟工程、人工排灌渠道等,一般应实地敷设桥涵位中心桩并实测高程与断面。当地形及水文条件简单时,可在1∶2000地形图上查取或采用数字地面模型内插获取,但应进行现场校对。

(2)小桥涵及漫水桥、过水路面、渡槽的勘测,应实地调查所在区域排水体系、农田排灌、地形、地质、水文等自然条件,结合路基综合排水系统,现场核对拟定排水构造物位置、交角、结构类型、孔径及进出口形式等。

(3)应对桥涵位上游汇水区地表植被、洼地滞流、土质吸水类别、水库(或湖泊)控制面积等地表特征进行调查,满足径流形成法和暴雨推理法计算流量的需要。

(4)凡拟建小桥涵址的上、下游附近有原建小桥涵时,应对原有小桥涵的结构形式、洞口类型、各部分主要尺寸及埋置深度、修建年代、损毁修复等情况进行调查,并测量桥前水深、桥下泄洪流量、桥涵址间的汇水面积等。

(5)应对初拟小桥涵的位置交角、结构类型、孔径、涵长、进出口形式等进行现场核对。

(6)应征求当地群众和有关部门对拟建涵洞的意见。现场初步选定涵洞类型、洞口形式及防护工程类型。

(7)采用调查、挖探、钻探相结合的方法了解地基承载力、地质构造和地下水情况及其对构造物的稳定性影响等。在涵洞轴线上勘探点不少于1个,其深度应达到持力层,遇软弱地基应穿过软弱夹层。提供涵洞轴线地质断面图与勘探点柱状图。对地质条件复杂的场地,应增勘涵洞中线及左、右边线的地质断面图。

(8)改建工程的小桥涵,应查明原有桥涵的位置、结构形式、荷载标准、跨径、高度、长度、基础形式及埋置深度、修建年代、损坏修复情况及可利用程度。

2)定测阶段

定测阶段涵洞勘测的目的是根据批准的初步设计文件所确定的原则和方案,在初测资料的基础上,进行详细的调查、勘测、核实、补充或修正,确定涵洞的位置、交角、结构类型、孔径、涵底高程、地基土壤类别、基础形式、洞口布置及附属工程等,满足施工图设计需要。

(1)补充调查。在初测资料的基础上,对地质、水文、农田水利、气象等资料进行补充调查,并进行形态断面、河床比降、特征水位和汇水面积等测量工作。

(2)确定涵位及形式。小桥涵的位置和形式,应与路线平、纵面和路线排水系统相配合;同时设置附属工程,保证水流顺畅,不致造成后患。

(3)落实桥涵结构类型及主要尺寸。根据批准的初步设计文件所确定的原则和方案,以及地质、水文、农田水利、气象和施工条件,确定小桥涵的结构类型、基础形式、埋置深度、孔径和必要的附属工程;根据路基、路线情况,确定小桥涵墩、台高度和位置。

(4)进行详细桥涵址勘测。

①涵址平面示意图和(工点)地形图测量。一般涵洞可绘制平面示意图。应示出路线、沟渠、建筑物的相对位置,涵址桩号,历史洪水位和泛滥范围,原地面(含沟底)主要特征点高程等。

复杂的涵洞,应绘制涵址地形图。其范围为上游2倍沟宽、下游1倍沟宽,并超过铺砌加固长度,顺路线方向为最高历史洪水位以上0.5m。除平面示意图要求外,还应增绘地面等高线,设计频率洪水泛滥线,涵洞及调治构造物位置,改沟位置,改建工程原有墩台、进出口及铺砌的位置和高程等。

②涵址横断面测量。应沿路线方向测量涵址中线沟渠断面;当沟渠与路线正交时,该断

面即为沟渠的横断面。比例尺可根据沟渠宽度采用1：200～1：50,测绘范围一般在调查历史洪水位以上0.5m,或洪水泛洪线10m以外,沟渠有堤坝时应测到堤外。应示出涵址桩号,路基设计高程,历史洪水位、设计水位,地貌情况,地质挖探等。若沟形复杂,洞口不易布置时,可选择上、下游洞口附近补测断面。当路幅较宽、斜交角度较大时,尚需增测必要的垂直沟渠的横断面。

③沟渠纵断面测量。沟渠纵断面一般应沿沟底施测,施测长度为上、下游洞口外不应小于20m。比例尺采用1：200～1：100。应示出沟渠纵坡、冲淤情况、涵址桩号、路基设计高程、历史洪水位和设计水位的水面线。对于改建工程,还必须增加原涵洞、进出口铺砌加固等构造物的位置和高程等。

④沟渠洪水纵坡测量。当洪水位比降不易测到时,可用常水位、低水位比降或沟底平均坡度代替,其施测长度为:在平原区,宜沿沟渠上游测量200m,下游100m;在山区,宜沿沟渠上游测量100m,下游50m;如有陡坡跌水时,其施测长度还应将陡坡跌水包含在内。

⑤地质调查及勘探。对存在不良地质的涵洞或移位、新增涵洞,其地基的地层岩性、地质构造及岩土承载力应补充地质勘探,所需提供的资料与初测阶段相同。

⑥小桥涵位于地质、地形复杂路段,布置比较困难或需进行改河、改道工程及环境协调等综合处理时,应测绘1：500～1：200工点地形图。改河工程应按布设要求进行纵、横断面测量,原河道相关范围内应进行河床纵坡和河床横断面测量。

(5)改建公路利用原有小桥涵时,应进一步核查荷载标准、损坏程度和结构形式,测量其跨径、高度、长度、宽度和位置。

二、勘测准备

小桥涵外业勘测的准备工作主要包括勘测仪具准备和资料收集两项。

1. 仪具准备

小桥涵外业勘测主要使用地形测量、水文测量、地质调查等方面的有关仪器和工具,随收集资料的内容和桥涵大小以及复杂程度不同,仪器工具的种类和数量也有所不同,常用的仪具有:红外仪、经纬仪、皮尺、手水准、罗盘仪、地质锤等。由于GPS定位测量技术的广泛应用,在高等级公路上也用于桥涵位的定位测量,因此还应准备GPS用户设备,主要包括接收机、天线及微处理终端设备电源等。

2. 资料收集

进行外业勘测前首先应进行下列资料的收集工作。

(1)地形图。一般应收集比例尺为1：50 000～1：10 000 的沿线地形图;若路线已初测,可收集1：5 000～1：2 000 的路线地形图。地形图的范围和精度,以能获得汇水区流域面积、主河沟纵横坡等资料为原则。

(2)水文资料。应向当地水文站、水利和防汛部门收集水文资料,包括各种频率的年洪峰流量及相应的洪水位高程,桥涵附近的坝、闸、渠等水利设施的修建情况和水文资料,以便考虑对桥(涵)位选择、孔径确定、类型选择、基础埋深、沟槽加固等的影响。

(3)气象资料。收集当地气象站、雨量站的气象资料,包括年、月平均降雨量,暴雨密度和持续时间,气温情况,主导风向和风力等。

(4)地质资料。向当地有关部门收集地质特征资料和区域地质图及土壤资料。地质特征资料主要包括岩石种类及其分布、层理、节理、风化情况,地形、地貌,土质类别,地下水、植被及分布情况等资料。北方地区还应了解当地土壤冰冻层厚度。

(5)其他资料。对于改建公路,还需收集有关原路测设、施工及竣工资料,了解工程的使用、养护、水毁等情况,征询对桥涵工程改建设计的意见等;涵位附近上、下游坝、闸、渠等水利设施的修建情况和水文资料;地区性洪水计算方法、历史洪水资料、各河沟已有洪水计算成果;现有排灌系统及规划方案图,各排灌渠的设计断面、流量、水位等。

第二节 小桥涵位置选择

一、择位原则

小桥涵位置选择应根据小桥涵的用途,结合线路平、纵面和水文、地形、地质条件,以及道路、灌溉系统等要求综合考虑确定。

小桥涵择位是小桥涵设计的重要步骤,小桥涵位置选择恰当与否,直接关系到路基的稳定、桥涵的使用功能以及工程造价的高低。只有合理的选定桥涵位置才能做出正确的设计。在线路勘测中,由于对小桥涵定位工作不够重视,造成设计返工、多次变更设计,有的甚至成为报废工程,给运营、养护带来后患的教训不少。

小桥涵择位时应遵循以下原则:

(1)小桥涵位置应服从路线走向。由于单个小桥涵的工程数量不大,因而小桥涵位置一般是在路线走向基本确定的情况下来选择的。只有在特殊情况下(如路线遇大洼深沟、路线与河沟斜交较大等情况)才进一步权衡利弊,在不降低路线标准的条件下局部调整路线,使之从较好的桥涵位置通过。特别是高速和一级公路,小桥涵位置应完全服从路线走向,在路线确定后再具体确定位置。

(2)小桥涵址应布设在地质条件良好、河床稳定的河段。

(3)小桥涵址应选择在水文、水力条件较好的河段。避免因小桥涵位设置不当而造成排洪不畅、冲毁路基、积水淹田或使农业灌溉和正常交通受到影响。

小桥涵位置和轴线方向的确定,要满足设计流量的宣泄,使水流畅通,做到"进口要顺、水流要稳",不发生斜流、旋涡等现象,以免冲毁洞口、堤坝或农田。

(4)位置选择要综合考虑各种因素并进行技术经济比较,使桥涵工程量(包括桥涵主体及附属工程)最小,以减少工程造价和养护费用。

(5)涵洞位置和方向的布设,宜与水流方向一致,避免因涵洞布设不当,引起上游水位壅高,淹没农田、村庄和路基,引起下游流速过大,加剧冲蚀沟岸及路基。

(6)涵洞的设置应综合考虑施工、养护、维修的要求,降低建设和养护费用。

(7)沿线涵洞布设密度应根据地形、地貌、水文及农田排灌等自然条件确定,但考虑路基施工压实方便,其涵洞间距不宜小于50m。

小桥涵位选择主要解决设置地点和具体定位两个问题,现分述如下。

二、小桥涵设置地点

沿路线在哪些地方需要设小桥涵,这是选择位置的首要问题。一般情况下,应在下列位置考虑设置小桥或涵洞。

1. 天然河沟与路线相交处

凡路线与明显沟形的干沟、小溪、河流相交时,当路线上游汇水面积大于 $0.1 km^2$ 时,原则上应设一道小桥或涵洞。

2. 农田灌溉渠与路线相交处

路线经过农业区,跨越水渠、堰塘或水库的排水渠,以及通过大片梯田影响农田灌溉时,应考虑设置涵洞。

3. 路基边沟排水渠

在山区公路的山坡线,为排除路基挖方内侧边沟流水,应考虑设置涵洞。其间距一般不大于 200～400m;在干旱山区,间距不大于 400～500m。

4. 与其他路线交叉处

当路线与铁路、公路、大车路、人行路、农村机耕道及重要管线交叉,如采用立体交叉,且路线又从其上方通过时,应考虑设置相应的小桥或涵洞。

5. 其他设涵情况

(1)在平原区,路线通过较长的低洼地带及泥沼地带,为保证路基稳定、避免排水不畅及长期积水的情况,在地面具有天然纵坡的地方设置多道涵洞。

(2)平原区路线穿过天然积水洼地,也应考虑设置数道涵洞,以沟通路基两侧水位,平衡水压。

(3)路线紧靠村镇通过,要特别注意设涵,以排除村镇内地面汇流水。

(4)山区岩层破碎及塌方地段,雨季经常有地下水从路基边坡冒出,为使路基边坡稳定,及时疏干地下水,应配合路基病害整治设置涵洞。

三、小桥涵具体定位

1. 小桥位置的确定

小桥定位主要是确定小桥的中心桩号及桥轴线方向以及跨河沟时路中线的位置。由于小桥工程数量较涵洞大,择位时可以允许路线稍有摆动。因此,在确定小桥位置时,应结合路线经过河流的水文、地形、地质、土壤等条件与路线布置综合考虑。在测设中,通常是桥涵组与选线组人员协同选定桥位。在不过分增加土石方数量和路线长度,不降低路线标准情况下,适当考虑和照顾小桥位的需要,选择有利的跨河位置。

(1)桥轴线应尽可能与洪水主流方向垂直。如不能正交时,应使墩台轴线与水流方向平行,设斜桥,以减少水流对墩桥台、路基边坡的冲刷,如图3-1所示。

(2)桥位最好选在河道顺直、水流平稳河段,以减少水流对桥台的冲刷,也可减少墩台基础及河岸防护加固工程数量。

当路线遇河湾时,最好把桥位选择在河湾上游,如图 3-2 中桥位Ⅰ。限于路线和地形影响不能在上游跨河时,也可在河湾下游跨河。但应尽量远离河湾,考虑河湾凹岸冲刷和河湾变形,一般最好设在河流宽度的 1～1.5 倍以外,如图 3-2 中桥位Ⅲ。桥位应避免设在河湾上,即图 3-2 桥位Ⅱ应避免采用。

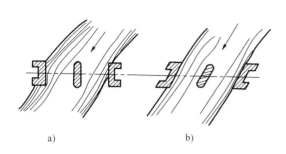

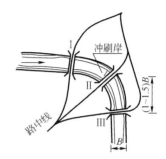

图 3-1　斜交桥位
a)不正确；b)正确

图 3-2　河湾处桥位

(3)桥位应选择在河床地质良好、地基承载力较大的河段,尽量避免在岩溶、滑坡、泥沼、盐渍土及其他地质不良地段通过。为减少墩台基础费用,桥位最好选在河床两岸有基础外露或覆盖层较薄的地点。桥位处如系土质河床,应尽量避免在淤泥沉积地段设置。

(4)桥位宜选择在河流狭窄、河滩较窄较高、岔流少的河段跨河,这样可缩短桥长,减少工程数量。在河流有沙洲、河汊汇合口等水流紊乱的河段,应避免建桥。当路线必须通过河沟分岔或支流汇合口时,应从其汇合口处下游离汇合口 1.5～2.0 倍河宽以外的范围跨过,如图 3-3 所示。

(5)沿溪线跨越支沟时,桥位应尽量选在受大河壅水倒灌影响范围以外,如图 3-4 所示。

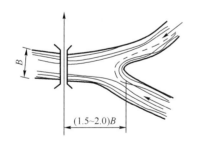

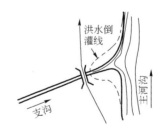

图 3-3　河流汇合处桥位

图 3-4　支沟入口处桥位

(6)桥位选择应尽量使两岸桥头土石方较少,利于路线衔接,并避开两岸不良地质地段。

(7)沿溪线路线与桥位布置要密切配合。在可能条件下应利用河湾、"S"形河段以及适当斜交的办法跨河,以创造较好的线形条件,如图 3-5 所示。

2.涵洞位置的确定

涵洞系穿过路基的过水建筑物,其顺水流向的长度有时比纵向的桥梁长度还大,因此涵洞位置的选定,应特别注意保持水流顺畅和洞内水流均匀,防止涵洞入口或洞内产生淤积和堵塞,避免恶化涵洞出口及其下游的水流状态,并应尽量利用有利的地形、地质条件,减少改沟、挖基和调治防护工程,使涵洞布置力求达到技术经济上的合理。

涵洞定位,通常是沿着确定路线方向前后移动,选择一个合理而又经济的位置,根据不同地形情况,选择涵洞位置的要点如下。

1)平原区涵位

(1)沟心设涵。平原区涵位通常设于河沟中心,一般与路线方向正交,并使其进水口对准上游沟心。

(2)适当改沟。在河沟十分弯曲地段,为使水流畅通,可采用裁弯取直或改移河沟的办法设正交涵,如图3-6所示。移位后的涵洞,上游一般应有1.5倍河槽宽度的直沟段长度。避免因改沟合并占用农田,破坏现有的耕作和排水系统。

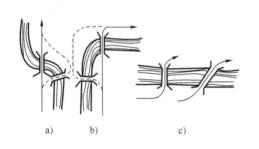

图3-5 不同河段处桥位
a)"S"形河段桥位;b)河湾处桥位;c)直沟段桥位

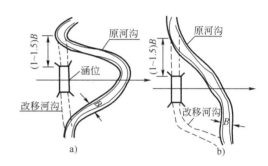

图3-6 平原区改沟设涵
a)裁弯取直;b)改沟设涵

(3)注意设农田灌溉涵洞。当路线与农田排水沟渠相交时,应注意设置农田灌溉涵洞,避免设涵后对下游出口农田产生不利冲刷,防止上游水位壅高造成积水淹没村庄。

(4)当路线通过较长低洼、泥沼地段时,应考虑适当设涵,特别有长期积水时,应设涵洞,以降低路基两侧水位差,平衡水压。

2)山岭及丘陵区涵位

(1)顺沟设涵。山区河沟坡陡水急、洪水猛、历时短,冲刷及水毁比较严重,因此,涵位布置应尽量符合水流方向,顺沟设置。一般不宜改沟设涵,强求正交。

(2)改沟设涵。只有当河沟比较宽浅,沟底纵坡平缓,水流较小时才考虑改沟设涵。改沟时要注意做好引水及防护工程,注意对下游农田的影响。

在经常有水流的河沟上,采用裁弯取直的办法改沟设涵,还具有可在干土中开挖基坑以及取直后沟底增高可缩短涵洞长度的优点。当河沟支叉较多,水流紊乱时,可采用改沟整流做正交涵的办法,如图3-7所示。

河沟纵坡较陡,流量较大,表土易被冲刷,而且改沟后所设排水沟纵坡平缓,易被冲积土淤塞,位于黄土区的河沟不得改沟合并。

(3)路基排水涵。涵位选择应与路基排水系统密切配合,应能及时排除路基内侧边沟水流。布设涵位时,可结合路线平、纵面设计图,选择以下位置设置路基边沟排水涵洞。

①路线纵坡由下坡变成上坡的凹形竖曲线处,为排除内侧边沟水流,一般应考虑设边沟排水涵,如图3-8所示。

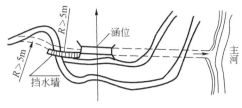
图3-7 改沟整流正交设涵

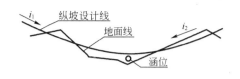
图3-8 纵面上涵位(一)

②纵断面纵坡由陡坡变为缓坡时,内侧边沟水流由急变缓,容易产生水跃和泥沙沉积,不利排水。若在近距离内无其他涵洞时,在变坡点附近应考虑设边沟排水涵,如图3-9所示。

③陡坡急弯处。当路线的偏角较大(大于90°),平曲线半径较小,路线进入弯道前的纵坡又大于4%的陡坡时,边沟水流直接顶冲路基内侧,在暴雨期甚至出现水流溢出边沟漫过路基的现象,直接影响路基稳定及行车安全,在弯道起(终)点附近,应考虑设边沟排水涵,如图3-10所示。

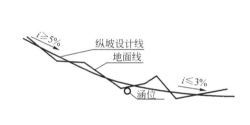
图3-9 纵面上涵位(二)

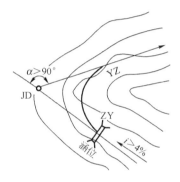
图3-10 陡坡急弯处设涵

④在路基挖方边坡上,设有截水沟的地段,截水沟出口处应设置排水涵洞,如图3-11所示,以免截水沟水顺边沟流程过长,冲刷路基和路面。

(4)岸坡设涵。当河沟岸坡稳定、土壤密实(一般多为石质或不透水的亚黏土)、河沟又很深时,可考虑将涵位从沟底移至岸坡上,以缩短涵洞长度(图3-12)。岸坡设涵时,应注意做好上下游的引水沟、截水坝及防护加固工程,避免水顺老沟冲毁路堤或农田。为排除地表积水,在原沟底面宜做片石盲沟,然后填筑路堤。

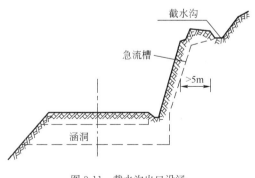
图3-11 截水沟出口设涵

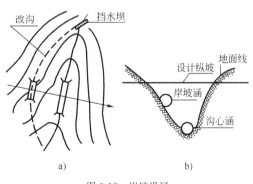
图3-12 岸坡设涵
a)平面;b)纵断面

(5)改沟合并。当两条溪沟相距很近(一般山区在100m以下,丘陵区在200m以下),汇水区面积又很小(一般在0.03~0.05km^2以下),河沟纵坡小于3‰,且水流速度不大,含沙量较少时,经过经济比较,可考虑改沟合并以减少涵洞数量。改沟合并要注意开挖排水沟或加深、加宽边沟,并做好旧河沟的堵塞、截水墙及路基加固工程。

若改沟合并后,合河沟产生过大冲刷或淤积,以致影响路基稳定,或改沟工程过大不经济时,都不宜改沟合并设涵。改沟时,引水沟断面一般要经过水力计算来决定。由于引水沟易于淤塞,一般断面宁可偏大些。引水沟距路基边坡应尽量远些。改沟方式应结合改沟条件灵活处理,如有条件,在河沟上游远离桥涵处挖沟引水则更为合适。

改沟合并有如图3-13所示几种方式。

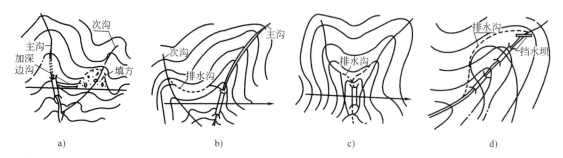

图3-13 改沟合并
a)填平次沟并入涵洞;b)用排水沟并入涵洞;c)同时改沟并入涵洞;d)改沟取消涵洞

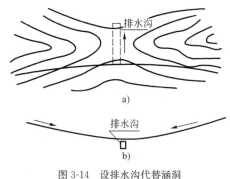

图3-14 设排水沟代替涵洞
a)平面;b)纵断面

(6)丘陵地区的山脊线,在凹形竖曲线处可有开挖排水沟而不设涵洞的方案,但应注意设涵与挖沟方案的比较,如图3-14所示。

(7)当必须在河湾处设涵时,涵位应设在水流较集中的一侧,以利水流通过。

(8)涵洞位置应尽量避免布置在可能错动的断层、崩塌、滑坡及岩溶发育等不良地质路段。当无法避免时,宜选择设置在岩层破碎较轻、地质稳定或坡积层较薄的路段。

3)特殊条件下涵洞位置的确定

(1)斜交涵洞定位

为确保水流顺畅,一般应顺沟设涵,该斜就斜,不宜强求正交,斜交涵的使用条件如下。

①在流速或流量较大的前提下,当河沟水流方向与路线不垂直时,为了使水流畅通,避免形成较严重的涡流现象,减轻对农田、路堤和小桥涵洞及基础的冲刷,宜斜交布置。

②当河沟水流方向与路线不垂直,需设多孔涵洞时,为了避免因采用正交涵洞水流方向不顺,孔(洞)内水流分布不均匀,泥沙沉积,淤塞部分孔(洞)口和孔(洞)身可采用斜交布置。

③当深窄河沟两岸横向坡度较大,河沟水流与路线不垂直时,为了避免采用正交桥涵引起改沟土石方防护工程量过大,此时宜将涵洞斜交布置。

设置斜交小桥涵时,应先实测出河沟水流与路线的夹角,然后根据标准图中常用的夹角α(75°、60°、45°)相近地选用。

当实地水流方向与路经夹角小于45°很多时,一般不宜采用45°以下夹角的斜交小桥涵,可在河沟上下游分别采用改沟、加设导流和调治构造物等方法,增大水流方向与路线相交的夹角。

(2)水库地区桥涵定位

水库地区应尽可能设桥,如设涵,要求涵洞出口布置在水库正常蓄水位以上。由于水库地区的桥涵地基常年浸水,基础应尽量置于基岩上。

(3)泥石流地区桥涵定位

泥石流地区应设桥,不能设涵。泥石流地区的线路位置尽可能定在流石泥的流通区,桥梁中心应布置在设计洪水的泥石流主流处,孔径要有富余,宜采用单孔跨越。

(4)灌溉建筑物的桥涵定位

灌溉建筑物包括灌溉涵、倒虹吸管、跨线渡槽。灌溉建筑物的孔径类型、位置,应符合渠道位置、渠底坡度、水头高程的要求,必要时可考虑改移位置。有时尚需结合灌溉规划改移位置,以改善原有灌溉能力,提高农田受益面积。

(5)航道和交通桥涵定位

航道和交通桥涵的净空、位置和坡度,应符合使用条件的标准。航道、道路的位置为方便人、畜、舟、车通行和方便耕作,涵洞要短。

(6)一涵多用时的定位

排洪涵洞兼满足灌溉或交通要求者,称为一涵多用。通常,可在排洪流量不大的情况下,加大排洪涵洞孔径,以满足少数居民交通或流量不大灌溉要求,减少专用的灌溉或交通涵洞,但不同的用途有不同的要求,灌溉要求满足水头的条件,使农田不受损失;交通要求为方便通行,要求涵洞短且洞内干燥(涵洞长则采光不良且潮湿);排洪涵一般设于沟底,涵洞长期潮湿。所以三者常有矛盾。因此,若条件许可一涵多用时,可在常水流上设置盖板,保持洞内干燥,满足交通兼灌溉水头要求等。

一涵多用涵位的选定,可根据各方具体要求并抓住其中的主要矛盾,合理确定。

第三节 小桥涵测量

一、内容及目的

小桥涵测量包括涵位中桩敷设、桥涵址断面测量及桥涵位地形测量三项内容。其目的是:

(1)通过测量实地确定涵位,核对桥涵位是否恰当,布设是否合理,并敷设桥涵位中心桩。

(2)与路线测量密切配合,及时提供路线设计所必需的资料,如重要桥涵处的控制高程、桥涵位选择对路线的要求等。

(3)通过测量为桥涵内业设计提供断面、地面高程及设计所需的其他有关资料。

二、桥涵位中桩敷设

1. 实地确定涵位时中桩敷设

根据已定的路线线位、桥涵位置选择的要求以及水流流向,即可在实地选择涵位,确定桥

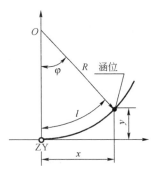

图 3-15 单圆曲线上涵位

涵中心桩。直线上的桥涵,可直接用花杆穿线(或用经纬仪穿线)的方法确定中心桩位置,并量距确定中心桩桩号。在圆曲线或缓和曲线上的桥涵,通常利用离桥涵最近已敷设的中桩位置,用直接丈量的方法,在实地确定桥涵中心桩的桩号,并计算出曲线长 l,即可用切线支距法(或偏角法)敷设涵位。切线支距值可用下式计算。

1)切线支距法

(1)单圆曲线(图 3-15)

$$x = R\sin\varphi \tag{3-1}$$

$$y = R - R\cos\varphi \tag{3-2}$$

式中:x,y——所求涵位中心桩的切线支距(m);

R——圆曲线半径(m);

φ——曲线长对应的中心角。

(2)基本型曲线

①涵位中心桩在缓和曲线上(图 3-16)

$$\left. \begin{array}{l} x = l - \dfrac{l^5}{40R^2 l_s^2} \\ y = \dfrac{l^3}{6Rl_s} \end{array} \right\} \tag{3-3}$$

式中:R——圆曲线半径(m);

l_s——缓和曲线长度(m)。

②涵位中心桩在圆曲线上(图 3-17)

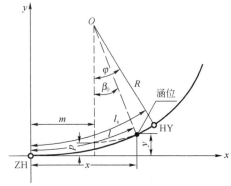

图 3-16 基本型曲线上涵位(涵位中心桩在缓和曲线上)

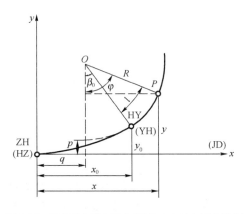

图 3-17 基本型曲线上涵位(涵位中心桩在圆曲线上)

$$\left. \begin{array}{l} x = R\sin\varphi + q \\ y = R(1-\cos\varphi) + p \end{array} \right\} \tag{3-4}$$

式中:φ——涵位 P 点对应的中心角,

$$\varphi = \dfrac{\lambda}{R} \times \dfrac{180°}{\pi} + \beta_0 \tag{3-5}$$

β_0——缓和曲线角,

$$\beta_0 = \frac{\lambda_s}{2R} \cdot \frac{180°}{\pi} \tag{3-6}$$

q——曲线切线增值,

$$q = \frac{\lambda_s}{2} - \frac{\lambda_s^3}{240R^2} \tag{3-7}$$

p——曲线内移值,

$$p = \frac{\lambda_s^2}{24R} \tag{3-8}$$

圆曲线上各点亦可以缓圆(HY)点或圆缓(YH)点为坐标原点,用切线支距法进行测设,此时只要将 HY 点或 YH 点的切线定出,计算出 T_d 的长度,HY 点或 YH 点的切线即可确定。T_d 按下式计算(图 3-18):

$$T_d = x_0 - \frac{y_0}{\tan\beta_0} = \frac{2}{3}l_s + \frac{\lambda_s^3}{360R^2} \tag{3-9}$$

式中:x_0, y_0——在以 ZH(HZ)点为坐标原点建立的坐标系上 HY(YH)点的坐标,

$$\left. \begin{array}{l} x_0 = \lambda_s - \dfrac{\lambda_s^3}{40R^2} \\ y_0 = \dfrac{\lambda_s^2}{6R} - \dfrac{\lambda_s^4}{336R^3} \end{array} \right\} \tag{3-10}$$

其余符号意义同前。

2)偏角法

以 ZH 点或 HZ 点为原点,计算出偏角 δ 和弦长 c,即可用偏角法确定 P 点涵位,如图 3-19 所示。

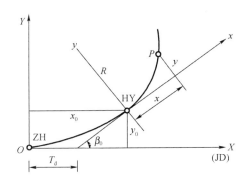

图 3-18 在 HY(或 YH)点上建直角坐标系

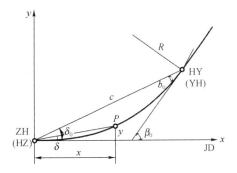

图 3-19 偏角法定涵位

$$\left. \begin{array}{l} \delta = \left(\dfrac{\lambda}{\lambda_s}\right)^2 \delta_0 \\ c = \lambda - \dfrac{\lambda^5}{90R^2\lambda_s^2} \end{array} \right\} \tag{3-11}$$

式中:δ_0——HY 点或 YH 点的弦偏角,

$$\delta_0 = \frac{1}{3}\beta_0 \tag{3-12}$$

其余符号意义同前。

当涵位在圆曲线上时需将仪器迁至 HY 点或 YH 点上进行，这时只要定出 HY 点或 YH 点的切线方向，就可与前面所讲的无缓和曲线的圆曲线一样测设。

2. 纸上定线时涵位中桩的敷设

当路线定线采用纸上定线时，可先在纸上根据地形、水文条件及路线平纵资料，在路线平面图上确定桥涵位置，并计算出其桥涵位中桩的坐标，然后在实地用偏角法、坐标法、实地放线钉设出桥涵位中桩。有条件时，可用 GPS 测量技术直接定出桥涵位置，测出地面高程，这是最快、最简便而准确的方法。

桥涵位中桩敷设后，即可用经纬仪或带角圆盘或皮尺测定出桥涵轴线与路线的夹角，用以确定桥涵轴线方向，并确定设置正交涵或斜交涵。桥涵位中心地面高程测量，可用水平仪、红外仪或手水准，采用比高法测定。

三、桥涵址断面测量

由于小桥和涵洞设计布置图要求不同，因而对河沟断面测量的要求也不相同。

1. 小桥

1) 一般情况断面测量

一般沿路线方向（河沟的横断面方向）按上、中、下三个部位施测断面，如图 3-20 所示。

测量范围一般至最高洪水位泛滥线以上或河岸两侧以外 20m。测量方法一般可用水平仪配合皮尺施测。施测时要注意把上、下游断面与路中断面联系起来，用比高法测出上、下游断面中心处的地面高程，以便将三个断面套绘在一个图上。若河床顺直且比降不大时，可只测下游断面。

横断面图上，除绘制地面线外，还要注明中心桩号、测时水位、调查洪水位及设计水位、土壤类别等。若有地质土壤试坑或钻孔柱状图亦应绘于图上。小桥河床断面图如图 3-21 所示，比例尺根据河沟宽度采用 1:200～1:50。

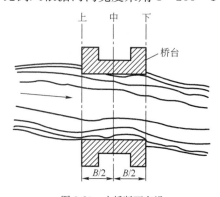

图 3-20 小桥断面布设

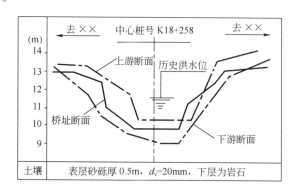

图 3-21 小桥河床断面图

2) 水下河床断面测量

（1）水深测量

河床横断面测量可分为水上和水下两部分。水面以上部分可按一般地形或断面测量。水面以下部分的测量方法为：控制各测深垂线与河沟岸某定点的水平距离（称为起点距），分别测量各点的水深。

对于测深垂线的分布,以能较真实地反映整个断面的形状为基本要求。一般测深垂线是沿横断面的宽度方向,河槽部分应较河滩部分为密,河床地面变化急剧处应加密。当水面宽小于 50m 时,测深垂线的间距一般不应超出 3~5m。

(2)测深方法

①测深杆法

用竹制、木制或锌铁皮管的测深杆进行水深测量。测深杆直径为 4~5cm,长度根据需要一般为 3~5m,最长 7~8m。杆上最小刻度可为 1cm、2cm、5cm。为避免测深杆陷入泥土中,底部装有直径 20~25cm 起稳定作用的铁盘或木盘。测深杆适用于水深 $h<5\sim6m$。

②测深绳锤法

用铅或铸铁制成 4~6kg 的重锤(当流速很大时,酌情加大质量),其形状为圆柱体或流线型。用测绳一头拴住重锤,从锤底面量起,沿着测绳做刻度记号,并注意校正测绳的伸缩度。

(3)起点距测量

首先沿着桥轴线或河床横断面,在河岸各选定一个指定点(并打桩标记),并由路线测量确定指定点的里程和原地面高程,控制断面各测深点到该断面岸上某一指定点的起点距,实施水深测量,常用的方法有以下几种。

①断面索法

将钢索或测绳一端固定,另一端用绞车收紧,也可利用沿路线上的大树固定和收紧。在索上扎有明显的尺度标记,以便控制起点距。测船沿索前进,测出各测深点的水深,如图 3-22 所示。此法适用于不通航或船只较少,便于架设跨河索的情况。

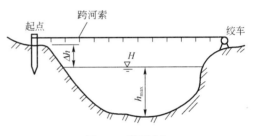

图 3-22 断面索法

②交会法

图 3-23 中 A、B 两点为河床横断面上设在两岸控制轴线的指定点。施测前以通视为原则,在较平坦的一岸布设基线 AC,长为 b。安置经纬仪或小平板在 C 点,通过仪器拨角度 φ,按交会法定位施测 D 点的水深。D 点距 A 点的距离为 L,则当基线与横断面垂直时[图3-23a)]:

$$L = b\tan\varphi \tag{3-13}$$

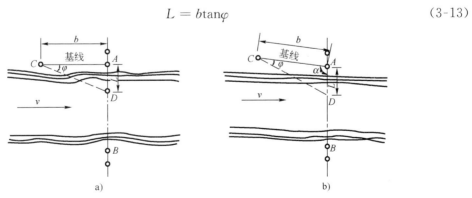

图 3-23 交会法

当基线与横断面不垂直时[图 3-23b)]:

$$L = b \frac{\sin\varphi}{\sin(\alpha+\varphi)} \tag{3-14}$$

2. 涵洞

由于涵洞布置图一般仅作一个纵剖面图,因而断面测量只在涵中心处测一个河沟纵断面。测量范围应根据涵洞长度(或中心填土高度)而定,一般上下游各测 15~20m 即可。

四、桥涵址地形测量

1. 桥涵址示意图

一般的涵洞可不做详细的测量,涵址处的地形图也不需绘制,但为了便于在设计中了解或回忆涵址附近的地物、地形和地貌特征,可绘制涵址平面示意图。示意图内容包括:路线、河沟、附近建筑物的相对位置,涵位的路线里程桩号,历史洪水位泛滥范围,原地面(含河沟底)主要特征点的高程等。

2. 桥涵址地形图

当小桥涵址地形比较复杂,上下游改挖河沟范围较大,布设小桥涵及其附属工程困难时,应测绘桥涵址地形图。地形图测量比例尺为 1:500~1:200,其等高距采用 0.5m,测绘范围应能满足小桥涵涵身、进出口及调治构造物的设计需要。一般情况下,最小的测绘长度为:上游约是跨径总长的 2 倍,下游约是跨径总长的 1 倍以上,并超过铺砌加固长度;顺路线方向为历史最高洪水位以上 0.5m 或洪水泛滥线水平距离 10m 以外。对于分叉河流、宽滩河流、冲积漫流、泥石流地区以及改沟地段,可视设计需要增加测绘范围。

桥涵址地形图(图 3-24)所示出的内容,除了同平面示意图要求以外,还需绘出原地面的等高线,设计频率洪水泛滥线,设计并绘出小桥涵平面位置及调治构造物位置,有时还有改沟设计位置等。对于扩建或改建的小桥涵工点地形图的测绘范围可酌情予以缩小,但测绘内容还需增加原有小桥涵墩台、进出口及铺砌的位置和高程等。

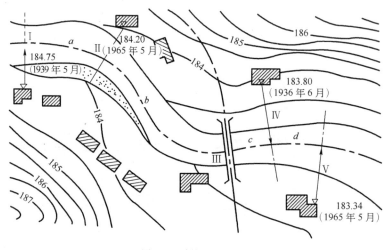

图 3-24 桥涵址地形图

对于地质、地形及环境条件较复杂的小桥涵,当桥涵位及附属物布设较困难或兼有改河、改道工程等综合处理要求地段时,应测绘工点地形图,图中除详细标示地形、地物、地质情况外,还应标出洪痕位置和高程。

五、涵洞勘测精度要求

涵洞调查和勘测中的高程应与路线高程系统一致,并应起闭于路线的水准点,允许闭合差为 $\pm 30\sqrt{L}$(mm);平面位置应与路线控制桩建立联系,量距限差 1/2 000。历史洪水位、水文断面及沟渠洪水纵坡的高程读数取位至厘米,允许闭合差 $\pm 50\sqrt{L}$(mm);水平量距误差不大于 1/2 000。

第四节 小桥涵水文勘测

一、任务及内容

1. 水文勘测任务

水文勘测是指对桥涵位所在河沟的水文参数进行测量、调查和资料收集的工作。其任务是为推算桥涵设计流量和确定桥涵孔径提供有关的水文、地形、土壤、植被、气象以及农田水利等方面的资料。

2. 主要内容

1)一般应收集的资料及内容

(1)应收集的资料

①沿线地形图。

②设计流量计算所需要的资料,如多年平均降雨量,与设计洪水频率对应的 24h 降雨量及雨力等。

③地区性洪水计算方法、历史洪水资料、各河沟已有洪水计算成果。

④现有排灌系统及规划方案图,各排灌渠的设计断面、流量、水位等。

(2)水文调查与勘测应包括的主要内容

①各汇水区内土壤类别、植被情况、蓄水工程分布及现状。

②根据河沟两岸土壤类别、河床质,选定河沟糙率。

③当桥(涵)位处于村庄附近,应调查历史洪水位、常水位、河床冲淤及漂浮物等情况。

④调查涎流冰及原有桥涵的现状、结构类型、基础埋深、冲刷变化、运用情况等。

⑤测河沟比降。施测范围应以能求得桥(涵)区段河沟的坡度为准。平原区为水文断面上游不小于 200m,下游不小于 100m;山区为水文断面上游不小于 100m,下游不小于 50m。

⑥测水文断面。当路线与河沟斜交时,应在桥(涵)位附近布测水文断面;当历史洪水位距桥(涵)位比较远,河沟断面有较大变化时,在历史洪水位附近,亦应布测水文断面,测量范围以满足水位、流量计算为准。

2)根据水文计算不同方法应调查和勘测的资料

小桥涵流量推算的方法很多,不同的方法要求水文勘测调查的内容和深度也不同。

当不需作水文、水力计算时,小桥涵水文勘测仅作一般的水文调查。通过现场实地调查,了解拟建桥涵、汇水区大小、沟槽情况、水流情况、河床纵坡、地表植物覆盖及土壤情况、洪水位情况等。并作简明扼要的现场记录,以供确定桥涵孔径尺寸之用。

当需作水文、水力计算时,根据采用的不同计算方法,勘测的主要内容如下。

(1) 暴雨推理法

① 汇水区汇水面积测量。

② 主河沟长度及平均坡度测量。

③ 土壤植被种类调查。

④ 主河沟河床地质调查。

(2) 径流形成法

① 汇水区汇水面积测量。

② 主河沟长度及平均坡度测量。

③ 汇水区土壤吸水类属调查。

④ 汇水区植物覆盖情况调查。

⑤ 汇水区农田水利情况调查。

(3) 形态调查法

① 形态断面设置及测量调查。

② 洪水调查。

③ 洪水比降测量。

④ 河床土质种类及其特征调查。

(4) 直接类比法

① 洪水位调查。

② 原有桥涵调查。

③ 河床土质种类及其特征调查。

二、小桥涵水文调查

1. 洪水调查

1) 调查河段选择

详细了解河段的自然特点、河道的地形、村镇的分布等情况之后,选择适合调查的河段。应注意以下各点:

(1) 最好靠近桥址附近。

(2) 宜选择有居民点、村庄位置高低适当和洪痕较多的河段。

(3) 所选河段应较顺畅,断面料规整,河床组成及岸边植物被覆情况比较一致。

2) 调查方法

调查可靠的洪水位并确定其相应的频率,在形态调查法的水力计算中,有着非常重要的意义。常用的调查方法如下。

(1) 访问调查

此种调查方法是在小桥涵址附近或河沟两岸上游一段范围内,通过访问群众,寻找洪水留下的各种痕迹(简称洪痕),加以辨认确定洪水位。

调查历史洪水情况时,可访问当地老居民,并联系生活中印象较深的事(如年龄、属相、生育、死亡、结婚、搬家、灾荒和战争等),再结合搜集到的民谚、记水碑文、报刊、历史文献中记载的洪水情况,通过综合分析后确定。

洪痕位置应由目击者亲自指划,同一洪痕需由几个人确认,同一次洪水至少要调查3～5个洪痕。在确认洪痕时,应注意留存洪痕的标志物是否变动,所反映的洪水位有无受到波浪、漂浮物、水流横向环流引起的水拱以及决堤等影响。

(2)洪痕调查

在人烟稀少地区,可结合当地具体情况,根据洪水淤积物,河岸受洪水冲刷痕迹,洪水对河岸的物理、化学及生物作用的标志,判断洪水位或多年平均洪水位(指与多年平均洪峰流量相应的水位)。现场洪水痕迹和特征辨认参考表3-1。

现场洪水痕迹和特征辨认 表3-1

洪水位	洪 痕 特 征 描 述
历史洪水位	(1)在寺庙、老房屋的墙上,常有明显的历史洪水痕迹(如砖、石灰表层腐蚀剥落造成的分界线),但注意与雨水斜打、地面积水浸润的水痕相区别。 (2)在岩石河岸和年久的水工建筑物上受水流多年反复冲刷和日晒所遗留的打带痕迹,或岩石上青苔覆盖层的遗留痕迹。条带上缘为频率$P=20\%\sim25\%$的洪水位。 (3)地形平缓的河岸或河滩台地上,留有与河底纵坡略为接近的断续长条状成层的淤积物(如柴草、带根的灌木、淤泥等)。在这些淤积物稍上,即频率约为$P=20\%$的洪水位,但注意与迎水面壅高水位相区别。 (4)河沟凹岸水流较缓处沿岸粗大树干上成束带状的残余漂流物(如小树枝、茅草、植物残渣或淤泥等)。残留物为泥沙、淤泥时,还可在附近岩石裂缝中发现,这类洪痕的频率为$P=5\%\sim10\%$。 (5)两岸树枝、杂草、泥土被冲走而显露出新鲜基岩。砂类土及亚砂土的不太陡河岸,在洪水浸淹线处下坍形成一条微曲的直线。盐碱地带被水浸淹后,冲去地表白色盐碱而呈黑色,洪水线稍低于黑白分界线(但注意区别地表水冲刷)。以上分界线都可分为某一频率时的历史洪水位。 (6)久受阳光暴晒,常年不受水流影响处的戈壁滩河沟中的石头常呈发光的黑色,在黑色开始变灰褐色处,可能是稀有的历史洪水位
多年平均洪水位	(1)在岩石河岸和水工建筑物上受水流长期反复冲刷所遗留的条带痕迹,或岩石上青苔覆盖物的条带遗留痕迹的下缘。 (2)自然岸坡为1∶2～1∶1与1∶10～1∶5的分界线。 (3)平坦河滩的植被分界线,或水草颜色分界线。 (4)戈壁滩上的河沟,灰色和灰褐色分界线
其他洪水位	(1)森林地区,靠河岸的大树向河边一侧表面,洪水期受到漂流树木摩擦而造成的痕迹,可为有漂浮物时洪水位。 (2)若是痕迹较深,斑纹较密,可能是春汛冰块撞击时的流冰水位

(3)查阅历史文献

历史文献包括过去很多省、县(州)的地方志,其中都有水旱灾害的记载,还有一些记述我国河流自然地理和水利治理的专著,如《水经注》《行水金鉴》等,以及明清两代宫廷档案中的洪水灾情奏报。根据这些对洪水的定性描述与受灾范围,可以与已调查到的几次大洪水进行比较,以判断文献记述的洪水的相对大小。在利用这些资料时,必须深入细致地分析,去伪存真。要对有关村镇、城市、建筑物的迁移和流域自然情况的变化等进行考证,对历史记载进行实地核对。

(4)水文资料的调查

水文站的观测资料能比较真实地反映客观实际洪水状况,是洪水调查最可靠的资料,在有条件的河流首先应收集水文站的资料,据以作为水文计算的依据,但由于小流域规模小,一般很少有水文站。

3)水文资料的审查

水文资料的来源主要有三个方面,即水文站的观测资料、洪水调查资料和文献考证资料。

水文站的观测资料,能比较真实地反映客观实际,是水文计算的主要依据,但小流域一般水文站较少,观测年限也不多,尤其是中小河流上水文站更少。因此,资料的来源,不能单纯依靠水文站的观测资料。洪水调查资料是水文资料搜集的基本方法,是对水文站没有长期观测资料的主要补充,能起到延长系列、减小误差、提高资料系列精度的作用。上述三方面的水文资料可以互相核对,互相补充,使资料趋于完整。由于水文资料是水文计算的基础,是决定成果精度的关键,因此必须给予充分的重视。对水文资料必须进行审查,去伪存真,使用的资料必须满足可靠性、代表性、独立性和一致性等方面的要求。

水文资料的审查主要有以下几方面:

(1)水文资料可靠性的审查。

(2)水文资料代表性的审查。

(3)水文资料独立性的审查。

(4)水文资料一致性的审查。

4)洪痕可靠程度评定

调查的洪痕因具体条件和影响因素的不同,相互之间有很大的差异。资料引用时,应对其可靠度进行评定,评定的标准可参考表3-2的各项因素进行。

洪痕可靠程度评定标准　　　　表3-2

评定因素	等级		
	1	2	3
	可　靠	较可靠	供参考
指认的印象和旁证情况	亲眼所见,印象深刻,情况逼真,旁证确凿	亲眼所见,印象深刻,所述情况比较逼真,旁证材料较少	听传说或印象不深刻,所述情况不够清楚具体,缺乏旁证
标志物和洪痕情况	标志物固定,洪痕明显,位置具体	标志物变化不大,洪痕位置较具体	标志物有较大变化,洪痕位置不具体
估计可靠误差范围	0.2m以下	0.2～0.5m	0.5～1.0m

注:评定时以表内1、2项为主,3项仅作参考,使用时应根据情况确定,不能机械套用。

2.河道及既有涉河工程调查

1)河道调查的主要内容

(1)收集河道管理部门有关河道历年变迁的图纸和资料。

(2)调查河道弯曲及滩、槽等情况,以及有无支流、分流、急滩、卡口、滑坡、塌岸和自然壅水现象等。

(3)调查河道历史上主槽、边滩和沙洲变迁或移动情况,支岔分流的变化,漫溢泛滥宽度,河岸稳定程度,改道原因,航道变化等,并分析预估演变发展的趋势。

(4)调查河床冲淤变化,上游泥沙来源,历史上淤积高度和下切深度。

(5)调查桥位上下游水位站、水文站、观潮站、径流站、临时水尺、试验研究场站的设站沿革和资料等情况。

2)既有跨河工程调查的主要内容
(1)桥位河段上既有桥梁和跨河管缆的跨度、全长、基础埋深、运营、水害和防护等情况。
(2)河段堤防标准、历史沿革、灾害和防护措施等情况。
(3)上下游水库设计频率、泄洪流量、汇水面积、壅水范围、河床冲淤等情况。
(4)沿河城镇、农业、厂矿、经济、文化、环保设施以及灾害和防护措施等情况。
(5)其他跨河工程如取水口、泵站、码头、储木场和锚地等情况。

三、小汇水流域水文资料收集与参数的确定

1. 径流形成法资料收集

采用径流形成法计算流量需收集的主要资料有：汇水面积 A、主河沟纵坡 I_z、主河沟长度 L、汇水区平均宽度 B、汇水区横向平均坡度 I_h、汇水区土壤类属、汇水区地表特征与植被情况等。

1)汇水区面积 A

(1)利用地形图求算

我国绝大部分地区都有 1∶50 000 或 1∶10 000 的地形图。先在地形图上勾绘出汇水区范围，再以图形法或求积仪法求算面积。使用地形图时，要注意与现场核对，以核正近年来因农田水利建设所引起的水系的改变。

(2)实测

当无地形图可用时，可用简单的仪器实地测绘。一般有交会法、绕行法和辐射法三种方法。

(3)实测与估算相结合的方法

此方法的原理是：假定汇水区面积为矩形，在汇水区范围内选择有代表性的河沟平均横断面和纵断面，再用简单的方法实测出汇水区平均宽度 B 和平均长度 L，如图 3-25 所示，则汇水面积可用下式近似计算：

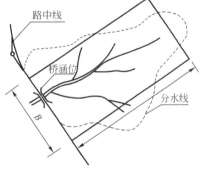

图 3-25 汇水区平面

$$A \approx L \cdot B \quad (\text{km}^2) \tag{3-15}$$

$$L = \frac{h}{\tan\alpha} \quad (\text{km}) \tag{3-16}$$

式中：A——汇水面积(km^2)；

L——主河沟平均长度(km)；

h——汇水区主河沟最高点与桥涵处河沟的高差(km)，如图 3-26 所示，通常可用气压计高程求得；

α——汇水区主河沟最高点俯视桥涵处河沟的俯角，可用带角手水准或经纬仪求得；

B——主河沟平均断面的宽度(km)，见式(3-17)。

$$B = B_1 + B_2 = \frac{h_1}{\tan\alpha_1} + \frac{h_2}{\tan\alpha_2} \quad (\text{km}) \tag{3-17}$$

其中，B_1、B_2、h_1、h_2、α_1、α_2 如图 3-27 所示，可用气压计高程、带角手水准或经纬仪实地测得。

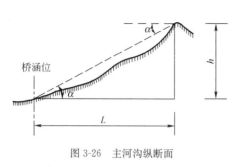

图 3-26 主河沟纵断面

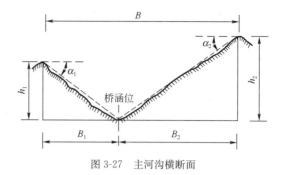

图 3-27 主河沟横断面

2) 主河沟平均坡度 I_z

主河沟平均坡度是表征河沟地形的主要指标,是确定地貌系数 φ 的依据之一。

(1) 当有地形图可利用时,可从图上量取求得,其方法是:根据等高地形图做出构造物至分水岭沿河的纵断面图,然后依其等面积切割(图 3-28),使 $F_1 = F_2$,切割线 AB 的坡度即为主河沟平均坡度 I_z。

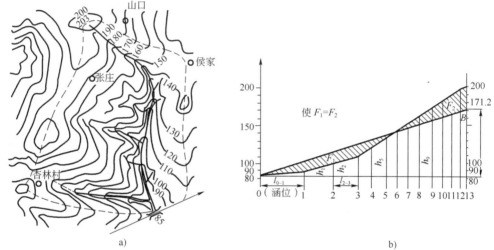

图 3-28 主河沟平均纵坡图解
a) 平面图; b) 主河沟纵面图

等面积切割法亦称加权平均法,也可不作纵断面图,而用下式直接计算

$$I_z = \frac{h_1 l_{0\sim1} + (h_1+h_2)l_{1\sim2} + \cdots + (h_{n-1}+h_n)l_{n-1\sim n}}{L^2} \tag{3-18}$$

式中:$h_1, h_2, \cdots, h_{n-1}, h_n$——主河沟线与各等高线相交点处的高程与桥涵位处沟底高程之差(m);

$l_{0\sim1}, l_{1\sim2}, \cdots, l_{n-1\sim n}$——沿主河沟量得的各等高线之间水平距(m);

L——主河沟总长度(m),见式(3-19)。

$$L = l_{0\sim1} + l_{1\sim2} + \cdots + l_{n-1\sim n} \tag{3-19}$$

(2) 当无地形图利用时,则可按下述要求进行实测:

山区河沟,当主河沟长度大于 500m 时,则以河沟陡坡转折点(一般为河沟形成处)的高程减去桥涵处沟底高程,以该两点水平距离除之求得。

3) 汇水区平均宽度 B 及横向平均坡度 I_h

一般利用地形图计算,先勾绘出汇水区范围线,如图 3-29 所示,近似求出汇水面积的形心

c,垂直主河沟作一直线,交汇水区边界 a、b 两点,取此两点间距离即为汇水区平均宽度 B。

在地形图上分别读出 a 点、b 点及 ab 直线与主河沟交点 d 的高程 H_a、H_b、H_d,分别量出 ad 间的距离 B_z、bd 间的距离 B_y,则汇水区左右两部分的横向平均坡度分别为:

$$I_{zh} = \frac{H_a - H_d}{B_z} \quad (3-20)$$

$$I_{yh} = \frac{H_b - H_d}{B_y} \quad (3-21)$$

全汇水区的横向平均坡度:

$$I_h = \frac{I_{zh} + I_{yh}}{2} \quad (3-22)$$

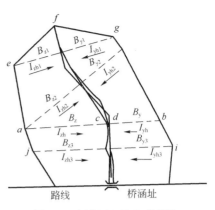

图 3-29 汇水区 B 及 I_h 计算图

当主河沟长度不足 500m 时,则用分水岭高程减去桥涵处沟底高程,以该两点水平距离除之求得。

对于平原区河沟,当主河沟长度大于 800m 时,则取近桥涵的一半河沟长度的平均纵坡;小于 800m 时,可取至分水岭计算主河沟长度的平均纵坡。

4) 土壤类属调查

土壤类属是确定径流厚度 h 值的依据之一。渗水的损失量与土壤成分、透水性、构造、土壤原来潮湿程度及降雨的时间有关,也与降雨强度有直接关系。我国交通科学研究院根据铁道部门和水利部门在土壤入渗方面进行的人工降雨试验资料,将土壤按吸水大小分为六类(见本书附表1-9)。

在实际工作中,土壤类属调查主要根据各地区农林部门的 10 万~50 万分之一区域性土壤图确定土壤名称,或实地测定汇水区有代表性的土壤含砂率,然后由本书后附表1-9确定,表中土壤类属的编号是按土壤渗水能力的强弱排列的。

5) 汇水区地表特征与植被情况调查

滞留厚度 z 与汇水区地面覆盖的疏密程度、植物落叶残积层的厚度以及地面起伏平整情况有关,调查时以全汇水面积上占优势的植物覆盖面积百分数统计,然后由本书后附表1-13求得 z 值。

2. 形态调查法资料收集

1) 调查历史洪水及相应频率

因收集历史洪水资料及相应频率资料内容较多,均在第四章中详述。

2) 形态断面测量及设置

(1) 形态断面一般应选在较可靠的洪水调查资料的河段附近。断面方向应与水流方向垂直,对于小桥涵,一般可只设一个断面。当水文情况复杂,并主要靠形态调查法确定设计流量,应视情况选 2~3 个形态断面。

(2) 当用等流速公式计算流速时,形态断面宜选在以下位置:

①河床较稳定、河段顺直、河岸比降无急剧变化以及河槽在平面上无很大收缩或扩张的河段。

②没有或很少有漂流物堵塞的河段。
③不受下游壅水影响的河段。
④在桥涵位与形态断面间无支流、岔流等情况。

(3)当按沉积物粒径估算流速时,形态断面宜选在河段较顺直的浅滩中部。

(4)当按河湾两岸洪水高差估算流速时,形态断面宜选在河湾纵比降较大、曲率半径较小的河湾中部、无大的收缩或扩张的河段。

形态断面测量的目的在于:根据调查到的洪水位来求得形态断面处的过水面积。形态断面测量可采用手水平或水准仪。断面施测范围一般应较洪水位或形态特征点高 1~2m。

3)洪水比降测量

洪水位水面比降,可根据调查所得同一频率的多处水位痕迹,实测水痕高差和距离求得。实测长度一般如下。

平原区河沟:上游 200m,下游 100m。

山丘区河沟:上游 100m,下游 50m。

山丘区如遇跌水陡坡时,应适当延长测设长度。

当构造物下游不远即注入大河时,则以测至汇水合口处为宜。

当构造物处于壅水范围内,施测长度则应延至壅水范围终点。

第五节 小桥涵工程地质调查及勘探

一、目的、内容及要求

1.目的

小桥涵地质调查及勘探是小桥外业勘测的主要内容之一,其目的是通过调查和勘探,了解桥涵地基的承载能力、地质构造和地下水情况及其对桥涵构造物稳定性的影响,为小桥涵位确定和基础设计提供资料,以保证桥涵构造物稳定。

2.主要内容

小桥涵地质调查的主要内容有:地基土壤名称、颜色、所含成分、密实程度、含水率、干湿与可塑状态,地下水情况,岩石走向倾角,风化程度,以及桥涵位处的地质构造,对小桥涵有影响的地质现象等。

调查的范围一般是沿路线方向为桥涵址处的河沟床和两岸谷地或阶地,沿沟向为桥涵址的上、下游 50~100m。当地质情况复杂时,可增大调查范围。调查的详细内容见表 3-3。

3.一般要求

根据《公路工程地质勘察规范》(JTG C20—2011),各测设阶段小桥涵工程地质勘察的基本要求如下。

1)小桥涵初勘

(1)勘察重点

勘察小桥、涵洞的台、墩处地基的地层岩性、地质构造,重点查明地基覆盖层厚度及承载力、基岩埋深、风化程度及承载力,掌握地层在路幅宽度方面的变化。

地质地貌一般调查内容　　　　　　　　　表 3-3

桥涵址所在处	土 质 地 基	岩 质 地 基
平原微丘	(1)表土的颗粒组成与类别。 (2)表土的密实程度和含水率情况。 (3)有无松软地层和特殊土,若存在,判别形态及成因,明确其分布范围,包括位置与厚度。 (4)地下水的蕴藏情况及补给、径流和排泄条件	(1)岩石的工程特征和岩层的层次组合情况。 (2)岩石的风化程度与风化层厚度
山岭重丘	除了以上调查内容之外,还有: (1)堆积层的成因类型,组成物质成分、结构和胶结情况。 (2)有无下伏基岩,基岩的岩性特征、基岩面的位置和产状等。 (3)山坡土体的稳定性和有无不良地质条件,如泥石流,多年冻土,湿陷性黄土等	除了以上调查内容之外,还有: (1)地形地貌特征和有无不良现象,如岩堆、岩溶、崩塌等。 (2)地质构造形态与路线、桥涵的关系。 (3)软弱夹层和软弱结构面的性质,其发育程度和分布规律及影响。 (4)人工边坡和自然山坡的坡度值及其现状
河沟	(1)河流的性质和发育状况,河段水利特征,以及冲刷或淤积变化情况。 (2)河岸有无崩塌、滑移及其他不稳定状态。 (3)当河岸设置防护时,对下游和对岸的影响。 (4)改移河(沟)道给下游带来的影响及其影响程度	

(2)调查与测绘

通过工程地质调查、目测和简易测绘,结合勘探资料,编绘小桥轴线、墩台轴线和涵洞轴线的地质断面图,其比例尺与路基横断面图相同。

(3)勘探

在小桥轴线、墩台轴线、涵洞轴线上,布置包括露头、挖探、简易钻探、触探和物探等勘探点不少于 1 个。其深度应达到构造物要求的持力层,遇软弱地基应穿过厚层覆盖中的软弱地层。

(4)测试

利用露头、挖探、简易钻探采样进行目测和测试。结合勘探进行原位测试。

(5)资料要求

应充分利用沿线其他工程勘探资料,提供小桥、涵洞地质调查材料表与勘探点柱状图。对地质条件复杂的场地,拟按表列项目和内容,包括:小桥轴线、墩台轴线、涵洞轴线在中线位、左右边线的地层层位、岩土名称、承载力、地下水位等,并附有对小桥涵基础埋深或地基处理、基础类型建议的文字说明。

对于特殊地质条件下的小桥涵,应提出存在的特殊问题及详勘工作建议。

2)小桥涵详勘

对存在不良地质问题的小桥涵或移位、新增小桥涵地基的地层岩性、地质构造及岩土承载力进行补充地质勘探。提供资料的方式和内容与初勘相同。

二、勘探方法

小桥涵工程地质的勘探,以调查为主,挖(钻)探为辅。

1. 工程地质调查

调查方法一般采用目测和访问相结合的方法。调查应利用所收集的各种有关地质资料。

当桥涵附近有已建成的防护及排水工程时,应对其基底土壤、基础类型、埋置深度、冲刷深度及使用状况进行调查,为拟定桥涵基础设计参考。

2. 挖(钻)探

当工程规模较大,地质条件比较复杂,用目测方法又难以查明情况时,可辅以挖探、钎探或钻探。

地质和地形条件较简单的小桥涵,原则上一座涵只设置 1 个勘探点。在地层结构基本一致的地区的多座小桥涵,可作代表性的勘探。对于地质条件复杂、跨径较大的小桥或较长的涵洞,勘探点不应少于 2 个。挖(钻)孔位置一般布置在桥涵中心桩处,第二孔位一般布置在出口处。探孔深度一般不小于预定基底高程以下 1~2m。

挖(钻)探应有现场原始记录,必要时可抽典型土样、水样进行试验或化验。地质条件复杂的小桥涵需有地质说明记录,必要时应绘制桥涵址的工程地质纵断面,并另附地质勘探与试验资料,其中包括土石分类情况及承载力数据等。小桥涵工程地质纵面图如图 3-30 所示。图上应注明挖(钻)孔位置和取土层的高程,并按公路工程地质图规定的图例和要求绘制地质剖面图。

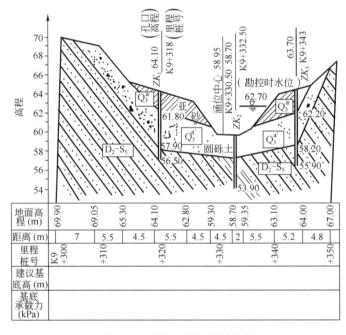

图 3-30 小桥涵工程地质纵断面图

第六节 小桥涵综合调查及记录

一、建筑材料调查

建筑材料调查的目的是为了经济合理地选择桥涵的结构类型,贯彻就地取材的原则,一般采取调查与实地勘察相结合的方法进行。调查的主要内容有：工程材料的产地（能采购的成品和可利用的旧石料等）、蕴藏量、质量、规格、运输条件和运距等。

二、原有桥涵调查

在改建公路上，应对原有的桥涵进行调查，以便对原有桥涵提出改建或利用的方案。在新建公路上也应对桥涵上、下游附近原有桥涵进行调查，以便用直接类比法来确定新建桥涵的设计流量及孔径。

调查的主要项目有：

（1）原有桥涵的结构类型、洞口式样、加固类型及各部分主要尺寸等。

（2）修建年月及使用情况，包括损毁及修复情况。

（3）桥涵孔径及长度，与路线的相对位置，并判定可利用的部分及承载能力。

（4）调查洪水时桥涵前的水头高度和下游河沟的天然水深，并判别相应的洪水频率。

（5）当原有构造物与新建桥涵距离较远时，则应勘测二者的汇水面积、主河长度以及地形地貌、地质等的差别情况。

三、其他调查

这类调查项目是视具体情况和需要做的一些补充调查，其主要内容如下。

（1）灌溉渠道调查。主要向当地农林、水利部门调查渠道最大设计流量、灌溉面积、渠道断面、渠底高程、比降、渠道粗糙系数等，以便确定桥涵类型、孔径和加固措施。调查时还应征求当地对跨越渠道桥涵的意见。对于非正式规划渠道，无上述资料时，可进行实测和调查来获得。

（2）当桥涵下兼作行人、牲畜、大车、汽车或船的通道时，则需调查有关跨径、净空及位置的要求。

（3）桥涵濒临大河时，应对大河倒灌、大河每年及 25 年或 50 年一遇的洪水位高程进行调查。

（4）调查山洪暴发时有无泥沙、石块、柴草、竹木等沿河沟冲下，并查明其数量、尺寸及产生原因。

（5）小桥涵附近如有水文站、气象站等，应视需要收集有关气温、雨量、风力、冰冻及地震资料。

四、小桥涵调查记录

小桥涵洞调查记录是小桥涵设计的最原始资料，是内业设计的基本依据，记录内容、方法、格式、要求应严格按照公路工程现场作业记录的有关规定和要求执行。

1. 勘测记录须知

（1）公路勘测现场作业的原始资料是勘测成品质量的基础，必须严格执行国家法律、法规、规范、规程、办法和细则的规定。

（2）公路勘测的各种记录簿，应采用生产单位制定的专用记录簿。

（3）勘测记录采用现场铅笔记录，字迹应清楚、整齐，不得擦改、转抄。

（4）当记录发生错误时，应用横道线整齐划去原记录的错误部分，重新记录正确内容。如属测站错误,应划去该页,另页记录,并在划去页中加注说明。

(5)记录簿应逐项填写,说明及草图应精练、准确。

(6)采用电子计算机记录时可按现行的外业测量电子记录的有关规定执行,并应打印输出各项计算成果附于记录簿中。

(7)测量结束后,应及时整理,检查所有成果和计算是否符合各项限差及技术要求,经复核无误并签署后,方能交付使用。计算工作由电子计算机计算时,对输入的数据应进行核对,计算的打印成果亦应进行校验。

(8)测量完毕后,各种记录簿应整理编页、编目,并由专业组长、项目负责人签署。

2. 记录格式

《公路勘测细则》(JTG/T C10—2007)附录中推荐采用的小桥涵记录格式详见本书附录三。

【复习思考题及习题】

1. 小桥涵位置选择应遵循哪些原则?

2. 沿公路路线哪些地方需要设置小桥涵?设置时应注意哪些问题?

3. 小桥位置确定应考虑哪些条件综合选定?

4. 平原区及山岭、丘陵区设涵的要点是什么?为什么山岭、丘陵区设涵时一般要顺沟设涵,不宜强行改沟设涵?

5. 涵洞设置怎样与路基排水系统配合?路基排水涵设在哪些位置为宜?

6. 山岭及丘陵区采取岸坡设涵和改沟合并的作用是什么?适宜的条件是什么?要注意哪些问题?

7. 山区涵洞布设斜交涵位的意义是什么?布设斜交涵位应注意哪些问题?

8. 小桥涵外业测量的目的是什么?包括哪些内容?

9. 某公路现场调查 K5+325 处需设置一道涵洞,该涵洞位于 JD_4 弯道上,已知 JD_4 半径 $R=500m$。缓和曲线长 $l_s=0$,曲线起点 ZY 点桩号为 K5+285,试用切线支距法确定该涵位。

10. 某公路现场调查 K13+850 需设置一道涵洞,该涵洞位于 JD_8 弯道上,已知 JD_8 半径 $R=200m$。缓和曲线长度 $l_s=50m$,曲线起点 ZH 点桩号为 K13+810,试用切线支距法确定该涵位。

11. 简述小桥涵地质调查的目的及方法。

12. 径流形成法水文调查主要应收集哪些资料?确定汇水面积有哪些方法?

第四章
小桥涵水文计算

第一节 小流域水文计算概要

一、小流域水文特征

小桥涵水文计算的任务，主要是计算并确定小桥涵的设计流量，设计流量则是确定小桥涵孔径、类型及建筑形式的主要依据。所谓小流域，通常是指汇水面积小于 $100km^2$ 的小型沟、谷，由于汇水面积小，小流域汇水具有如下水文特征。

1. 洪水暴涨暴落，破坏性较大

由于流域控制的面积小，河沟长度较短，河床比降较大，因而河床的调洪能力很弱，由暴雨形成的洪峰流量来势凶猛，对小桥涵及其构造物破坏性较大。

2. 缺乏水文观测资料

由于汇水面积小，河沟小，通常无小流域的水文观测站，因而不能用数理统计的方法根据已有的流量资料推算设计流量。流量计算只能按照无观测资料推算设计流量的方法进行水文计算。

3. 流量小，洪水历时短暂

由于小流域的流量小，洪水历时又十分短暂，通常河床沟槽的洪水位痕迹不很明显，进行洪水调查，一般难度较大，根据洪水资料进行设计流量计算，有一定困难。

4. 暴雨是形成洪峰流量的根本原因

由于小流域汇水面积小，暴雨范围很容易覆盖整个汇水区，因而暴雨的大小直接影响洪峰流量的形成及大小，特别是暴雨的强度和暴雨的时间分布对小流域的洪峰流量和其特征有重要的影响。

二、有关水文的基本术语

为便于本章的学习，有关水文的基本术语定义如下。

1. 径流

径流指陆地上的降水汇流到河流、湖库、沼泽、海洋、含水层或沙漠的水流的通称。本书的径流主要指小汇水区汇流到桥涵处的水流。

2. 水位

水位指自由水面相对于某一基面的高程。

3. 流速

流速指水的质点在单位时间内沿流程移动的距离，通常用 m/s 计量，计算时多采用断面平均流速。

4. 流量

流量指单位时间内通过河渠或管道某一过水断面的水体体积，通常用 m^3/s 计量。

5. 暴雨

暴雨指降雨强度和降雨量均相当大的雨。通常指 1h 雨量等于或大于 16mm 或 24h 内雨量等于或大于 50mm 的雨。

6. 洪水

洪水是指流量大、水位高且具有一定灾害性的大水。它包括洪峰流量、洪水总量及洪水过程三大内容，统称洪水三要素，是工程设计的重要依据。

7. 流域面积

流域面积指流域分水线与河口断面之间所包围的平面面积。小桥涵的汇水面积，则是指流域分水线与小桥涵处断面之间所包围的流域面积。

8. 降雨强度

降雨强度指单位时间的降水量，用 mm/h 或 mm/d 计量。

9. 雨量

雨量指在一定时段内从大气降落到地面的液态降水量，通常用雨量计或通过观测测定，用 mm 计量。

10. 设计流量

设计流量是指与设计洪水频率相应的流量(m^3/s),设计洪水频率是指桥涵设计标准规定的重现期的倒数。如桥涵设计频率为1/50,其含义是桥涵在未来使用期内,每年可能出现等于或大于该洪水的可能性为2%。

三、水文计算方法

推算设计流量的基本方法,按其推算的原理不同可有两大类型。

1. 根据流量观测资料推算设计流量

当有实测的流量观测资料时,一般按水文统计的频率分析方法来确定设计流量。其基本原理和一般步骤是:

(1) 分析整理观测的水文资料,绘制经验频率曲线。

(2) 计算水文参数流量均值($\bar{Q}$)、变差系数(C_V)、偏差系数(C_S)的初值。

(3) 用适线法选定水文参数,作理论频率曲线和经验频率曲线,相比较后,反复调整参数值(主要是 C_S 值),直到两曲线吻合为止。

(4) 根据理论频率曲线求算设计流量。

本方法基于对已观测资料进行频率分析和水文计算,必须有稳定可靠的水文观测资料,一般要求实测年份在20年以上。本法适用于有水文观测站且有足够水文观测站资料的大、中河流。计算的基本公式为:

$$Q_P = K_P \bar{Q} \qquad (4-1)$$

式中:Q_P——设计流量(m^3/s);

$\bar{Q}$——洪峰流量均值(观测系列的平均值)(m^3/s);

K_P——设计频率的模比系数。

小流域河流一般很少有水文站,更无法收集到观测流量,此法很少采用。

2. 无流量观测资料时推算设计流量

当无流量观测资料时,可利用调查的反映或影响洪峰流量的各种因素,建立计算公式,推算设计流量,主要有以下几类方法。

1) 根据调查历史洪水位推算设计流量

这一方法的基本原理是:实地调查历史上发生过的洪水位痕迹,并通过河道地形、纵横断面、洪痕高程及位置等形态资料调查,推算历史洪峰流量。其基本公式为:

$$Q = w \cdot v_0 \qquad (4-2)$$

式中:Q——某一洪水位的洪峰流量(m^3/s);

v_0——断面平均流速(m/s);

w——洪峰流量时过水断面面积(m^2)。

用这一原理推算设计流量应用于公路小桥涵的方法有形态调查法和直接类比法,我们将在本章内详细讲述。

2)根据暴雨成因的原理推算设计流量

暴雨是形成小汇水区域洪峰流量的根本因素,根据暴雨的大小和影响洪峰流量的因素分析,建立流量公式计算设计流量,通常有两种方法:暴雨推理法和径流形成法。按暴雨成因推算设计流量是公路小桥涵最常用的计算方法,是本章重点讲述的方法。

第二节 暴雨推理法

一、原理及步骤

1. 原理

暴雨推理法是运用成因分析与经验推断相结合的方法,从实测的暴雨资料入手,应用地区综合分析方法来分析暴雨资料和地区特征关系,从而间接地推求设计流量。它是一种半理论半经验的计算方法。

一次暴雨降雨量在满足了植物滞留、洼地蓄水和表土储存后,当后续降雨强度超过入渗能力时,超渗的雨量将沿着坡面汇流进入河网。而决定了小流域洪峰流量大小(影响产流与汇流)的主要因素一般有降雨量、降雨强度、降雨的时空分布和下垫面(如植物滞留、洼地蓄水、土壤蒸发、入渗、汇水区的大小、形状、坡度)等。暴雨推理法把汇水区上的产、汇流条件概括简化,并引入一些假定,从而建立起主要因素和洪峰流量之间的推理关系或经验关系,通过统计分析,定量其参数,最后得到实用计算公式。

在采用暴雨资料推求设计流量时,通常都假定暴雨与其形成的洪峰流量是同一频率的。形成洪峰流量的暴雨量,是该次暴雨强度过程的核心部分,如图 4-1 中的阴影部分。即在间隔时间为 t,其开始与终了的瞬时暴雨强度相等的部分。

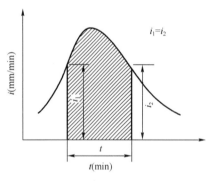

图 4-1 暴雨强度过程线示意图

原交通部公路科学研究所会同各省(自治区)有关单位搜集了 2 289 站、83 468 站年的暴雨资料和 663 站、3 588 站年面积小于 100km^2 的小流域洪水资料。在经过单站分析和地区综合平衡的基础上,进行了全国汇总、拼图和协调,提出了雨力 S_P(1‰、2‰、4‰)全国等值线图,详见图 4-2~图 4-4;暴雨递减指数 n 值全国分区图,详见图 4-5 和附表 1-1;提出了计算洪峰流量的推理公式和经验公式以及各省(自治区)不同分区的参数值。

2. 步骤

(1)根据桥涵位置所处不同地区查雨力等值曲线,确定频率为 P 的雨力 S_P。

(2)确定汇水区几何参数,包括汇水区面积 $A(\text{km}^2)$、主河沟长度 $L(\text{km})$、主河沟平均坡度 I(‰),方法同径流形成法。

(3)计算损失参数 M 和汇流时间 τ。

(4)按公式计算设计流量 Q_P。

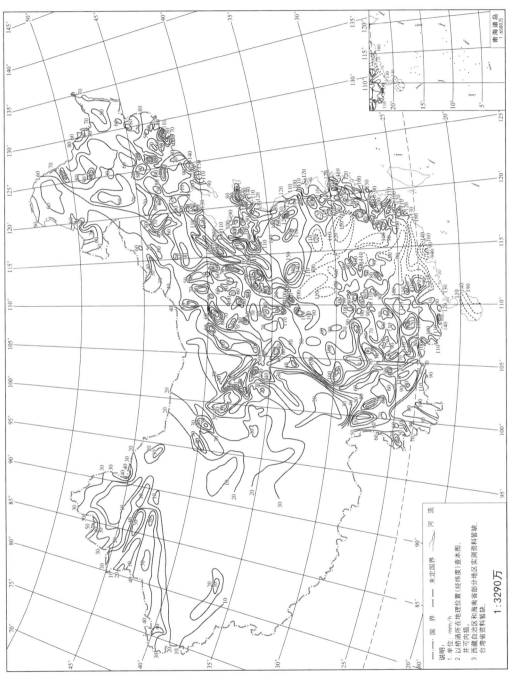

图 4-2 暴雨等值线图 ($S_p=1\%$)

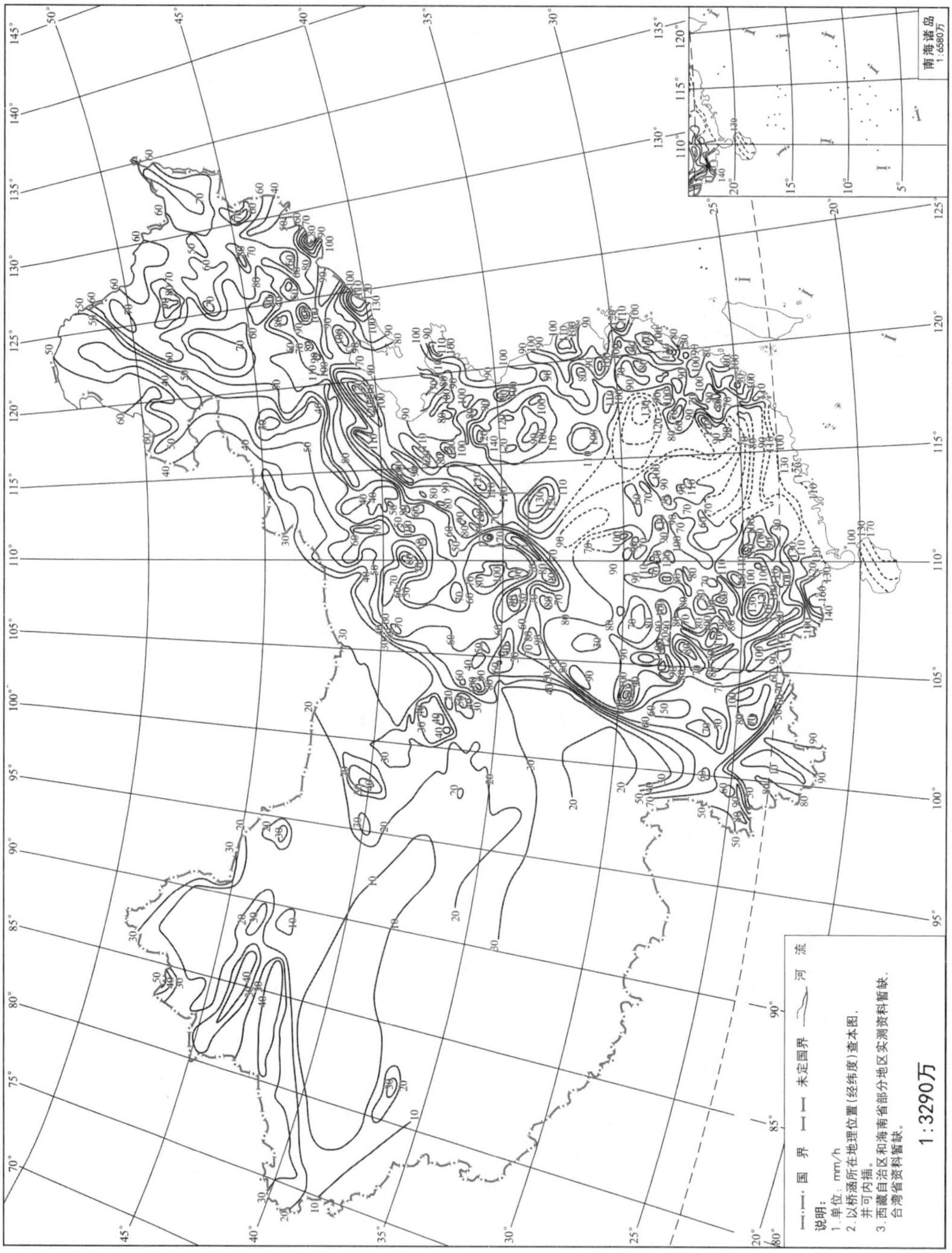

图 4-3 暴雨等直线图 ($S_p=2\%$)

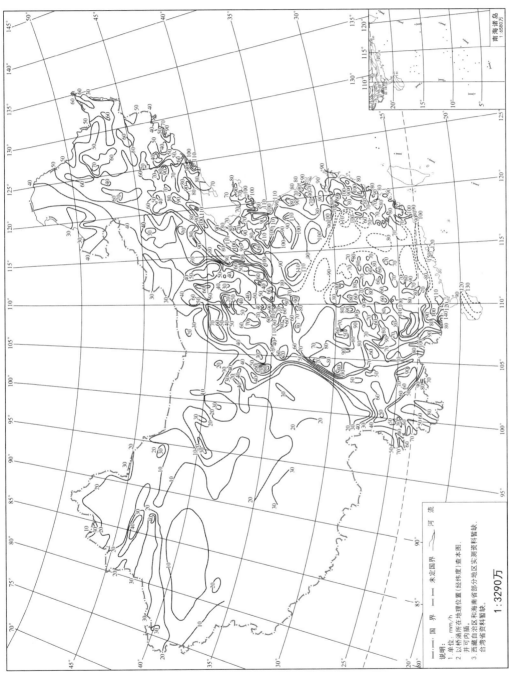

图 4-4 暴雨等值线图（$S_{p}=4\%$）

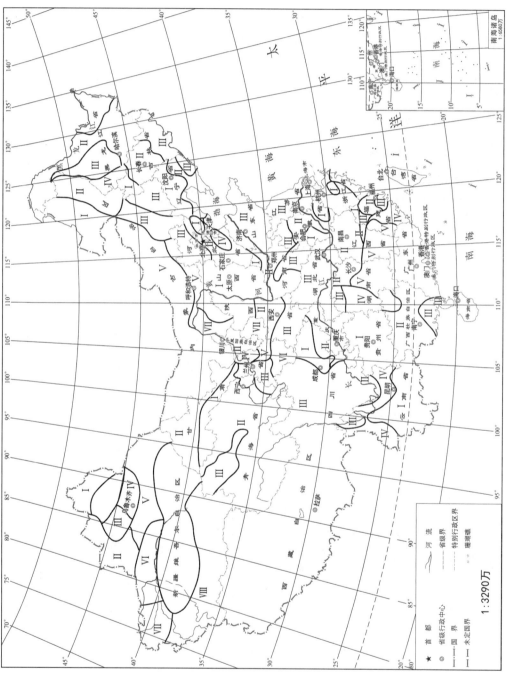

图 4-5 暴雨递减指数 n 值分区图

二、计算公式

1. 交通运输部公路科研所推理公式

$$Q_P = 0.278 \times \left(\frac{S_P}{\tau^n} - \mu\right) A \tag{4-3}$$

式中：Q_P——规定频率为 P 时的洪峰流量（m³/s）；

S_P——频率为 P 时的雨力（mm/h），查各省（自治区）雨力等值线图（图 4-2～图 4-4）；

μ——损失参数（mm/h）；

n——暴雨递减指数，按各省（自治区）的分区查图 4-5 和附表 1-1，表中 n_1、n_2、n_3 由 τ 值分查；

τ——汇流时间（h）；

A——汇水面积（km²）。

损失参数 μ 按下式计算。

北方多采用：

$$\mu = K_1 S_P^{\beta_1} \tag{4-4}$$

南方多采用：

$$\mu = K_2 S_P^{\beta_2} A^{-\lambda} \tag{4-5}$$

以上式中：K_1, K_2——系数，见附表 1-3，表中土壤植被分类查附表 1-2；

$\beta_1, \beta_2, \lambda$——指数，见附表 1-3。

汇流时间 τ 按下式计算。

北方多采用：

$$\tau = K_3 \left(\frac{L}{\sqrt{I_z}}\right)^{\alpha_1} \tag{4-6}$$

南方多采用：

$$\tau = K_4 \left(\frac{L}{\sqrt{I_z}}\right)^{\alpha_2} S_P^{-\beta_3} \tag{4-7}$$

以上式中：τ——汇流时间（h）；

L——主河沟长度（km）；

I_z——主河沟平均坡度（‰）；

S_P——频率为 P 时的雨力（mm/h）；

K_3, K_4——系数，见附表 1-4；

$\alpha_1, \alpha_2, \beta_3$——指数，见附表 1-4。

2. 经验公式

经验公式Ⅰ：

$$Q_P = \psi (S_P - \mu)^m A^{\lambda_2} \tag{4-8}$$

经验公式Ⅱ：

$$Q_P = c S_P^{\beta} A^{\lambda_3} \tag{4-9}$$

式中：S_P——频率为 P 的雨力（mm/h）（同前）；

μ——损失参数(mm/h),计算确定如前所述;

ψ——地貌系数,查附表 1-5 确定;

m,λ_2——指数,查附表 1-5 确定;

c,β,λ_3——系数,指数,查附表 1-6 确定;

A——汇水区面积(km^2)。

3. 算例

已知条件:甘肃省某公路上的石沟桥,石沟属黄河流域关川河支流,汇水面积 $A=89km^2$,主河沟长 $L=21.32km$,主河沟平均坡度 $I_z=16‰$;河床为砂砾夹卵石,两岸为粉质亚黏土,地表为黄土层,划为Ⅲ类土;地处丘陵区;该小桥工程点无实测流量资料,现用暴雨推理公式和经验公式分别推求 $Q_{P=2\%}$ 为多少。

解:1)用推理公式计算[式(4-3)]

$$Q_{P=2\%} = 0.278 \times \left(\frac{S_{P=2\%}}{\tau^n} - \mu\right)A$$

(1)查图 4-3,得 $S_P=45mm/h$。

(2)汇流时间 τ 值的计算。

北方公式:

$$\tau = K_3 \left(\frac{L}{\sqrt{I_z}}\right)^{\alpha_1}$$

查附表 1-4 得:丘陵区 $K_3=0.62, \alpha_1=0.71$,故

$$\tau = 0.62 \times \left(\frac{21.32}{\sqrt{16}}\right)^{0.71} = 2.03(h)$$

(3)确定暴雨递减指数 n 值。

先查图 4-5,知石沟属中部干旱黄土山区,即Ⅳ类分区;或查附表 1-1,当 $\tau=2.03h$,应取 n_2 值(见表注),$n=0.65$。

(4)损失参数 μ 值计算。

北方公式:

$$\mu = K_1 S_P^{\beta_1}, P=2\%$$

查附表 1-3Ⅲ类土得:$K_1=0.75, \beta_1=0.84$,故

$$\mu = 0.75 \times 45^{0.84} = 18.36(mm/h)$$

(5)以上数值代入流量计算公式。

$$Q_{P=2\%} = 0.278 \times \left(\frac{45}{2.03^{0.65}} - 18.36\right) \times 89 = 248.46(m^3/s)$$

2)按经验公式Ⅰ推算

$$Q_{P=2\%} = \psi(S_P - \mu)^m A^{\lambda_2}$$

查附表 1-5 得:$\psi=0.14, m=1.08, \lambda_2=0.96$。

前已求得:

$$S_{P=2\%} = 45mm/h; \mu=18.36mm/h$$

故

$$Q_{P=2\%} = 0.14 \times (45-18.36)^{1.08} \times 89^{0.96} = 361(\text{m}^3/\text{s})$$

3）按经验公式Ⅱ推算

$$Q_{P=2\%} = cS_{P=2\%}^{\beta} A^{\lambda_3}$$

查附表 1-6 得：$c=0.025, \beta=1.4, \lambda_3=0.95$，故

$$Q_{P=2\%} = 0.025 \times 45^{1.4} \times 89^{0.95} = 367(\text{m}^3/\text{s})$$

第三节　径流形成法

一、径流的形成

径流形成法是从分析汇水形成和影响地面径流的因素（如暴雨强度、汇水面积、土壤类型、地形等）着手，建立这些因素与设计流量的函数关系，求得设计流量的方法。

小流域水流的主要来源有雨、雪、地下水，但在我国大部分地区（除青海、新疆、甘肃和四川省西部地区外）主要来源于夏、秋季暴雨。暴雨是指在短时间内局部地区的大量降雨现象，单位时间内降雨量的厚度叫暴雨强度，暴雨所经历的时间称为暴雨历时，暴雨所笼罩的流域面积叫雨面。从暴雨的产生到流域出口断面（桥涵处）形成最大流量，这是一个复杂的变化过程。为便于研究，通常将降雨过程分为流域蓄渗、坡面漫流、河槽集流及消退四个阶段。在一次降雨过程中，并非全部降雨都流入桥涵，而有一部分水流消耗于植物截留、填洼、土壤入渗及蒸发等，这部分消耗的雨量称为损失，损失后剩余的雨量称为净雨。净雨在流域内形成的地表水流称为地面径流，地面径流的大小用径流厚度（mm）表示，它与降雨强度的量纲相同。吸入土壤中的水流，遇到不透水的地层，又可形成地下径流。由于地下径流一般流速很低、流量小、情况复杂，除遇到特大的泉眼与山坡渗流外，一般情况下，径流计算均不考虑地下径流。径流形成过程见图 4-6。

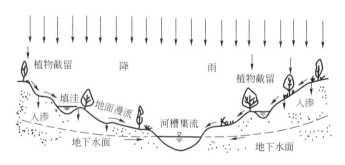

图 4-6　径流形成示意图

在降雨的蓄渗阶段，水量全水泵于植物截留、地表坑洼蓄渗及地表土壤吸收中，这时地面无径流，即：

$$\left.\begin{array}{l} h = 0 \\ H = k + z \end{array}\right\} \quad (4\text{-}10)$$

式中：h——地面径流厚度（mm）；

H——累计降雨量（mm）；

k——土壤吸收厚度(mm)，又叫下渗厚度；

z——地面坑洼蓄渗、植物截留及土壤吸收的厚度(mm)。

随着降雨历时的增加，土壤吸水逐渐饱和，吸水能力也随之减弱，部分雨水开始存留在地面起伏不平的坑洼中。因此，径流厚度等于这段时间内的降雨量与这段时间的雨量损失之差，即：

$$h = H - k - z \tag{4-11}$$

为计算方便，在编制我国暴雨分区的径流厚度表时按 $z=0$ 编制，则径流厚度为：

$$h = H - k \tag{4-12}$$

图 4-7a)中，曲线 OCA 表示降雨过程曲线即 $H=f(T)$ 函数曲线；$O'CB$ 表示土壤吸水曲线。两曲线的切点 C 表示单位时间内降雨强度和单位时间内下渗强度相等的点。这时地面径流开始形成。C 点以上，降雨强度大于下渗强度，地面径流不断增加。到 A 点后，达到最大值。从地面径流形成，到径流厚度达到最大值的时间叫汇流时间，用 t 表示。$C'B'$ 曲线为与 CB 曲线间隔为 z 的平行线。交点 C' 表示草木充分湿润、坑洼填满、径流开始下泄的时间。为简化计算，通常假定降雨过程是等强度的，则 OCA 曲线变为直线，如图 4-7b)所示。

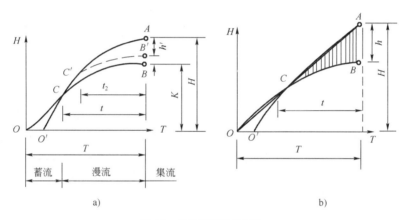

图 4-7 径流厚度形成曲线

二、影响径流流量的因素

从以上分可知，由暴雨产生的地面径流是形成桥涵处洪峰流量的根本原因。径流过程的最大值，即为所需求的洪峰流量。影响最大径流量的因素概括起来有如下两方面。

1. 暴雨特征

暴雨是产生最大流量的直接原因。影响最大流量的暴雨因素主要有：降雨强度、降雨历时、降雨范围以及降雨的均匀性等。在其他条件相同的情况下，降雨强度越大，单位时间内降落在汇水区内的雨水就越多，形成的径流流量就越大。

另外，要使桥涵处能产生最大流量，还必须使降雨有足够的历时和范围。因此，计算时均按降雨历时大于汇流时间即 $T>t$ 和降雨面积大于汇水面积(认为暴雨笼罩全流域)的情况考虑。

2. 汇水区特征

汇水区的状况直接影响净雨的强度和汇流的速度，直接影响径流形成的大小和过程，其主要特征如下。

1)汇水面积的大小及形状

汇水区面积的范围是由流域的分水线和路线位置所划定的。一般来说,汇水面积大,径流量就大;汇水面积小,径流量就小。流域形状,通常可归纳为长条形、上大下小、中部大上下小和下部大上部小四种。在汇水面积相等的情况下,流域区内各部分径流到达桥涵时间越接近,形成的洪峰流量就越大,反之则洪峰流量就小。因此,通常扇形汇水区(上大下小)比长条形汇水区的径流流量大。

2)汇水地表情况

汇水地表情况主要包括地表的土壤类别和植物覆盖的情况。土壤类别,主要是土壤的吸水能力和土壤的含水量。土壤吸水能力大(主要是含沙率大)、雨前含水量小的会导致较大的降雨损失,使径流流量减小。地表植物覆盖繁茂与否,直接影响地面的截留作用,减小径流流量的形成。

3)汇水区地形

地形是影响径流形成的主要因素,它主要包括:主河沟的纵坡、横坡、沟形明显与否、地表坑洼和平滑状况等。一般来讲,主河沟纵横坡陡峻、沟形明显、地表平滑,产生汇流的速度就快,形成的径流流量就越大。

4)其他因素

汇水区内的湖泊、沼泽、苔草、森林具有调洪的能力,对最大径流量影响最大;汇水区兴建水库、堰塘、灌溉渠道等水利工程,对流域径流起着调节和流量重新分配的作用。以上因素都直接影响洪峰流量的大小,在计算中应予考虑。

三、径流形成法计算公式

近百年来,为了推算小流域径流流量,曾提出过数以百计的公式,归纳起来可有两大类:一是根据实践经验建立径流流量与径流因素函数关系的公式,叫经验公式;二是根据径流形成的因素和条件,通过分析、推理而建立的径流流量与径流因素函数关系的公式,叫成因推理公式。径流成因推理公式计算繁杂、实用性差,生产上一般多用径流成因简化公式和经验公式。下面介绍的径流形成法公式主要适用于汇水面积 $A \leqslant 30 \text{km}^2$ 的小流域。

1. 径流成因简化公式

我国公路系统常采用的是公路科学研究所提出的简化公式,其公式如下:

$$Q_s = \psi(h-z)^{\frac{3}{2}} \cdot A^{\frac{4}{5}} \tag{4-13}$$

此式由苏联鲍尔达可夫推荐的简化公式[式(4-14)]演变而来。

$$Q_s = \psi(h-z)^m \cdot A^n \tag{4-14}$$

式中:Q_s——设计流量(m^3/s);

ψ——地貌系数,根据地形、主河沟平均纵坡、汇水面积查附表1-8求得;

A——汇水面积(km^2);

h——暴雨径流厚度(mm),根据桥涵位置的暴雨分区(查附表1-7)、公路等级相应的设计洪水频率(表1-6)、汇水区土壤吸水类属(查附表1-9或附表1-10)和汇流时间 τ(查附表1-11)四个因素查径流厚度值(查附表1-12)求得;

z——植物截留或地表洼地滞流的拦蓄厚度(mm),由附表 1-13 求得。

结合我国具体情况确定参数 $m = \frac{3}{2}, n = \frac{4}{5}$。

公式(4-13)为未考虑洪峰传播、降雨不均匀、水库湖泊等影响折减的公式。当考虑这些因素影响时,其计算公式为:

$$Q_s = \psi(h-z)^{\frac{3}{2}} \cdot A^{\frac{4}{5}} \cdot \beta \cdot \gamma \cdot \delta \qquad (4\text{-}15)$$

式中:β——洪峰传播影响的流量折减系数,由附表 1-14 查得,表中 L_0 为汇水面积重心到桥涵建筑物处的距离(km);

γ——汇水区降雨不均匀的折减系数,当汇水面积长度或宽度大于 5km 时才考虑,由附表 1-15 查得;

δ——小水库或湖泊影响的折减系数,当建筑物上游有永久性水库时,其流量折减系数 δ 可由下式计算(或由附表 1-16 查得),见式(4-16)。

$$\delta = 1 - (1-K) \cdot \frac{f}{A} \qquad (4\text{-}16)$$

式中:K——溢洪流量对入库流量比值,一般在 0.6~0.9 之间,当缺乏资料时可用 0.7;

f——水库控制的汇水面积(km²);

A——桥涵位置以上全汇水面积(km²)。

另外,当汇水面积较小(一般平原区 $A<1.0$km²、山岭区 $A<0.5$km²)时,按简化公式进行计算,结果偏差较大。这时可用下式计算比较,选其较小者:

$$Q_s = 0.56hA \qquad (4\text{-}17)$$

式中:h——径流厚度(mm),含义同前;

A——汇水面积(km²),含义同前。

2. 径流流量经验公式

1)当汇水面积小于 10km² 时

可按经验公式进行计算:

$$Q_s = KA^n \qquad (4\text{-}18)$$

式中:K——径流模量,可由附表 1-17 查得;

n——地区指数,可由附表 1-18 查得。

由于我国幅员广大,式(4-18)中 K、n 值的划分十分粗略,计算结果往往出入很大,一般可根据当地调查资料,制定适合于各地区的 K、n 值,其方法如下。

(1)在地区内选择一些使用情况良好并经受过较大雨洪考验过的小桥涵,用形态调查或直接类比法推算出相应的洪水流量 Q_1、Q_2、…、Q_n,测出相应的汇水面积 A_1、A_2、…、A_n。

(2)按照不同地形(一般按山区、丘陵、平原三种地形)划分,在双对数格子上点绘出 $Q = f(A)$ 关系曲线,如图 4-8 所示。以下以丘陵区为例进行说明。

(3)由 $Q = f(A)$ 曲线反求 K、n 值,读两个点,如图 4-8 所示,当 $A_1 = 2$ 时,$Q_1 = 22$;$A_2 = 7$ 时,$Q_2 = 60$。代入式(4-18)并取对数得:

$$\begin{cases} \lg 22 = \lg K + n\lg 2 \\ \lg 60 = \lg K + n\lg 7 \end{cases}$$

$$\begin{cases} 1.342\,4 = \lg K + 0.301\,0n \\ 1.778\,2 = \lg K + 0.845\,1n \end{cases}$$

解联立方程，两式相减得 $n=0.8$，代入原式解出 $K=12.63$。

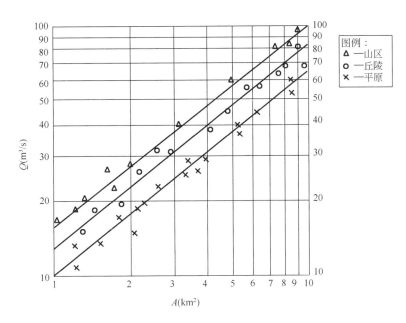

图 4-8 汇水面积与流量关系曲线

K、n 值求得后，代入式(4-18)得该地区流量经验公式：

$$Q_s = 12.63 A^{0.8}$$

2）当有降雨资料时

$$Q_s = C \cdot S \cdot A^{\frac{2}{3}} \tag{4-19}$$

式中：C——系数，按不同地貌确定，见附表 1-19；

S——相应于设计洪水频率的一小时降雨量(mm)，可从当地雨量站取得资料。

当汇水面积 $A<3\text{km}^2$ 时，也可用下式计算：

$$Q_s = C \cdot S \cdot A \tag{4-20}$$

四、算例

已知条件：某三级公路跨越一小水道，该地区为第 12 暴雨分区；其汇水面积为 12km^2；汇水区表土为黏土；主河沟平均纵坡 $I_z=20‰$；汇水区内主要为山地水稻田；河沟上游有一湖泊，其控制汇水面积为 8.2km^2；汇水面积重心与桥涵位置距离为 4km，试计算设计洪水流量。

解：因汇水面积 $A=12\text{km}^2 > 10\text{km}^2$，且 $A<30\text{km}^2$，采用径流成因简化公式计算。

1）确定计算参数

根据公路技术等级查《公路工程技术标准》(JTG B01—2014)确定设计洪水频率为 $P=\dfrac{1}{25}$；依据 $A=12\text{km}^2$、$I_z=20‰$ 条件，查附表 1-8，求得地貌系数 $\psi=0.07$。

根据 A，查附表 1-11，知汇流时间 $\tau=45\text{min}$。

根据土壤黏土,查附表 1-9,确定吸水类属为Ⅱ类。

由设计洪水频率,$P=\dfrac{1}{25}$、$\tau=45\text{min}$、Ⅱ类土、暴雨分区为 12,查附表 1-12,得径流厚度 $h=48\text{mm}$。

又由附表 1-13,查得山地水稻田 $z=10\text{mm}$。

湖泊折减系数 δ,按下式计算:

$$\delta = 1-(1-K)\cdot\dfrac{f}{A}\text{(因无资料,}K\text{ 取 } 0.7)$$

$$= 1-(1-0.7)\times\dfrac{8.2}{12}$$

$$= 0.80$$

由汇水面积重心至桥涵位置距离 $L_0=4\text{km}$,查附表 1-14,得 $\beta=0.95$。

由于汇水面积较小,查附表 1-15,降雨不均匀系数近似取 $\gamma=1$。

2)设计洪水量计算

$$Q_s = \psi(h-z)^{\frac{3}{2}}\cdot A^{\frac{4}{5}}\cdot\beta\cdot\gamma\cdot\delta$$

$$= 0.07\times(48-10)^{\frac{3}{2}}\times 12^{\frac{4}{5}}\times 0.95\times 1\times 0.80$$

$$= 91(\text{m}^3/\text{s})$$

第四节 形态调查法

一、原理及步骤

1. 原理

形态调查法是用调查河槽形态与历史洪水位的方法,取得河槽某一过水断面在该洪水位下的过水面积、平均流速及洪水频率资料,据以推算桥涵处设计流量的方法。

2. 步骤

形态调查法推算设计流量步骤如下:

(1)设置形态断面。

(2)形态断面调查。调查内容包括:历史洪水位及频率调查,形态断面测量,洪水(或河床)比降测量,河床形态调查及粗糙率的确定等项内容。

(3)形态断面处流量 Q_x 计算。

(4)频率换算。将形态断面的流量 Q_x 换算为设计频率的流量 Q_{xs}。

(5)桥(涵)址换算。将形态断面的设计流量 Q_{xs} 换算为桥址断面的设计流量 Q_s。

二、形态调查法计算公式

1. 形态断面处的洪峰流量 Q_x

当形态断面流速为同一流速时,其洪峰流量可按稳定流量连续方程计算,如图 4-9a)所示。

$$Q_x = \omega v \qquad (4\text{-}21)$$

式中：ω——形态断面处，某一洪水位时的过水面积(m^2)；

v——该洪水位下的断面平均流速(m/s)。

当河槽断面因粗糙系数、断面水深不同（复式河床断面时）而形成不同流速 v_1、v_2……时，则应分段按各相应面积 ω_1、ω_2……计算后相加，如图 4-9b）所示。

$$Q_x = \sum \omega v = \omega_1 v_1 + \cdots \quad (4-22)$$

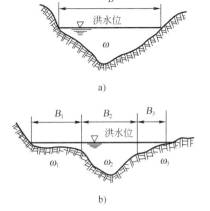

图 4-9 形态断面图
a）按同一流速计算；b）按不同流速计算

2. 形态断面处流速的确定

1）用均匀流公式计算

$$v = C\sqrt{Ri} \quad (m^3/s) \quad (4-23)$$

式中：R——水力半径(m)，为过水面积与湿周之比，当为宽浅较大的河流时（水面宽度与断面平均水深之比大于10），也可用相应水位下的断面平均水深 H_P 代替，其值可按计算水位的最大水深 H_{max} 求得，三角形断面 $H_P = 0.5H_{max}$，抛物线形断面 $H_P = 0.6H_{max}$，矩形断面 $H_p = H_{max}$；

i——洪水比降，无资料时可用河沟纵坡代替；

C——谢才系数，为除水力半径、洪水比降以外的其他影响流速因素。

$$C = mR^{\frac{1}{6}} \quad \text{（满宁公式）} \quad (4-24)$$

$$C = mR^y \quad \text{（巴甫洛夫斯基公式）} \quad (4-25)$$

式中：m——河槽的糙率，$m = \dfrac{1}{n}$（n 叫作河槽的粗糙系数），由附表 1-20～附表 1-26 查得；

y——系数，由附表 1-20、附表 1-21 查得。

当式(4-23)中谢才系数 C 按满宁公式计算时，可得公路勘测中常用的谢才—满宁公式，即：

$$v = mR^{\frac{2}{3}}i^{\frac{1}{2}} \quad (4-26)$$

2）按沉积物粒径或土的类属特征估算流速

对于山区河沟，可在形态断面附近浅滩上找 3～5 个最大石块，求其平均粒径，然后按下式计算 v：

$$v = \sqrt{20(\gamma - 1)D} \quad (m^3/s) \quad (4-27)$$

式中：γ——石块的相对密度，无资料时可取 $\gamma = 2.5$；

D——最大石块的平均粒径(m)。

选择的石块，必须判定是从河槽上游被洪水冲下来的，而不是河岸两侧塌方滚落河沟的，也可按附表 1-27 确定。

对于平原区河沟，可根据河床土壤的类属特征，参考附表 1-28，估算确定平均流速。

3）按河湾两侧洪水高差估算流速

在山区河沟的急弯处，如能在两岸岸壁上找到明显的洪水痕迹，则可测定其高差及河湾曲率，按下式估算平均流速：

$$v = \sqrt{\dfrac{\Delta h R g}{B}} \quad (4-28)$$

式中：Δh——同一断面上两岸洪水位之高差(m)；
　　　R——河湾的曲率半径(m)；
　　　g——重力加速度(m/s^2)；
　　　B——河沟的宽度(m)。

3. 频率计算

以上计算的形态断面处流量 Q_x 是相应于所调查的历史洪水位的流量，其流量并不是小桥涵规定的设计频率的流量，还必须换算。

1）按流量模比系数换算

$$Q_{xs} = \frac{K_P}{K_n} Q_x \quad (m^3/s) \tag{4-29}$$

式中：K_P——相应设计频率的模比系数；
　　　K_n——调查的历史洪水频率模比系数，K_P 及 K_n 可根据变差系数 C_V 查附表 1-30 求得；
　　　C_V——变差系数，可由土壤吸水类属查附表 1-29。

2）按多年平均流量推算

若通过形态断面能获得多年平均洪水位，并据以算出多年平均洪水流量 Q_P，则可按下式推算：

$$Q_{xs} = K_P Q_P \quad (m^3/s) \tag{4-30}$$

3）按周期换算系数 M 推算

$$Q_{xs} = M Q_x \quad (m^3/s) \tag{4-31}$$

式中：M——周期换算系数，由附表 1-31 查得。

4）桥（涵）址换算

如桥（涵）址处为所选形态断面，或两者相距很近估计流量相差在±10％左右时，可不进行桥（涵）址换算。如超过此范围时，可按下式换算：

$$Q_s = \frac{A_2^n b_2^m I_2^{\frac{1}{4}}}{A_1^n b_1^m I_1^{\frac{1}{4}}} \cdot Q_{xs} \quad (m^3/s) \tag{4-32}$$

式中：Q_s——桥涵处设计流量(m^3/s)；
　　　b_2, b_1——桥涵处和形态断面处汇水面积的宽度(通常为汇水面积除以主河沟长度)(km)；
　　　I_1, I_2——桥涵处和形态断面处汇水区的主河沟平均坡度(‰)；
　　　n——汇水面积指数参数，大流域取 1/2～2/3，$A \leqslant 30 km^2$ 时，取 0.8；
　　　m——流域形态的指数参数，雨洪采用 1/3。

当桥涵处距形态断面较近，且两处地形无显著差别，而汇水面积 $A \leqslant 30 km^2$，可用下式计算：

$$Q_s = \left(\frac{A_2}{A_1}\right)^{0.8} Q_{xs} \quad (m^3/s) \tag{4-33}$$

当无汇水面积资料，只有桥涵处与形态断面处的主河沟长度 L_2 与 L_1 时，则可视 $A \approx \left(\frac{L}{2}\right)^2$，代入上式计算：

$$Q_s = \left(\frac{L_2}{L_1}\right)^{1.6} Q_{xs} \quad (\text{m}^3/\text{s}) \tag{4-34}$$

三、算例

已知条件：某桥位于西南地区一山区，实测得河沟形态断面如图 4-10 所示，其主河沟平均纵坡 $I=20‰$，河床为严重堵塞和弯曲的周期性流水，汇水区为Ⅲ类土，经调查频率 $P=\frac{1}{10}$ 的洪水位为 52.50m，相应水面宽度 $B=18.0$m，形态断面和桥址处汇水面积为 $A_1=4.0\text{km}^2$，$A_2=5.0\text{km}^2$，试求桥址断面处设计频率为 1/25 的设计流量 Q_s。

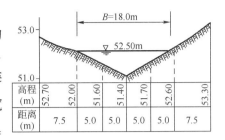

图 4-10　形态调查法算例图

解： 1) 计算形态断面处设计频率为 1/25 的设计流量 Q_x

由图 4-10，可求得 $P=\frac{1}{10}$ 洪水时最大水深 $H=52.50-51.40=1.10(\text{m})$，$B/H=18.0/1.10=16.4>10$，可视为宽浅河床三角形河沟断面。

$$H_P = 0.5H_{\max} = 0.50 \times 1.10 = 0.55(\text{m})$$

水力半径(因为宽浅河床) $R \approx H_P = 0.55$m，形态断面面积：

$$\omega = \frac{1}{2}BH = \frac{1}{2} \times 18 \times 1.1 = 9.9(\text{m}^2)$$

由河床形态为严重堵塞和弯曲的周期性水流，查附表 1-20，得 $m=15$。

由谢才—满宁公式求得：

$$v = mR^{\frac{2}{3}}i^{\frac{1}{2}} = 15 \times 0.55^{\frac{2}{3}} \times 0.02^{\frac{1}{2}} = 1.42(\text{m/s})$$

形态断面处流量：

$$Q_x = \omega v = 9.9 \times 1.42 = 14.1(\text{m}^3/\text{s})$$

2) 频率周期换算

按周期换算系数折算，查附表 1-31，$P=\frac{1}{10}$ 换为 $P=\frac{1}{25}$，$M=1.5$，可得：

$$Q_{xs} = MQ_x = 1.5 \times 14.1 = 21.2(\text{m}^3/\text{s})$$

若按流量模比系数换算，由Ⅲ类土查附表 1-29 得 C_V 值，由 $P=\frac{1}{10}$ 和 $P=\frac{1}{25}$，查附表 1-30 得 $K_n=1.83$，$K_P=2.35$，按式(4-29)计算得：

$$Q_{xs} = \frac{K_P}{K_n}Q_x = \frac{2.35}{1.83} \times 14.1 = 18.1(\text{m}^3/\text{s})$$

3) 桥址换算

按式(4-33)计算得：

$$Q_s = \left(\frac{5.0}{4.0}\right)^{0.8} \times 18.1 = 21.6(\text{m}^3/\text{s})$$

或

$$Q_s = \left(\frac{5.0}{4.0}\right)^{0.8} \times 21.2 = 25.2(\text{m}^3/\text{s})$$

第五节 直接类比法

一、原理、步骤及运用条件

1. 原理

直接类比法是以调查新建公路附近原有公路、铁路小桥涵泄水情况入手,按第五章水力计算方法反算其流量,借以推算拟建小桥涵设计流量的方法。其计算的原理与形态调查法相近,只是用已有桥涵作为形态断面,代替人为设定的形态断面。

2. 步骤

(1) 调查原有桥涵。

(2) 计算通过原有桥涵下的洪峰流量 Q_g。

(3) 折算原有桥涵处天然河床的流量 Q_t。

(4) 频率周期换算,将 Q_t 换算为设计频率的流量 Q_{ts},其方法同形态调查法。

(5) 桥(涵)址换算,将原有桥涵处的设计流量 Q_{ts} 换算为拟建桥涵的设计流量 Q_s,其方法同形态调查法。

3. 运用条件

采用直接类比法推算设计流量应具备如下条件:

(1) 调查到可靠的桥涵前洪水积水高度及相应的洪水频率。

(2) 桥涵对水流压缩较大,或较大洪水时,在桥涵处产生临界水流。

(3) 桥涵下无淤积物或冲刷坑等现象。

(4) 无大河倒灌,无水坝、漂流物或其他原因使河段阻塞或水位壅高等现象。

(5) 无泥石流现象。

(6) 洪水不漫出沟槽或很少漫出沟槽。

(7) 原有桥涵与拟建桥涵应处于同一水系。

二、直接类比法计算公式

1. 通过原有桥涵洪峰流量 Q_g 的计算

1) 小桥计算

(1) 自由出流时,通过小桥的某一历史洪峰流量 Q_g 可按下式计算

$$Q_g = M \cdot B \cdot H^{\frac{3}{2}} \quad (\text{m}^3/\text{s}) \tag{4-35}$$

式中:B——小桥的净跨径(m);

H——桥前水深(m);

M——流量系数,由桥台形式查附表 1-32 求得。

(2) 非自由出流时

由第五章小桥非自由出流孔径计算公式计算:

$$Q_{\mathrm{g}} = \varepsilon \cdot v_{\mathrm{t}} \cdot h_{\mathrm{t}} \cdot B \quad (\mathrm{m^3/s}) \tag{4-36}$$

式中：v_{y}——桥下允许(不冲刷)流速(m/s)，由河床上土壤种类或加固类型查附表 1-35～附表 1-38；

h_{t}——天然水深(m)，即桥下游或建桥历史洪水位下的天然水深，可从调查得到，如无资料可用下式计算，

$$h_{\mathrm{t}} = H - \frac{v_{\mathrm{y}}^2}{2g\varphi^2} \quad (\mathrm{m}) \tag{4-37}$$

H——桥前水深(m)；

ε,φ——挤压系数和流速系数，查附表 1-32 求得；

B——小桥的净跨径。

(3) 水力图式判断

可按如下简式判断：

$$H \leqslant \left(1.3 + \frac{1}{2\varphi^2}\right) \frac{v_{\mathrm{y}}^2}{g} \quad \text{自由出流} \tag{4-38}$$

$$H > \left(1.3 + \frac{1}{2\varphi^2}\right) \frac{v_{\mathrm{y}}^2}{g} \quad \text{非自由出流} \tag{4-39}$$

式中符号意义同前。

2) 涵洞计算

(1) 无压力式涵洞

石盖板涵及箱涵：

$$Q_{\mathrm{y}} = 1.575 \cdot B \cdot H^{\frac{3}{2}} \quad (\mathrm{m^3/s}) \tag{4-40}$$

石拱涵：

$$Q_{\mathrm{y}} = 1.422 \cdot B \cdot H^{\frac{3}{2}} \quad (\mathrm{m^3/s}) \tag{4-41}$$

式中：B——涵洞净跨径(m)；

H——涵前水深(m)。

(2) 半压力式涵洞

$$Q_{\mathrm{g}} = \varphi \omega_{\mathrm{s}} \sqrt{2g(H - h_{\mathrm{s}})} \quad (\mathrm{m^3/s}) \tag{4-42}$$

式中：h_{s}——进口收缩断面水深，$h_{\mathrm{s}} = 0.6 h_{\mathrm{d}}$(m)；

h_{d}——涵洞净高(m)；

φ——流速系数，当为不抬高洞口时 $\varphi = 0.85$，当为抬高洞口时 $\varphi = 0.95$；

H——涵前水深(m)；

ω_{s}——涵洞进口压缩断面过水面积($\mathrm{m^2}$)。

无压力式及半压力式涵洞计算，可由相应的标准图中涵洞水力计算表，按涵洞形式、涵底纵坡及涵前水深查得，一般可不计算。

(3) 压力式涵洞

根据已调查的涵前水深 H 和下游出口河槽的天然水深 h_{t} 按下式计算：

$$Q_{\mathrm{g}} = \omega \cdot \sqrt{2g(H - h_{\mathrm{t}}) \frac{1}{1 + \xi + \frac{2gL}{C^2 R}}} \quad (\mathrm{m^3/s}) \tag{4-43}$$

式中：ω——涵洞过水断面面积(m^2)；

g——重力加速度(m/s^2)；

h_t——天然水深，如调查困难可按式(4-37)计算(m)；

ξ——入水口处摩阻系数，查附表 1-33 求得；

C——谢才系数，可由式(4-24)或式(4-25)计算；

R——水力半径(m)。

(4) 水力图式判断

当 $H \leqslant 1.2h_d$(一般进口形式涵洞)或 $H \leqslant 1.4h_d$(有升高管节进口的涵洞)时为无压力式涵洞。

当 $H > 1.2h_d$(一般进口形式涵洞)时为半压力涵洞。

当 $H > 1.4h_d$(有升高管节进口的涵洞)时为压力式涵洞。

2. 原有桥涵处天然河床流量 Q_t 的折算

以上计算的 Q_g 为某一历史洪水通过原有桥涵下的流量。由于建桥涵后对河床要进行压缩，在桥涵前产生积水，使得实际通过桥涵下的流量比天然流量小，故需进行折算，通常山区河沟地形陡峻、河床窄、水面比降大，其积水作用小，可不考虑折算。一般只对平原区宽浅河床的流量进行折算。

$$Q_t = \frac{1}{S}Q_g \quad (m^3/s) \tag{4-44}$$

式中：$\frac{1}{S}$——积水折减系数，由附表 1-34 查得。

三、算例

1. 算例一

已知条件：调查得某 1-5.00m 石拱桥，某次历史洪水时桥前水深为 3.00m，进口为锥形护坡，河床加固为铺砌在碎石层上的双层片石，试计算该次洪水的洪峰流量。

解：由河床加固类型及桥前水深 $H = 3.00$m 查附表 1-38，得允许流速 $v_y = 5.5$m/s。

由进口形式锥形护坡查附表 1-32，得流速系数 $\varphi = 0.9$，流量系数 $M = 1.55$。

由式(4-38)、式(4-39)判断水力图式：

$$\left(1.3 + \frac{1}{2\varphi^2}\right)\frac{v_y^2}{g} = \left(1.3 + \frac{1}{2 \times 0.9^2}\right) \times \frac{5.5^2}{9.80} = 5.91(m) > H = 3.00(m)$$

为自由出流，可用式(4-35)计算，该次洪水(桥下)洪峰流量为：

$$Q_g = M \cdot B \cdot H^{\frac{3}{2}} = 1.55 \times 5.00 \times 3.00^{\frac{3}{2}} = 40.30(m^3/s)$$

2. 算例二

已知条件：某 3-7.50m 石拱桥，河床为天然密结的黏土，孔隙系数为 0.5，调查得某次历史洪水桥前水深为 3.00m，试计算该次洪峰流量。

解：由多孔桥查附表 1-32 得，$\varphi = 0.85$，$\varepsilon = 0.8$。

由河床土壤为黏土及桥前水深 $H = 3.00$m，查附表 1-36，得允许流速 $v_y = 1.5$m/s。

由式(4-38)、式(4-39)判断水力图式：

$$\left(1.3 + \frac{1}{2\varphi^2}\right)\frac{v_y^2}{g} = \left(1.3 + \frac{1}{2 \times 0.85^2}\right) \times \frac{1.5^2}{9.81} = 0.46(\text{m}) < H = 3.00(\text{m})$$

为非自由出流，应用式(4-36)计算洪峰流量，先由式(4-37)计算天然水深：

$$h_t = H - \frac{v_y^2}{2g\varphi^2} = 3.00 - \frac{1.5^2}{2 \times 9.81 \times 0.85^2} = 2.84(\text{m})$$

该次洪水桥下洪峰流量为：

$$Q_s = \varepsilon \cdot v_y \cdot h_t \cdot B = 0.8 \times 1.5 \times 2.84 \times (3 \times 7.50) = 76.7(\text{m}^3/\text{s})$$

第六节　特殊情况水文计算及各方法比较、核对

一、特殊情况水文计算

1. 桥涵合并的流量计算

两个或数个相邻桥涵，当地形条件许可且经济和技术合理时，可用改沟办法，或利用取土坑和边沟把较小河沟的流量并入邻近河沟内。桥涵合并后的流量按下列方法计算。

1）简易法

根据铁路部门的经验，简易法公式如下：

$$Q_P = Q_0 + 0.75 \times (Q_1 + Q_2 + \cdots) \tag{4-45}$$

式中：Q_P——合并后通过桥下的设计流量；

Q_0——设置桥涵河沟的设计流量；

$Q_1, Q_2 \cdots$——各被合并河沟的设计流量。

2）铁研院法

如图4-11中，A_0、A_1、A_2、A_i 为各河沟之汇水面积，则合并后的设计流量按下式计算：

$$Q_P = Q_0 \left(\sum_{i=1}^{n} K_i - n + 1\right) \tag{4-46}$$

式中：K_i——合并流量计算系数，根据 $\dfrac{Q_i}{Q_0}$ 及 L_i，查附表1-39确定（Q_i 及 L_i 为被合并河沟的流量及改沟距离）；

n——被合并河沟的个数（不包括设置桥涵的河沟）；

L_i——相邻河沟到主河沟的距离(km)；

Q_0——主河沟的设计流量(m^3/s)。

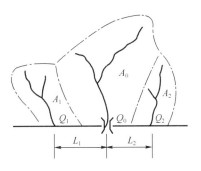

图4-11　桥涵合并计算图式

2. 泥石流流量计算

1）泥石流

泥石流是一种特殊洪流，它发生在地质不良、地形陡峻的山区，由于降水的浸蚀，山洪挟带大量泥、砂、石块等固体物质沿涧沟谷长距离顺流而下。它的发生一般是骤然的、短暂的和间

歇(阵流)的。泥石流的破坏力极强,它在前进道路上可摧毁一切建筑物、堵塞河流、冲毁道路、桥涵、渠道,使傍水靠山的村镇遭到严重的破坏。

泥石流流量计算有雨洪修正法和泥痕调查法两种。在无人烟地区和没有条件进行形态勘测的小流域,常用雨洪修正法求得泥石流流量后,再用泥痕调查法计算公式反算设计需要的各项水力要素。

2)计算方法

(1)雨洪修正法

$$Q_a = Q_P(1+\varphi_c)D_c \tag{4-47}$$

式中:Q_a——泥石流流量(m^3/s);

Q_P——按一般河流计算符合设计频率的清水流量(m^3/s);

D_c——泥石流堵塞系数,从附表1-40查取;

φ_c——泥石流修正系数,

$$\varphi_c = \frac{\gamma_c - \gamma_s}{\gamma_H - \gamma_c} \tag{4-48}$$

γ_H——泥石流流体中固体物质(泥、砂、石块各个个体)重度的平均值,可取 $26\sim 27kN/m^3$;

γ_s——水的重度,$\gamma_s = 10kN/m^3$;

γ_c——泥石流流体重度(kN/m^3),可按经验公式计算,用多种方法求取比较选用合理者,经验公式如下,

$$\gamma_c = \frac{10}{1-0.033\,4AI_c^{0.39}}$$

A——塌方程度系数,可从附表1-41查取;

I_c——塌方区平均坡度(‰)。

当 $A=1.4$,$I_c>800$‰时,公式无意义。

(2)泥痕调查法

计算公式如下:

$$Q_c = \omega_c v_c \tag{4-49}$$

式中:ω_c——泥石流过流断面面积(m^2),断面应选在无太大冲淤处,不然应考虑冲淤的影响;

v_c——泥石流流速(m/s),稀性泥石流按下列公式计算,

$$v_c = \sqrt{\frac{\gamma_s}{\gamma_H \varphi_c + \gamma_s}} \cdot \frac{1}{n} R_c^{\frac{2}{3}} I_c^{\frac{1}{2}} \tag{4-50}$$

n——一般清水河流河槽糙率。

黏性泥石流按地区公式计算:

西北地区公式:

$$v_c = 45.5 h_c^{\frac{1}{4}} I_c^{\frac{1}{5}} \tag{4-51}$$

西南地区公式:

$$v_c = K_c h_c^{\frac{2}{3}} I_c^{\frac{1}{5}} \tag{4-52}$$

式中:I_c——泥石流水面或沟底坡度(‰);

h_c——泥石流流深(或泥石流水力半径R_c)(m);

K_c——黏性泥石流流速系数,可从附表 1-42 查取;

其余符号意义同式(4-47)。

3. 岩溶地区流量计算

1)岩溶

岩溶是地表水对可溶性岩石的溶蚀而产生的地质现象,原称喀斯特。喀斯特是原南斯拉夫西北沿海一带碳酸盐岩高原的地名,那里发育着各种碳酸盐岩地形,后来人们就用喀斯特地名来称呼碳酸盐岩地区一系列特殊地貌和现象,逐渐成为世界各国通用的专门术语。

岩溶地区有溶洞、溶槽、溶沟、漏斗、竖井、坡立谷、溶蚀洼地、落水洞和暗河等现象,当暴雨降落后,地表径流往往通过漏斗、竖井、落水洞等垂直通道潜入地下,汇集成地下暗河。暗河的断面有大有小,有规模巨大的洞穴和地下湖泊,对地下径流起调蓄作用,也有曲折不规则的孔道和裂隙,阻塞水流,增长流程,因此暗河的水流时而有压时而无压,集中与分股流相间,相当复杂;水流经地下暗河的调蓄输送与滞洪,最后又出露于下游某处或其他流域的地表。这种地面下,洞川串连,明暗交替,是岩溶地区产流汇流的特点,当暴雨雨量较小时,有可能全部潜入地下。有些沟谷会出现上游产生径流后,由于沿程渗漏,致使下游无水,造成严重缺水现象。当暴雨雨量较大时,若暗河、漏斗、坡立谷、落水洞、竖井等排水不畅,就会在低洼地段积水。当积水高度超过其下方最低地面高程时,就开始向下游溢洪。在落水洞等的消水作用下,洼地地面又会从积水中显露出来。若公路从这种暂时低洼积水地段通过时,必须查清地下水流的来龙去脉和洼地积水高程,从而采取必要的工程措施。

2)计算方法

岩溶地区设计流量应先按无岩溶存在情况下计算,当流域面积较大时,可采用洪水调查法计算,当流域面积较小时,可采用小径流计算法计算,再按以下情况进行增减。

(1)流域内有消水溶洞,且设计洪水时消水溶洞截流面积的水量可全部引入地下时,计算流量所用的面积应扣除截流面积。

(2)当流域内有出水溶洞、泉水、暗河出口等来自其他汇水区的水量时,可在出水口作矩形堰或三角堰测定,通常来自出水溶洞等的水量应与流域流量直接相加。

(3)当流域内地表无明显溶洞,而在流域内有溶沟、溶槽、裂隙,能起到削减洪峰作用,计算时可视其在流域内所占权重,适当加长坡面汇流距离或增大坡面阻力等途径予以折减。

设计洪水总量可按下式计算:

$$W_P = 0.1 h_R A \tag{4-53}$$

式中:W_P——设计洪水总量(10^4m^3);

0.1——单位换算系数;

A——汇水面积(km^2);

h_R——径流深度(mm),$h_R = a H_{24P}$;

a——径流系数,可根据各地区的水文手册或图集查定,如能观测到较大的降雨(与设计频率相接近的,且前期降雨量也较大的)和流量过程线,则可直接采用实际观测的资料计算;

H_{24P}——设计频率的最大 24h 暴雨量(mm),可查地区水文手册或图集。

岩溶地区由于落水洞的影响,洪水总量可乘以地表径流分配系数即为消水后的洪水总量。

4.水泡、沼泽地区流量计算

1)水泡、沼泽

内陆河流在我国东北、华北、西北、内蒙古等地区都存在。内陆河洪水出山口后,经冲积扇扩散后,进入广阔的草原,然后逐渐向低洼盆地汇集。盆地四周积水较浅,生长芦苇、丛草的称为沼泽,盆地中央常年积水较深无水草生长的称为水泡(在华北叫洼淀)。水泡四周往往有许多支流汇入,水流一般都积蓄在水泡内不往外流,但当积水位到达某一高程后即向临近较低的水泡或大河漫溢。

2)计算方法

流量计算一般可有形态法和单位线法。

(1)形态法

于上游山口处进行形态勘测,确定历史最大流量;按地区 C_V、C_S 换算为设计频率的流量;再用洪峰传播折减去求算进入水泡边缘处的流量。如有条件时,于水泡边缘处测一形态断面求算其流量,以资相互核对。

(2)单位线法

单位线是一种特定的地面径流过程线。在一个单位时段内,流域上均匀分布的一个单位净雨深,在出口断面处所形成的地面径流,过程线称为单位线。实质上,这种单位线为时段单位线。单位时段可以取 3h、6h、12h…在取用时段内净雨强度的分配要比较均匀,单位净雨深一般采用 10mm。

单位线是由暴雨推求径流过程的一种手段和工具,它反映了暴雨和地面径流的关系。其方法原理是,采用本流域实测降雨和流量的资料(经验性资料),根据一定的假定,用经验或分析方法,求得单位线,再根据单位线求设计洪水过程线,然后求算出设计洪水流量。

3)泡沼调蓄洪峰计算

当线路在泡沼中间穿过,则应考虑泡沼调蓄洪峰的折减作用。桥址处的流量可按下列公式计算:

$$Q_P^1 = Q_P - \eta(Q_P + Q_c - Q_0) \tag{4-54}$$

式中:Q_P^1——通过桥址的设计流量(m^3/s);

Q_P——进入泡沼的设计流量(m^3/s);

η——桥址上游泡沼蓄水面积与全部泡沼蓄水面积之比;

Q_c——同时汇入泡沼的其他河流的流量(一般情况可考虑最不利条件,即假定其他河流不同时汇水,采用 $Q_c=0$);

Q_0——洪水时由泡沼溢出的流量(m^3/s)。

二、各流量计算方法比较及核对

1.方法比较

(1)按暴雨计算洪峰流量的推理公式,考虑的因素较多,其优点是计算较为简单。但在确定本公式的过程中,只考虑了区域的普遍特征,故参变数是简化了的概略值,且暴雨递减指数 n 值的分区和土壤分类均较粗略,因此,与各个地区河沟和流域的实际情况有一定出入,这些均有待于以后完善。按暴雨推理法得出的经验公式应用简便,但纯属经验性,地区差异较大。

(2)径流形成法中的简化公式为半推理公式,考虑因素也较多,具有计算较简便的优点。但在制定公式中,所依据的资料不够充分,暴雨分区比较粗略,不一定符合各个地区的实际情况,特别是按汇水面积划分的汇流时间,分级比较粗略,从而使径流厚度的确定相差较大。因此,在实际应用中,不可机械照搬,而应根据具体情况,正确选取较合理的汇流时间及相应的径流厚度。此外,径流厚度表中各种不同频率的径流厚度是依据较短系列的降雨资料按经验频率近似公式推算的,与表示理论频率曲线的公式所计算的结果有时相差很大,所以在有条件时,可以用理论频率曲线的计算方法和直接用径流形成法中简化公式等分别计算,并分析比较结果,合理选用。

径流形成法中的经验公式 $Q_P = kA^n$ 应用简便,但纯属经验性质,地区差异较大。

(3)形态调查法中,由于计算设计流量所依据的资料是现场调查所得,较客观地反映出实际情况,所以是目前弥补按暴雨推理法或径流形成法计算时资料不足的最好方法。但是小流域洪水历史短,不易调查出历史洪水位及确定相应的频率,不易比较准确地确定河沟床的糙率(或粗糙系数)。同时对于河床下切各沉积等影响程度难以掌握,所以往往使流量计算偏大或偏小。为了获得较准确的结果,可将形态调查法与前两种计算方法配合论证使用。

(4)直接类比法因其资料来自对原有桥涵(或其他水工构造物)的调查,故这种方法计算结果比较可靠,有条件时,应首选,但在新建公路中,实用机会较少。

2. 核对及验证

1)核对

(1)流量计算中影响因素多,地区差异大,所以对汇水区特征进行综合分析,全面核对,有助于正确选定各种计算公式中的参数。

汇水区特征主要包括汇水区的自然地理及地质水文特征和几何特征。

汇水区的自然地理及地质水文特征,如地理位置、地形、气候、地质构造、土壤植被、地面地下水等,这些特征提供了每一地区河沟形成的具体条件,直接影响着径流过程的规律性。

汇水区的几何特征,如汇水区面积、汇水区的形状、长度及平均宽度、汇水区主河沟的平均坡度及侧坡坡度等,这些特征对于每条河沟的径流过程、径流时间、径流流速和流量等均有很大的影响。

(2)由于流量计算受多种因素和地区差异性的制约,所以目前想用极简便的计算方法准确地求得可靠数据结果是有困难的。因此,在条件许可时,宜用几种方法计算互相核对比较,并通过加强调查研究,积累资料,进行科学试验,找出适合本地区的计算方法,结合实际确定计算公式和有关的参数系数。

2)验证

小流域地面的暴雨径流是设计小桥涵孔径的基本依据。其计算方法及有关参数的采用是否合适,对桥涵的造价与运营的安全有很大的关系。由于目前采用的计算办法是根据气候、地貌、地形和地质等特性加以一定程度的概化,其结果不一定能符合实际情况,因此在实际使用中就有必要结合现场具体情况加以验证。现将常用的验证方法叙述于下。

(1)洪水调查验证法

作为洪水调查验证的河沟应具有的条件:

①能调查到正确的洪水位及其相应的频率。

②洪水位不漫滩或漫滩很少。

③河段比较整齐顺直。
④河床断面无逐年刷深或淤积情况。
⑤下游无洪水倒灌或堤坝、漂流物阻塞水流的现象。
⑥无泥石流现象。

调查验证的步骤如下：

①调查洪水位和确定其相应频率，向老居民调查历史洪水位。确定历史洪水频率的方法有两种：按经验频率公式计算；采用雨量的频率作为洪峰流量的频率。

②计算历史洪水最大流量。

根据实测河流断面、河床坡度及按河床特征确定的糙率，用谢才—满宁公式计算历史洪水最大流量。

③把历史洪水最大流量换算为某种频率的设计流量。

根据一定数量的洪水调查资料，相同频率的设计流量进行比较，即可了解调查算得的流量与按公式计算值的偏差范围，从而可以修正用公式算得的计算值。

(2)调查既有桥涵通过历史最大流量验证法

对既有桥涵进行验证的河沟应具有的条件如下：

①能调查到正确的桥涵前积水高度及其相应周期。
②桥涵对水流压缩较大，大洪水时在桥涵处发生临界水流。
③桥下或涵洞内无淤积物或冲刷坑等情况。
④下游无大河回水倒灌，无水坝、漂流物或其他原因使河段阻塞、水位壅高的现象。
⑤无泥石流。
⑥可从养路工务段设立洪峰水尺的桥涵中选择验证工点。
⑦洪水不漫出沟槽，或很少漫出沟槽。

具体调查的方法和计算，可参照小桥涵水力计算法进行计算，详见第五章有关内容。

【复习思考题及习题】

1. 综述小桥涵流量计算常用四种方法的原理和适用条件。
2. 影响径流流量的因素有哪些？这些因素对径流流量有哪些影响？
3. 简述小流域的主要水文特征。
4. 山东省山东半岛某公路跨一河沟，为丘陵地形，设计频率 $P=1/25$，汇水区土壤为亚黏土，含砂率为 25%，实测得汇水面积 $A=15.4 \text{km}^2$，主河沟平均坡度 $I=19‰$。汇水区面积重心到桥涵距离为 3km，汇水区植物多为根浅茎细农作物（小麦为主），其上游附近有永久性水库，控制流域面积为 6.2km^2，试计算设计流量（用径流成因简化公式）。
5. 云南某公路跨一河沟，其上游汇水面积 $A=9 \text{km}^2$，设计频率 $P=1/25$，试计算设计流量（用径流流量经验公式）。
6. 川东某三级公路上 K25+080 处，拟建一小桥，在其上游 1.2km 处设一形态断面，并调查计算得 10 年一遇的洪水位时相对应断面积 $35m^2$，河床为宽浅矩形断面，相应水位下的水面宽度为 15m。实测得形态断面处河床平均纵坡 $I=10‰$，河沟糙率 $m=15$，形态断面处主河沟长 $L_0=6km$。试计算拟建小桥处的设计流量。

7. 川南某三级公路路线跨越一河沟，用形态调查法获得其水文资料如下：10 年一遇的洪水形态断面最大水深为 1.2m 时的过水面积（分边滩和主槽），$\omega_1=8.2m^2$，$\omega_2=18.5m^2$，主槽糙率为 $m_1=25$，边滩糙率为 $m_2=10$，水力半径 $R_1=0.4m$，$R_2=0.2m$，河床纵坡 $I=15‰$，形态断面处和桥涵处的主河沟长度分别为 $L_1=2km$，$L_2=2.13km$，求桥址断面处的设计流量。

8. 名词解释：

径流　径流形成法　形态调查法　直接类比法　暴雨推理法　流域面积　汇水面积　设计流量

第五章
小桥涵水力计算

第一节 小桥涵水力计算概要

一、任务及内容

1. 任务

小桥涵水力计算主要是解决小桥涵孔径尺寸问题，通过水力计算，确定桥涵孔径大小，以确保设计流量顺利、安全地通过桥（涵）下，而不发生不利冲刷、水毁以及不利的壅水。

孔径是指桥涵下过水净空的大小，它是桥涵的基本尺寸。桥梁的孔径通常用孔数和单孔跨径表示；涵洞孔径用孔数、单孔跨径和涵台高度表示；圆管涵则用涵管的孔数和内径表示。

小桥涵孔径应根据设计洪水流量、河床及进出口加固形式所允许的平均流速等条件确定。孔径计算的任务是：在足以宣泄设计洪水流量并保证桥涵前壅水不致过高、桥涵下流速不致冲刷河床或结构物的条件下，通过水力计算确定合理经济的桥涵孔径尺寸。

2. 内容

小桥涵水力（孔径）计算主要包括以下几个方面：

(1)确定小桥涵孔径和孔数。

(2)确定河床加固的类型和尺寸,上下游需设各种消能(力)设施的类型和尺寸。

(3)计算并确定壅水高度、小桥桥面最低高程或小桥涵顶上的最低路堤高程。

(4)确定桥(涵)跨布孔方案。

同一设计流量往往可有多种孔径和孔数的方案。另外,孔径小同时孔数少,则流速大而壅水高,相应要求有良好的地质或河床加固,并有较高的路堤等。因此,应充分考虑地形、地质、施工等条件,并根据当地农田灌溉等要求,从经济和安全的原则来确定所采取的方案。

二、小桥涵水力计算的特点

1. 小桥孔径计算的特点

与涵洞相比,小桥孔径计算有如下特点。

(1)小桥的跨径与台高之间无一定比例关系,因而小桥孔径计算主要是解决跨径长度问题。通常是在一定桥梁高度限制的情况下,用增大跨径的办法来加大过水面积,以达到宣泄设计流量的目的。

(2)小桥沿水流方向的长度(桥台宽度)较小,因此桥身断面的过水阻力较小,在进行水力计算时一般沿程阻力可忽略不计。

(3)小桥孔径通常比涵洞要大得多,为减少河床加固工程数量,一般只有跨径不大的小桥才采用加固河床的办法来提高允许流速,增加泄水能力。即使采用河床加固,允许流速也不宜太大。因此,允许不冲刷流速是小桥孔径计算的重要控制条件。河床不加固的小桥,其孔径计算与大中桥相同。

(4)由于小桥孔径较大,桥上一般无填土路基,水流都不会淹没整个桥孔(漫水桥除外),孔径计算时都要求保证设计水位距桥梁底部有一定净空高度。计算时按水力学中的宽顶堰计算。

2. 涵洞孔径计算的特点

与小桥相比,涵洞孔径计算有如下特点。

(1)涵洞洞身随路基填土高度增加而增长,洞身断面尺寸对工程数量影响较大,因此计算涵洞孔径时,还要求跨径与台高应有一定的比例关系,其经济比例通常为1:1.5~1:1。为此,涵洞孔径计算除解决跨径尺寸外,同时还应从经济角度出发确定涵洞的台高。

(2)涵洞孔径小、孔道长,涵底具有一定的纵向排水坡度,水流经过涵洞时所受阻力较大,计算涵洞孔径时要考虑洞身过水阻力的影响。

(3)涵洞孔径较小,通常都采取人工加固河床的措施来提高流速,以缩小孔径。由于河床加固后允许流速一般都较高,如果计算孔径仍按允许不冲刷流速控制,则涵洞孔径只要很小就能满足设计流量的宣泄,但由于涵前水深较高,因此就要采用窄而高的洞身断面尺寸,或因过高的积水使涵洞和路堤使用安全受到威胁,这是既不经济又不安全的。因此控制涵前水深和满足孔径断面一定的高宽比例则是涵洞孔径计算的重要控制条件。

(4)为提高泄水能力,最大限度地缩小孔径,降低工程造价,在涵洞孔径计算中要考虑水流充满洞身触及洞顶的情况。

三、小桥涵孔径计算的一般要求

(1)小桥涵孔径必须保证设计洪水、流水和漂流物等的安全通过；必须满足交通、农田灌溉、排涝和排碱等的合理需要；同时要考虑桥涵前积水影响路堤的稳定和农田村舍的受淹影响，防止出口水流冲刷耕地，便利施工和养护等方面的因素，通过全面分析，从而选定孔径。

(2)小桥涵孔径不应单凭流量计算资料来确定，其他如流域水文特征、沟槽形态、地质特点、冲淤情况、人类活动等对桥涵孔径大小都会产生影响，在确定孔径时，应充分给予考虑。

(3)小桥涵孔径应采用标准孔跨，并应大于规定的最小孔径要求。

(4)小桥宜设计为非自由出流状态，涵洞应设计为无压力式。桥下净空安全值应符合规范的规定(表1-7)。无压力式涵洞内顶点至最高流水面的净空，应符合表1-8的规定。涵前水深应小于或等于涵洞净高的1.15倍。

(5)有压涵洞水压力较大，沉陷缝处容易漏水，危及基础和路堤，所以涵洞应设计为无压的，仅在特殊情况下，有充分的技术经济比较依据时，方可采用有压涵洞。

(6)涵洞可设计成单孔或双孔。由于多孔涵洞流量分配不均匀，使个别涵孔通过流量有可能超过设计标准，故不宜修建，只有个别情况在技术和经济上均适宜时，方可采用多孔。

(7)小桥涵孔径式样，在同一区段内应力求简化，以便于施工及养护维修。

四、小桥涵孔径与水毁

1. 公路桥涵水毁的成因分析

从小桥涵水毁实况，可归纳为以下几种。

(1)较大孔径的小桥、涵洞，由于基础埋置深度不够或为没必要的调治防护构造物，而致桥台及涵洞进出口被冲毁。

(2)涵洞压缩水流过大，在墩台周形成高速螺旋水流，剧烈地冲刷床面泥沙，墩台前形成一个漏斗形的冲刷坑而危及墩台。同时，冲起的泥沙随水流挟带运往下游，有时在墩台的两侧逐渐下沉，造成淤塞。

(3)公路沿线的小桥、涵洞布置的数量少，排水系统不完善，或河沟上游有堆积物、漂浮物，导致小桥涵堵塞，引起洪水漫流路面，冲蚀路肩乃至毁坏路基或桥涵。

(4)小桥涵进水口紧接较陡的山坡，进水口处的路基及防护构造物由于洪水急流的顶冲而被摧毁，或因为淘刷基础造成了水毁。

(5)受资金、材料的限制，公路标准低、质量差，缺少排水和防护构造物；平原地区的路基高程太低，填土高度较小；多年来农、林、水和公路建设欠协调，破坏了生态平衡，同时公路桥涵的抗灾能力降低，严重的则发生了水毁。

2. 小桥涵水毁的防治

(1)小桥涵水毁的防治，首先要注意小桥涵设计的合理性。桥涵位置的选定、结构的形式、净孔的大小、进出口的布置等一系列因素，均不可忽视。

(2)平原地区桥涵设计既要加大桥涵底纵坡，又要注意进出口水流的纵向顺畅衔接。进口宜扩大引纳水流，有条件时，涵洞进口可采用流线型(升高管节式)。

(3)山区水流流速较大，当桥涵处地基为土质时，为了防止严重冲刷，应铺砌加固桥涵下的河沟底面。下游出口可采用挑坎(一、二、三级挑坎)或加设急流槽、消力池、消力槛等消能设施。

(4)对上游蜿蜒曲折的河沟段,可裁弯取直,改善水流条件。有时还可以在桥涵前河沟的上游,加设消力池等消能设施,以达到降低流速,沉积泥沙的目的。

由上述分析可见,孔径是影响小桥涵水毁的重要因素,正确进行小桥涵水力计算,合理确定小桥涵孔径是防止水毁的重要措施之一。

五、小桥涵水流状态分析

1. 小桥涵水流状态

水流的类型有临界流、缓流、急流三类。

任一已知流量所具有的能率(断面单位能量,又叫断面比能),当计算基线通过河底线时(图5-1),为其位能(用水深 H 计算)与动能$\left(用流速水头\dfrac{v^2}{2g}\right)$之和。如将能率、位能、动能、水深、平均流速及流水断面积分别以 E_0、E_p、E_k、H、v 及 ω 表示,则

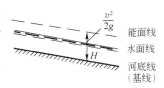

图 5-1 水面及断面比能

位能:
$$E_p = H \tag{5-1}$$

动能:
$$E_k = \frac{v^2}{2g} \tag{5-2}$$

能率:
$$E_0 = E_p + E_k = H + \frac{v^2}{2g} \tag{5-3}$$

或
$$E_0 = H + \frac{Q^2}{2g\omega^2} \tag{5-4}$$

由公式(5-3)可知,能率 E_0 系水深 H 的函数,即 $E_0 = f(H)$。因此,当流量及流水断面形状为已知时,假设不同的 H 值,即可求得其对应的 E_0 值,若以能率 E_0 为横轴,水深 H 为纵轴(图5-2),则按公式(5-1)绘出的直线,称为位能线;按公式(5-3)绘出的曲线,称为能率线。位能线系通过坐标原点而与 x 轴成45°的直线。动能线以 x 轴及 y 轴为渐近线。能率线则以位能线及 x 轴为渐近线。能率线上任何一点的横坐标,为动能线及位能线上相应水深各点横坐标之和。

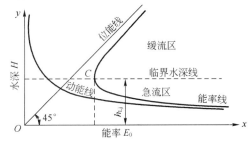

图 5-2 能率及水深关系曲线

根据能率线可知:C 点的能率最小,其对应水深为 h_k;在 C 点以上部分,当水深 H 增加时,水流所具有的能率 E_0 亦增加;在 C 点以下部分,当水深 H 增加时,水流所具的能率 E_0 反而减少,由于 C 点位于能率线变化的突出点上,水流的性质亦以此点为界,所以将 C 点称为临界点,临界点的水深 h_k 称为临界水深,其相应流速 v_k 称为临界流速,换言之,临界水深将能率线分作上下两部分。

当水深大于临界水深时,水流的流速小于临界流速,此种水流称为缓流;当水深小于临界水深时,水流的流速大于临界流速,此种水流称为急流;当流速为临界流速时,则水流称为临界流。兹归纳以上三种水流的特征如下。

缓流:$H>h_k$,$v<v_k$,E_0 随 H 的增加而增大。

临界流:$H=h_k$,$v=v_k$,E_0 为最小。

急流:$H<h_k$,$v>v_k$,E_0 随 H 的增加而减小。

前面已说明,当流量一定时,任何形状的流水断面,都有其一定的临界水深。在河槽断面形状不变的条件下,河槽内的水流为缓流、急流或临界流,完全取决于河槽的纵坡(I)。当水流为缓流时,其相应的纵坡称为缓坡;急流时,称为陡坡;临界流时,称为临界坡,临界坡用 I_k 表示。对同一河槽而言,河槽的情况虽无变化,但其水流所属类型,可随纵坡不同而改变。

2.临界流及其水力参数

前面已讲过,临界流就是水深等于临界水深的一种特殊的水流状态($H=h_k$)。临界流时的水深,流速及坡度是基本的水力参数,掌握其计算方法和公式,有助于小桥涵的水力计算。

1)临界水深

由图 5-2 能率线可看出,若流量一定时,除 C 点外,能率相等的水深均有两个。C 点的能率最小,仅有一个水深,求法如下。

由于临界水深时的能率 E_0 最小,若将方程式 $E_0=H+\dfrac{Q^2}{2g\omega^2}$ 对 H 进行微分,并使 $\dfrac{dE_0}{dH}=0$,则 $\dfrac{dE_0}{dH}=1-\dfrac{Q^2}{g\omega^3}\cdot\dfrac{d\omega}{dH}=0$。

图 5-3 河床断面图

如图 5-3 所示,对任何形状的断面,若水深增加 dH,则其面积增加 $d\omega=BdH$,B 为水面宽度,故 $\dfrac{d\omega}{dH}=B$,代入公式(5-4)得:

$$\frac{Q^2}{g}=\frac{\omega^3}{B} \tag{5-5}$$

或

$$\omega\sqrt{\frac{\omega}{B}}=\frac{Q}{\sqrt{g}} \tag{5-6}$$

式(5-6)为求临界水深的普遍公式。无论流水断面形状如何,凡能适合公式(5-6)的水深,即为临界水深,其求法可用试算法或图解法求得。当用图解法时,由于 $\omega\sqrt{\dfrac{\omega}{B}}$ 为 H 的函数,假定 H 值,即可求得其对应的 $\omega\sqrt{\dfrac{\omega}{B}}$ 值。如以 $\omega\sqrt{\dfrac{\omega}{B}}$ 为横轴,H 为纵轴,即可绘出一曲线。在此曲线上,相当于 $\omega\sqrt{\dfrac{\omega}{B}}=\dfrac{Q}{\sqrt{g}}$ 时的水深,即为所求的临界水深 h_k。

若流水断面为矩形时,则临界水深不需试求。矩形断面的水面宽 $B_k=b$,断面积 $\omega_k=bh_k$(图 5-4),代入公式(5-5),得:

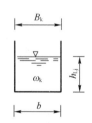

图 5-4 矩形河床断面

$$\frac{Q^2}{g} \cdot \frac{b}{(bh_{Lj})^3} = 1$$

故临界水深：

$$h_{Lj} = \sqrt[3]{\frac{Q^2}{b^2 g}} \tag{5-7}$$

或

$$h_{Lj} = \frac{v_k^2}{g} \tag{5-8}$$

2）临界流速

因 $v_k = \dfrac{Q}{\omega_k}$，$Q = \omega_k \sqrt{\dfrac{\omega_k}{B_k}} \cdot \sqrt{g}$，故：

$$v_k = \sqrt{g \frac{\omega_k}{B_k}} \tag{5-9}$$

而 $\dfrac{\omega}{B} = \overline{h}$（断面平均水深），故：

$$v_k = \sqrt{g\overline{h}} \tag{5-10}$$

当流水断面为矩形时，$\overline{h} = h_{Lj}$，故：

$$v_k = \sqrt{gh_{Lj}} \tag{5-11}$$

当流水断面为梯形时，参照图 5-5，可知：

$$v_k = \sqrt{\frac{b + mh_{Lj}}{b + 2mh_{Lj}} \cdot gh_{Lj}} \tag{5-12}$$

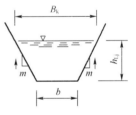

图 5-5 梯形河床断面

3）临界坡度

流经河槽的流量，用谢才流速公式计算 $Q = \omega C \sqrt{RI}$，因水流为临界流时，$Q = \omega_k \sqrt{\dfrac{\omega_k}{B_k}} \cdot \sqrt{g}$，$I = I_k$，代入上式，得：

临界坡：

$$I_k = \frac{g\omega_k}{C_k^2 R_k B_k} = \frac{g\overline{h}}{C_k^2 R_k} \tag{5-13}$$

当为矩形断面时：

$$I_k = \frac{v_k^2}{C_k^2 R_k} \tag{5-14}$$

由满宁公式 $C_k = \dfrac{1}{n} R_k^{\frac{1}{6}}$，故

$$I_k = \frac{n^2 g \overline{h}}{R_k^{\frac{4}{3}}} \tag{5-15}$$

当为矩形断面时：

$$I_k = \frac{n^2 v_k^2}{R_k^{\frac{4}{3}}} \tag{5-16}$$

第二节 小桥水力计算

一、小桥水力计算图式

通过桥下水流,由于受到桥头路堤和墩台的挤压和束缚,将使桥下流速增大,若桥下水流压缩很小,则孔径偏大很不经济;若压缩过大,虽然孔径可减小,可节省工程数量,但会造成上游壅水淹没农田,且桥下流速过大需要很坚固的河床加固,并且水流出桥后会冲刷河床及冲毁下游农田,直接影响路基和桥梁使用安全。因此,在一般情况下,权衡利弊,选择适当的压缩程度,以使桥孔设计较为经济合理。

桥孔压缩改变天然水流状态后,桥下的水流状态还受桥下游沟槽天然水深的影响。按照宽顶堰流假定,小桥下的水流可有自由出流及非自由出流(又叫淹没出流)两种水力图式。

1. 自由出流

根据试验分析,当下游水深小于或等于临界水深的1.3倍时,桥下为临界水流状态,则为自由出流,如图5-6所示。这时桥下游天然水深不影响桥下水出流,桥下的过水量仅与桥下临界水深有关,此种图式类似于流水通过不淹没式宽顶堰的情况。

自由出流的水力条件是:

$$h_\mathrm{t} \leqslant 1.3 h_\mathrm{Lj} \tag{5-17}$$

式中:h_t——桥下游天然水深(m);

h_Lj——桥下临界水深(m)。

2. 非自由出流

当桥下游水深大于临界水深的1.3倍时,由于下游水位的顶托作用,桥下临界水深被淹没,桥下水深即为天然水深,形成非自由出流,如图5-7所示,此时桥下游水深直接影响桥下水流出流,使桥下流速降低,过水流量比自由出流有所减少。此种水力图式类似水流通过淹没式宽顶堰的情况。

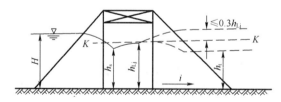

图5-6 自由出流图式   图5-7 非自由出流图式

非自由出流的水力条件是:

$$h_\mathrm{t} > 1.3 h_\mathrm{Lj} \tag{5-18}$$

二、方法步骤

1. 判定桥下水力图式

为了确定桥下水力图式,以便采用相应的计算孔径公式,必须先计算桥下游河槽的天然水深及桥下临界水深。

1)确定天然水深 h_t

天然水深的确定通常有试算法和公式法两种。

(1)试算法

先假定不同水位下的天然水深 h_t，即可从实测河床断面上求出过水面积 ω 及湿周 x，按表 5-1 的格式计算出相应的流速、流量。

天然水深试算表　　　　　　　　　　　　　　　表 5-1

水位	h_t(m)	ω(m²)	x(m)	$R=\dfrac{\omega}{x}$ (m)	i	$C=mR^{\frac{1}{6}}$	$v=mR^{\frac{2}{3}}i^{\frac{1}{2}}$ (m³/s)	$Q=\omega v$ (m³/s)
1	2	3	4	5	6	7	8	9

如求得流量与已知的设计流量 Q_s 相差不超过 10%，则所假定的 h_t 及 v_t 即可作为以后孔径计算的依据，否则应另行假定 h_t，重新计算。

(2)公式法

如将河床断面规则化，即用三角形代替，则 h_t 可用下式计算：

$$h_t = 1.189\,2 \times \dfrac{Q_s^{\frac{3}{8}}(a^2+1)^{\frac{1}{8}}}{m^{\frac{3}{8}} \cdot i^{\frac{3}{8}} \cdot a^{\frac{5}{8}}} \tag{5-19}$$

式中：Q_s——设计流量(m³/s)；

a——河床边坡系数；

i——河床主河沟平均纵坡；

m——河床糙率。

公式法步骤如下：

①先按照等面积原理及原河床断面接近的原则，将河床断面规则化，使之用三角形代替，如图 5-8 所示，在图纸上取任一水深 h，则可量出相应的宽度 B，即可按下式计算边坡系数：

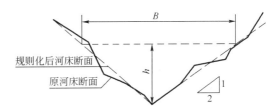

图 5-8　河床断面规则化

$$a = \dfrac{B}{2h} \tag{5-20}$$

②由 a、Q_s、m、i 即可由式(5-19)求出 h_t。

③h_t 下的相应流速，可按下式求出：

$$v_t = \dfrac{Q_s}{\omega} = \dfrac{Q_s}{ah_t^2} \tag{5-21}$$

2)确定桥下临界水深 h_{Lj}

桥下平均临界水深按下式计算：

$$\overline{h}_{Lj} = \dfrac{v_{Lj}^2}{g} = 0.102 v_{Lj}^2 \tag{5-22}$$

式中：v_{Lj}——桥下临界流速(m/s)，孔径计算时按桥下的允许不冲刷流速控制，由附表 1-35～

附表 1-38 查得；

$\overline{h}_{Lj}$——桥下平均临界水深(m)。

临界水深 h_{Lj} 按断面形状分别计算。

对于矩形及宽的梯形桥孔断面，$h_{Lj}=\overline{h}_{Lj}$；对于狭和深的梯形桥孔断面可用下式计算，如图 5-9 所示。

$$h_{Lj} = \frac{B_{Lj} - \sqrt{B_{Lj}^2 - 4mB_{Lj}\overline{h}_{Lj}}}{2m} \tag{5-23}$$

式中：m——锥形护坡沿桥跨方向的坡度，如图 5-9 所示；

B_{Lj}——通过设计流量的临界断面的水面宽度(m)，在孔径未定时，可先按自由出流公式计算。

3) 判定水力图式

当 $h_t \leqslant 1.3 h_{Lj}$ 时，为自由出流；当 $h_t > 1.3 h_{Lj}$ 时，为非自由出流。

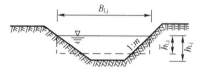

图 5-9 梯形断面计算图式

2. 确定桥梁跨径长度 L

1) 自由出流时

由流量基本公式，当通过设计流量时，桥下临界断面处：

$$Q_s = \omega v_{Lj} \tag{5-24}$$

而

$$\omega = h_{Lj} \cdot B_{Lj} \tag{5-25}$$

把式(5-22)代入得：

$$Q_s = B_{Lj} \cdot \frac{v_{Lj}^3}{g} \tag{5-26}$$

考虑水流流入桥孔时受侧向收缩的影响，自由出流时临界断面水宽度公式为：

$$B_{Lj} = \frac{gQ_s}{\varepsilon v_{Lj}^3} \tag{5-27}$$

以上各式中：B_{Lj}——桥下临界断面的水面宽度(m)；

Q_s——设计流量(m^3/s)；

v_{Lj}——临界流速(m^3/s)，计算时按允许不冲刷流速控制；

ω——临界断面处过水面积(m^2)；

ε——侧向挤压系数；

g——重力加速度值，$g=9.81 m/s^2$。

当为多孔桥时，应考虑桥墩的阻水宽度：

$$B_{Lj} = \frac{gQ_s}{\varepsilon v_{Lj}^3} + Nd \tag{5-28}$$

式中：N——中墩个数；

d——中墩在水面线上顺桥跨方向的宽度(m)。

当桥孔断面为矩形时，桥跨长度即等于 B_{Lj}：

$$L = B_{Lj} \tag{5-29}$$

当桥孔断面为梯形时(图 5-10),桥跨长度:

$$L = B_{Lj} + 2m\Delta h \tag{5-30}$$

式中:Δh——桥梁上部构造底面高出设计洪水位的高度(m);

L——桥跨长度(m);

其余符号意义同前。

2)非自由出流时

此时桥下水深即为河槽的天然水深,则过水断面的平均宽度:

$$B_p = \frac{Q_s}{\varepsilon h_t v_y} + Nd \tag{5-31}$$

当桥孔为矩形断面时:

$$L = B_p \tag{5-32}$$

当桥孔为梯形断面时,如图 5-11 所示,桥跨长度:

$$L = B_p + 2m\Delta h \tag{5-33}$$

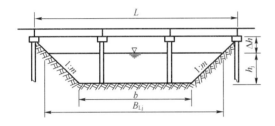

图 5-10 梯形桥孔断面(自由出流)

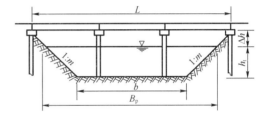

图 5-11 梯形桥孔断面(非自由出流)

式(5-30)、式(5-33)计算的 L 均为桥梁正交时跨长公式。如为斜交桥,斜度为 α,如图 5-12 所示,则所需桥跨长度:

$$L_\alpha = \frac{L + b_1 \sin\alpha}{\cos\alpha} \tag{5-34}$$

式中:b_1——桥台宽度(m)。

3.计算桥面水深 H

1)自由出流时

根据桥前断面与桥下临界断面的伯努里方程可推导出桥前水深 H(m)的计算公式:

$$H = h_{Lj} + \frac{v_{Lj}^2}{2g\varphi^2} - \frac{v_0^2}{2g}$$

$$= h_{Lj} + \frac{h_{Lj}}{2\varphi^2} - \frac{v_0^2}{2g} \tag{5-35}$$

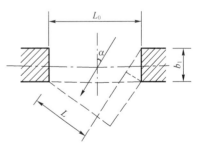

图 5-12 斜交桥桥跨长度

式中:φ——流速系数,由桥下水头损失而定,其值视桥台类型由附表 1-32 查得;

v_0——水深为 H 时的桥前流速(m/s)。

当 $v_0 \leq 1$m/s 时,$\frac{v_0^2}{2g} \leq 0.05$,则式(5-35)右边最后项可略去不计。当 $v_0 > 1$m/s 时,v_0 随 H 变化,式(5-35)可用逐步渐近法求算。

式中，v_{Lj}、h_{Lj}、$\bar{h}_{Lj}$ 分别为根据最后选定孔径重新计算而得的桥下临界流速、最大临界水深和平均临界水深。

为简化计算，v_0 及 φ 值通常可省去，则有下式：

$$H = h_{Lj} + \frac{v_{Lj}^2}{2g} \tag{5-36}$$

矩形断面时：

$$H = \bar{h}_{Lj} + \frac{v_{Lj}^2}{2g} = \frac{v_{Lj}^2}{g} + \frac{v_{Lj}^2}{2g} = 0.153 v_{Lj}^2 \tag{5-37}$$

2）非自由出流时

$$H = h_t + \frac{v_j^2}{2g\varphi^2} - \frac{v_0^2}{2g} \tag{5-38}$$

不计 φ 和 v_0 的简化公式为：

$$H = h_t + \frac{v_j^2}{2g} \tag{5-39}$$

式中：v_j——根据最后选定的孔径计算的桥下流速(m/s)。

4. 确定桥头路堤及桥面最低高程

小桥孔径计算除了解决桥跨长度外，还应考虑建桥压缩河床后引起桥前壅水对路堤和桥面高度的影响，因此还需对桥头路堤及桥面最低高程进行验算，如图 5-13 和图 5-14 所示。

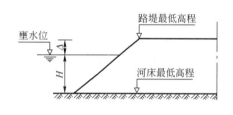

图 5-13　路堤高程

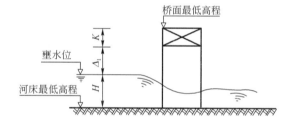

图 5-14　桥面高程

$$路堤最低高程 = 河床最低高程 + H + \Delta \tag{5-40}$$

$$桥面最低高程 = 河床最低高程 + H + \Delta_1 + K \tag{5-41}$$

式中：H——桥前水深(m)；

　　　Δ——安全值，一般取 $\Delta = 0.5\text{m}$；

　　　Δ_1——桥前水面至上部构造底面的净空高度(m)，查表 1-7 取定；

　　　K——桥梁上部构造的建筑高度(m)。

三、表解法求算孔径

生产单位将小桥孔径计算编制成图表，可供设计用。虽然计算结果与公式计算略有出入，但已能满足实用的精度，现将表解法介绍如下。

(1)根据河床土的性质或加固类型，按附表 1-35～附表 1-38 确定允许(不冲刷)流速 v_y。

(2)先按自由出流计算，由 v_y 查附表 2-1 即可求得孔径系数、桥下临界水深 h_{Lj} 和桥前水深 H。

(3)用试算法或公式法求桥下游天然水深 h_t,并判断水力图式。如为非自由出流,则应重新按非自由出流查附表 2-2 求解,如为自由出流,以上计算有效。

(4)计算桥跨长度:$L=$孔径系数$\times Q_s$。

(5)确定桥头路堤及桥面最低高程。

四、算例

1. 算例一

已知条件:丘陵区某小桥,实测得如下资料。

(1)河沟横断面见图 5-15。
(2)主河沟平均纵坡 $i=15‰$。
(3)河床粗糙系数 $m=20$。
(4)河床最低点高程为 100.00m。

并计算得如下资料。

(1)桥处中心桩路线设计高程为 102.65m。
(2)设计流量 $Q_s=22.0 \text{m}^3/\text{s}$。
(3)过水面积 $\omega=14.4\text{m}^2$;水力半径 $R=0.486\text{m}$。

试确定其孔径。

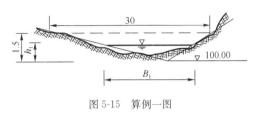

图 5-15 算例一图

解:1)确定 h_t 及 v_t

(1)用试算法

假定天然水深 $h_t=1.2\text{m}$,则:

$$v_t = mR^{\frac{2}{3}}i^{\frac{1}{2}} = 20 \times 0.618 \times 0.123 = 1.52(\text{m/s})$$

相应的流量:

$$Q = \omega \cdot v_t = 14.4 \times 1.52 = 21.89(\text{m}^3/\text{s})$$

计算的流量 Q 与设计流量 $Q_s=22\text{m}^3/\text{s}$ 相差不超过 10%,可不重新计算。即求得 $h_t=1.20\text{m}$,$v_t=1.52\text{m/s}$。

(2)用公式法

断面规则化后,由河床断面求得水深为 1.5m 时,水面宽度 $B=30\text{m}$,则边坡系数:

$$a = \frac{B}{2h} = \frac{30}{2 \times 1.5} = 10$$

由 $a=10$,$i=15‰$,$Q_s=22\text{m}^3/\text{s}$,及式(5-19)可算得天然水深 $h_t=1.13\text{m}$,与试算法结果相近。

$$v_t = \frac{Q_s}{\omega} = \frac{22}{14.4} = 1.53(\text{m/s})$$

2)确定桥下临界水深 h_{Lj}

选用碎石垫层上的 20cm 大小的单层片石铺砌加固河床,$h_t=1.2\text{m}$,由附表 3-38 知 $v_y=3.5\text{m/s}$,则由式(5-22)求得:

$$\bar{h}_{Lj} = \frac{v_{Lj}^2}{g} = \frac{3.5^2}{9.81} = 1.25(\text{m})$$

采用矩形桥孔断面则有：

$$\overline{h_{\mathrm{Lj}}} = h_{\mathrm{Lj}} = 1.25\mathrm{m}$$

3)判定水力图式

$$1.3h_{\mathrm{Lj}} = 1.3 \times 1.25 = 1.62(\mathrm{m}) > h_{\mathrm{t}} = 1.2(\mathrm{m})$$

故桥下为自由出流。

4)确定桥跨长度 L

选用八字墙式桥台，由附表1-32查得 $\varepsilon=0.85$，由式(5-27)计算：

$$B_{\mathrm{Lj}} = \frac{gQ_{\mathrm{s}}}{\varepsilon v_{\mathrm{Lj}}^3} = \frac{9.81 \times 22.0}{0.85 \times 3.5^3} = 5.92(\mathrm{m})$$

选用1孔6.0m钢筋混凝土板式桥(建筑高度 $K=0.28\mathrm{m}$)，净跨径为5.40m，与5.92m相比孔径不超过10%，可采用。计算的 h_{Lj}、v_{Lj} 可不重新计算。

5)计算桥前水深 H

按式(5-35)计算，其中查附表1-32得 $\varphi=0.90$。

第一次试算，假定 $v_0=v_{\mathrm{t}}=1.52\mathrm{m/s}$，则：

$$H = h_{\mathrm{Lj}} + \frac{v_{\mathrm{Lj}}^2}{2g\varphi^2} - \frac{v_0^2}{2g}$$

$$= 1.25 + \frac{3.5^2}{2 \times 9.81 \times 0.90^2} - \frac{1.52^2}{2 \times 9.81}$$

$$= 1.25 + 0.77 - 0.12 = 1.90(\mathrm{m})$$

由于 $a = \frac{B}{2H} = 10$，得：

$$\omega = aH^2 = 10 \times 1.9^2 = 36.1(\mathrm{m}^2)$$

$$v_0 = \frac{Q_{\mathrm{s}}}{\omega} = \frac{22}{36.1} = 0.61(\mathrm{m/s})$$

与假定的 $v_0=1.52\mathrm{m/s}$ 相差较大，重新假定 $v_0=0.61\mathrm{m/s}$，得：

$$H = 1.25 + 0.77 - \frac{0.61^2}{2 \times 9.81} = 2.00(\mathrm{m})$$

$$\omega = 10 \times 2.00^2 = 40(\mathrm{m}^2)$$

$$v_0 = \frac{22}{40} = 0.55(\mathrm{m/s})$$

与假设的 $v_0=0.61\mathrm{m/s}$ 比较，相差不超过10%，故可采用。

6)确定桥头路堤及桥面最低的控制高程

路堤最低高程 $=100.00+2.00+0.50=102.50(\mathrm{m})$

桥面最低高程 $=100.00+2.00+0.5+0.28=102.78(\mathrm{m})$

2. 算例二

已知条件同算例一，试用表解法速算孔径。

解：(1)按加固类型，单层片石铺砌 v_y 取 $3.5\mathrm{m/s}$。

(2)先按自由出流由 $v=3.5\mathrm{m/s}$ 查附表2-1，得孔径系数 $=0.27$，$h_{\mathrm{Lj}}=1.25\mathrm{m}$，$H=2.02\mathrm{m}$。

(3)用算例一的方法求得 $h_{\mathrm{t}}=1.20\mathrm{m}$。

(4)判定水力图式,同算例一。

(5)计算桥跨长度,$L=$孔径系数$\times Q_s=0.27\times 22=5.94(\mathrm{m})$。

(6)确定桥头路堤及桥面最低高程,同算例一。

第三节　涵洞水力计算

一、涵洞水力图式

涵洞前水深可以低于涵洞净高,也可以高于涵洞净高,按照涵前水深是否淹没洞口以及进水口洞口建筑形式,可有以下三种水力图式。

1. 无压力式

水流通过涵洞时在其洞身长度内都有与洞顶不接触的自由水面,此时下游河槽水流不影响洞内水流的出流,其水力图式相当于水力学中的自由式宽顶堰,从泄水能力上讲其计算方法与自由出流的小桥相同。

无压力式涵洞水力图式的差别条件如下。

对于普通进水口(包括端墙式、八字式、平头式等):

$$H \leqslant 1.2 h_\mathrm{d} \qquad (5\text{-}42)$$

对于流线型进水口(包括喇叭形等):

$$H \leqslant 1.4 h_\mathrm{d} \qquad (5\text{-}43)$$

式中:H——涵前水深(m);

h_d——涵洞洞内净高(m),见图5-16。

涵前水深H,可按下式估算:

$$H = 1.15(h_\mathrm{d} - \Delta) \qquad (5\text{-}44)$$

式中:Δ——涵洞进水口处水面以上的最小净空高度(m),按表1-8查取;

1.15——与压缩程度和洞类型有关的系数,本处为估算,取为常数。

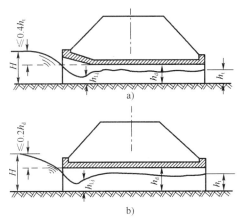

图5-16　无压力式涵洞
a)喇叭形或抬高式洞口;b)普通洞口

2. 半压力式

涵洞进水口被淹没,但整个洞身仍具有自由水面,如图5-17所示。此时洞口呈有压状态,其水力图式与水力学中的水流穿过侧壁孔口或闸门的水力状态相似。半压力式涵洞水力图式判别条件如下。

对于普通型进水口:

$$H > 1.2 h_\mathrm{d} \qquad (5\text{-}45)$$

对于流线型进口,一般不出现半压力式水力图式。

3. 压力式

压力式涵洞进口完全被水淹没,且整个洞身被水流充满,无自由表面,整个洞身呈有压力状态,如图 5-18 所示。其水力图式与水力学中短管出流的水力状态相似。水力图式判别条件如下。

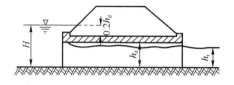
图 5-17　半压力式涵洞

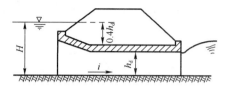
图 5-18　压力式涵洞

对于流线型进水口,$H>1.4h_d$,且

$$i<i_w \tag{5-46}$$

$$i_w = \frac{Q_s^2}{\omega^2 C^2 R} \tag{5-47}$$

式中:i——涵底纵坡;

i_w——洞内摩阻坡度;

其他符号含义同前。

对于普通进水口涵洞一般不出现有压力式水流状态。因为,尽管 $H>1.4h_d$,且 $i<i_w$,洞内可能局部充满水流,但由于进水口断面突变,水流在挤入洞内时吸进了空气,致使充满的管流不断被空气破坏,实际只能符合不稳定的半压力式水流状态。

压力式涵洞除满足 $H>1.4h_d$ 条件外,还应满足 $i<i_w$,水流沿流程因重力而获得的功将大于摩阻力所消耗的能,洞内离进口不远处的流速即增大到使水流脱离洞顶面而形成自由水面,使泄水能力降低。

二、孔径计算

1. 无压力式涵洞孔径计算

按照自由出流宽顶堰的计算公式,可得无压力式涵洞水力计算的基本公式如下:

$$Q_s = \varepsilon\varphi\omega_{Lj}\sqrt{2g(H_0-h_{Lj})} \tag{5-48}$$

$$v_{Lj} = \frac{Q_s}{\varepsilon\omega_{Lj}}$$

$$H_0 = h_{Lj} + \frac{\omega_{Lj}}{2B_{Lj}\varphi^2} = h_{Lj} + \frac{v_{Lj}^2}{2g\varphi^2}$$

$$H = H_0 - \frac{v_0^2}{2g} \tag{5-49}$$

以上式中:H_0——涵前总水头(m),当 $\frac{v_0^2}{2g}$ 很小时,$H_0 \approx H$;

ω_{Lj}、B_{Lj}、h_{Lj}、v_{Lj}——临界断面处过水面积、水面宽度、临界水深及临界流速;

ε——压缩系数,$\varepsilon = \frac{1}{\sqrt{a}}$,在标准图中流速不均匀系数 $a=1.0$,故一般 $\varepsilon=1.0$;

其余符号意义同前。

据上述基本公式,对通常采用的定型涵洞选定有关数据,可求得各类涵洞孔径计算的简化公式如下。

1)盖板涵及箱涵

$$Q_s = 1.575BH^{\frac{3}{2}} \tag{5-50}$$

$$B = \frac{Q_s}{1.575H^{\frac{3}{2}}} \tag{5-51}$$

2)石拱桥

$$Q_s = 1.422BH^{\frac{3}{2}} \tag{5-52}$$

$$B = \frac{Q_s}{1.422H^{\frac{3}{2}}} \tag{5-53}$$

3)圆管涵

$$Q_s = 1.69d^{\frac{5}{2}} \tag{5-54}$$

$$d = \left(\frac{Q_s}{1.69}\right)^{\frac{2}{5}} \tag{5-55}$$

以上式中:H——涵前水深(m),如图5-19所示,根据水面降落曲线近似地按下式计算,

$$H = \frac{h_j}{\beta} \tag{5-56}$$

h_j——洞口处水流深度(m),按洞口最小净高控制,

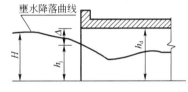

图 5-19 洞口壅水曲线示意图

$$h_j = h_d - \Delta \tag{5-57}$$

β——进水口和壅水降落系数,通常采用$\beta = 0.87$;

h_d——涵洞净空高度(m),计算时可先初步拟定;

Δ——进口涵洞净空高度(m);

B——涵洞净宽,即净跨径(m);

其余符号意义同前。

2.半压力式涵洞孔径计算

根据水流穿过侧壁孔口的出流公式得:

$$Q_s = \varphi \omega_s \sqrt{2g(H - h_s)} \tag{5-58}$$

$$v_s = \frac{Q_s}{\omega_s} = \varphi \sqrt{2g(H - h_s)} \tag{5-59}$$

式中:ω_s、h_s、v_s——涵洞进口附近收缩断面面积、水深及流速,$h_s = 0.6h_d$;

φ——流速系数,普通型洞口取0.85。

3.压力式涵洞孔径计算

压力式涵洞进口只用流线型洞口建筑,由于管节内壁与水流线形一致,故可使压力式涵洞的

水流规律保持稳定,并能充分利用断面,缩小孔径以及降低出口流速。按照短管出流的计算公式:

$$Q = \varphi \omega_s \sqrt{2g(H_1 - h_s)} \tag{5-60}$$

$$v = \frac{Q}{\omega} \quad (\text{m/s}) \tag{5-61}$$

式中:φ——流速系数,流线型洞口为 0.95;
ω——涵洞洞身净全面积(m^2);
H_1——从假想的摩擦坡度线起算的涵前水头总高度(m),

$$H_1 = H - l(i_w - i) \tag{5-62}$$

H——涵前水深(m),一般情况下 $H \approx H_1$;
i_w——涵洞的摩阻坡度,由式(5-47)计算;
l——涵洞长度(m);
i——涵底实际纵坡。

压力式涵洞由于洞内流速高、压力大,涵前积水较深,因而水流对涵洞和路基的破坏性较大,一般较少采用,设计时要注意以下几点:

(1)洞身应采用混凝土或钢筋混凝土结构。
(2)一般只限于采用单孔涵洞。
(3)上下游洞口处应进行加固处理,以防止不利冲刷。
(4)洞身接头应紧密牢靠,无漏水、渗水现象。
(5)路堤及涵洞基底应按静水压力及渗透作用验算其稳定性。

一般公路多用无压力式涵洞,当地形、地质、路基条件许可时才采用半压力式或压力式涵洞。在改建公路中,有时为了充分利用原有涵洞,可按压力式或半压力式对原有涵洞的过水能力进行验算。应保证使用时涵洞接缝严密不漏水。

三、倒虹吸涵洞孔径计算

1. 基本计算公式

公路上常用的是竖井式倒虹吸涵洞,孔径计算的基本公式为:

$$Q = \mu \omega \sqrt{2gz} \tag{5-63}$$

涵身断面一般有圆形和正方形两种。
断面为圆形时:

$$d = \sqrt{\frac{Q}{3 \times 48 \mu \sqrt{z}}} \tag{5-64}$$

断面为正方形时:

$$b = \sqrt{\frac{Q}{4 \times 43 \mu \sqrt{z}}} \tag{5-65}$$

以上式中:Q——设计流量(m^3/s);
d——倒虹吸管的净管径(m);

b——正方形断面的净孔径(m);

z——上下游水面的水位差,即总水头损失(m),$z=h_f+h_j=$沿程水头损失+局部水头损失;

ω——涵身全断面的面积(m²);

μ——水头损失综合系数。

2.水头损失综合系数 μ 的确定

水流通过倒虹吸涵洞的水头损失,由沿程水头损失和局部水头损失两部分组成。而局部水头损失包括涵身断面变化、进口、转弯、出口等各项阻力引起的水头损失。

同时考虑以上各项水头损失,水头损失综合系数 μ 表示为:

$$\mu = \frac{1}{\sqrt{\sum_{i=1}^{n}\xi_i}} \tag{5-66}$$

式中:ξ_i——各项阻力系数,现分述如下。

1)沿程阻力系数 ξ_1

$$\xi_1 = \frac{2g \cdot L}{C^2 R} = \frac{2gn^2 \cdot L}{R^{\frac{4}{3}}} \tag{5-67}$$

式中:L——涵洞沿程长度(m),包括两竖井沿程长度;

R——涵身断面水力半径(m);

n——粗糙系数,涵洞材料为混凝土时,采用 $n=0.013\sim0.014$;为浆砌块石时,$n=0.016\sim0.017$。

2)涵身断面变化的阻力系数 ξ_2

涵身断面变化的阻力系数 ξ_2 可查附表2-3。

3)进口阻力系数 ξ_3

进口阻力系数 ξ_3 查附表2-4。

4)转弯阻力系数 ξ_4

转弯分为急弯和缓弯两种,转弯角 $\theta<15°$ 时为缓弯,$\theta\geqslant15°$ 时为急弯。急弯的阻力系数 ξ_4,视 θ 角大小,由附表2-5确定。缓弯的阻力系数 ξ'' 由下式确定:

$$\xi'' = K\frac{\theta}{90°} \tag{5-68}$$

式中:θ——转弯角(°);

K——系数,对于正方形断面查附表2-6,对于圆形断面查附表2-7。

5)出口阻力系数 ξ_5

涵洞水流出口断面增大,流速骤减,一般取出口阻力系数 $\xi_5=1$。

3.倒虹吸涵洞的水力计算方法

先假定涵身过水断面的几何尺寸,然后以上下游的水位差 z 值控制推算出可通过的流量,并且要求可通过的流量大于或等于设计流量。当两个流量间的误差在10%范围内时,原假设的几何尺寸才为确定值。

第四节 确定小桥涵孔径经验方法

一、估算法

通常情况下,小桥涵孔径应按上述计算方法确定,但在踏勘测量中由于时间紧迫或缺乏必要的仪器,也可用估算法进行。由于此法带有地区性经验,使用时要注意核对。

(1)对于有明显河槽、河岸稳定、无冲刷现象并可调查到洪水位的河沟,可按以下三种情况估定孔径:

①洪水不溢槽,水深小于 0.5m 的,以水面宽度一半来估定。

②洪水不溢槽,水深超过 0.5m 的,以水面宽度与沟底宽度之和的一半来估算确定。

③洪水溢槽的,采用沟顶的宽度,再考虑溢槽水深和泛滥宽度,酌情加大孔径。

(2)对于冲刷痕迹显著的河床,最好在上下游选择比较稳定的河段,参照以下方法估算确定孔径。如无上述条件,可用沟顶宽来估定。

①对于河槽明显、河岸稳定,但调查不到洪水位时,可用河沟顶宽和底宽之和的一半来估算确定。

②无明显河槽时,应估计过水面积,估算流量,拟定孔径。

③如能调查到历史洪水位,则可根据拟定采用洪水位的水面宽度和水深参照附表 2-8 估定。如上游不宜壅水,或河槽又不允许冲刷时,不宜压缩河槽。

二、不考虑水文条件的情况

(1)地区地形复杂、工程艰巨地段,为了避免高填深挖而设计的旱桥(涵),以及山区狭窄的干谷和瀑布型的深沟,可直接根据地形结合路线要求、基础条件以及经济原则确定孔径。

(2)人工排灌渠道上的桥涵,应根据灌溉流量和当地水利部门及有关单位意见确定其孔径。一般以不压缩渠道过水面积为宜。

(3)桥涵下兼作其他通道时,应按相应的净空要求确定孔径。其净空尺寸参考表 1-12 确定。

(4)考虑养护方便按最小孔径设涵。一般汇水面积很小,经常无水的干沟、小型农田灌溉渠、路基边沟排水涵多按最小孔径设涵。涵洞最小孔径要求如附表 2-9。

【复习思考题及习题】

1. 简述小桥与涵洞水力计算的特点,并分析比较其计算的异同。
2. 小桥涵孔径计算应满足哪些一般要求?
3. 简述小桥水文计算的步骤及要求。

4. 四川某二级公路,在里程 K28+953 处,路线需跨越××河,根据勘测资料计算出设计流量为 $Q_1=37\mathrm{m}^3/\mathrm{s}$,桥位附近河床纵坡 $I=6\%$,建桥河段处为山区河流下游,河床顺直规则,整治良好。河床覆盖为中等鹅卵石,粒径为 100~150mm,并夹带砂砾石,经挖探,覆盖层厚约 2m,下为基岩,即中硬砂岩,实测沟心河床高程 565.00m,沿路中线河床横断面资料如下(单位:m),试计算小桥孔径、桥头路堤高程、桥面最低高程。

$$\frac{+0.5}{4.0},\frac{+2.6}{9.0},\frac{+0.1}{3.0},\frac{\mathrm{K}28+935}{565.00},\frac{+0.5}{3.8},\frac{+2.0}{3.6},\frac{0}{6.0}$$

5. 某石盖板涵计算出设计流量 $Q_s=1.5\mathrm{m}^3/\mathrm{s}$,试计算其孔径。

6. 名词解释:

临界流 急流 缓流 临界水深 自由出流 非自由出流 无压力式涵洞 压力式涵洞

第六章 小桥涵构造

第一节 常见小桥的组成

一、钢筋混凝土简支板桥

钢筋混凝土简支板桥是公路上小桥常采用的结构形式之一,具有耐久性好,适用性强,整体性好、美观、坚固等多项优点,常用的钢筋混凝土板桥有整体式和装配式两类。

1. 整体式板桥

板是桥梁的主要承重结构,整体式简支板桥(图 6-1)一般使用跨径在 8m 以下,其桥面宽度往往大于跨径。因此,在荷载作用下,桥面板实际上是处于双向受力状态,即除板的纵向中部产生正弯矩外,横向也产生较大的弯矩。因此当桥面板宽较大时,除配置纵向的受力钢筋外,还应计算配置板的横向受力钢筋。

整体式板桥行车道的主钢筋直径应不小于 12mm,间距应不大于 20cm,一般也不宜小于 7cm;两侧边缘板带的主钢筋数量宜较中间板带(板宽 2/3 范围内)增加 15%;分布钢筋直径不小于 6mm,间距不应大于 25cm,并且在单位板长的截面面积一般不应少于主钢筋面积的 15%。

为保证混凝土结构在设计年限内具有足够的耐久性,决定性的因素是混凝土内的钢筋不被腐蚀。理论和实践均表明,钢筋腐蚀与混凝土保护层厚度和密实性有很大的关系。板的边缘与钢筋间的净距(保护层)应不小于 2cm;设置钢筋网时,上、下层钢筋的混凝土保护层厚度不得小于 1.5cm。

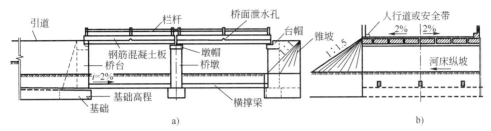

图 6-1 钢筋混凝土板桥的组成及构造(预制板)
a)立面图;b)纵断面图

图 6-2 为一标准跨径为 6m 的钢筋混凝土整体式简支板桥构造图,桥面净宽为 7m+2×0.25m,该桥计算跨径为 5.69m,板厚 36cm,纵向主筋采用 HRB335 级钢筋,直径为 20mm,分布钢筋采用 R235 级钢筋,直径为 10mm,间距 20cm,主筋两端呈 45°弯起。

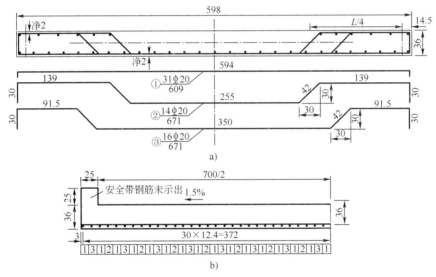

图 6-2 钢筋混凝土整体式简支板桥钢筋图(尺寸单位:cm;钢筋单位:mm)
a)纵断面钢筋布置;b)横断面钢筋布置

2. 装配式板桥

装配式简支板桥的横截面形式主要有实心板和空心板两种。

1)矩形实心板桥

矩形实心板具有形状简单、施工方便、建筑高度小等优点,一般使用跨径为 1.5~8m,板高为 0.16~0.36m,常用的桥面净空有净—7m,净—9m 两种。

图 6-3 为一标准跨径 6m 的装配式矩形板桥构造图。该桥预制板混凝土为 C25,纵向主筋用直径 18mm 的 HRB335 级钢筋,箍筋用直径 6mm 的 R235 级钢筋,架立钢筋用直径 8mm 的 R235 级钢筋,预制板安装就位后,在企口缝内填筑强度等级比预制板高的小石子混凝土,并浇

筑厚6cm的C25水泥混凝土铺装层使之连成整体。块件吊点设置在距端头50cm处。

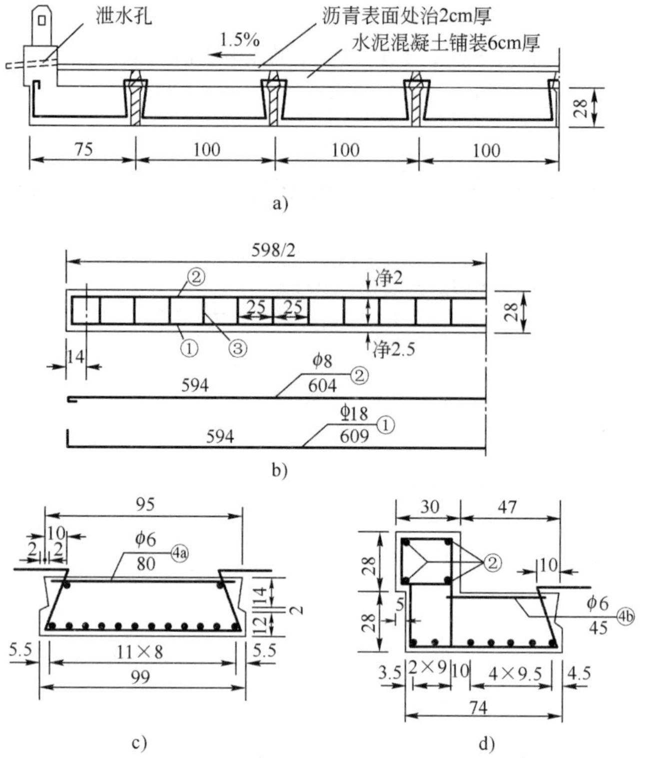

图6-3 跨径6m装配式矩形板构造(尺寸单位:cm;钢筋单位:mm)
a)横断面布置;b)纵断面钢筋布置;c)中部块件横断面;d)边部块件横断面

2)空心板桥

当跨径增大时,宜采用空心板截面,它不仅能减轻自重,而且能充分利用材料。空心板的开孔形式如图6-4所示。图中a)形和b)形为单孔,挖空率大,重量轻,但顶板需配置横向受力钢筋承担荷载的作用,其中a)形顶部略呈拱形,可以节省一些钢筋,但模板较复杂;c)形和d)形为双圆孔形,其中c)形为双圆孔,施工时可用无缝钢管(或充气囊)作芯模,但挖空率小,自重较重,d)形芯模则由两个半圆和两块侧模板组成,当板的厚度改变时,只需改变侧板高度即可。

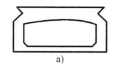
a)
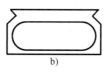
b)
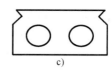
c)
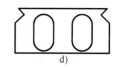
d)

图6-4 空心板截面形式

我国交通行业标准《公路桥涵标准图 装配式预应力混凝土空心板》(JT/GQB 001—1973)中,钢筋混凝土空心板桥采用的标准跨径为8~13m,板厚为0.4~0.8m;预应力混凝土空心板采用的标准跨径为8~16m,板厚为0.4~0.7m。空心板横截面的最薄处不得小于7cm,以保证施工质量和承载的需要。

图6-5为标准跨径8m的装配式钢筋混凝土空心板的钢筋布置图,桥面宽为2×净—11.0m,板全长7.96m,计算跨径7.70m,板厚40cm,横截面采用双圆孔,半径18cm,采用C40

混凝土预制,每个板块底层配 8 根 HRB335 级 φ25 主筋,板顶面配置 3 根 R235 级 φ8 钢筋,用以承担剪力的箍筋 N3 做成开口式,待立好芯模后,再与其上的横向钢筋 N4 相绑扎组成封闭式的箍筋。

3)装配式板桥的横向连接

装配式板桥板块之间必须采用横向连接构造,以保证板块共同承担荷载作用。常用的横向连接方式有企口混凝土铰连接和钢板焊接连接。

企口混凝土铰接形式有圆形、菱形和漏斗形三种,如图 6-6 所示,它是在块件安装就位后,在铰缝内用 C25～C40 细集料混凝土填实而成;如果要使桥面铺装层也参与受力,也可以将预制板中的钢筋伸出与相邻板的同样钢筋互相绑扎,再浇筑在铺装层内[图 6-6d]。

实践证明:企口式混凝土铰能保证传递横向剪力,使各块板共同受力。

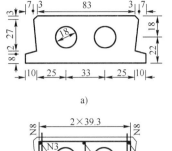
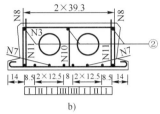

图 6-5 装配式钢筋混凝土空心板构造
(尺寸单位:cm)
a)中板构造图;b)中板剖面图

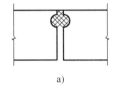 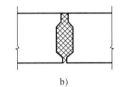 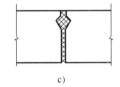 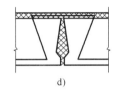

图 6-6 企口式混凝土铰

由于企口缝内的混凝土需要养生一段时间才能通车,当需要加快工程进度、提前通车时也可采用钢板连接,如图 6-7 所示。具体做法是将钢板 N1 焊在相邻两块件的预埋钢板 N2 上。连接构造的纵向中距通常为 80～150cm,跨中部分布置较密,向两端支点处逐渐减疏。

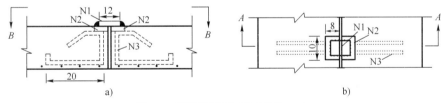

图 6-7 钢板联结构造(尺寸单位:cm)
a)A-A 断面;b)B-B 断面

二、拱桥

拱桥由上部构造和下部构造两大部分组成,见图 6-8。

拱桥上部结构由主拱圈和拱上建筑组成。主拱圈是拱桥的主要承重结构。由于拱圈是曲线形,一般情况下车辆都无法直接在弧面上行驶,所以在桥面与主拱圈之间需要有传递压力的构件或填充物,以使车辆能在平顺的桥道上行驶。桥面系和这些传力构件或填充物统称为拱上结构或拱上建筑。

拱桥上下部结构由桥墩、桥台及基础等组成,用以支承桥跨结构,将桥跨结构的荷载传至地基。桥台还起到与两岸路堤相连接的作用,使路桥形成一个协调的整体。

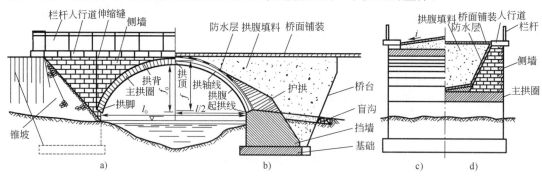

图 6-8　拱桥的主要组成及构造
a)半立面;b)半纵剖面;c)拱顶剖面;d)拱脚剖面
l_0-净跨径;l-计算跨径;f_0-净矢高;f-计算矢高;$f/l(f_0/l_0)$-矢跨比

拱圈最高处横向截面称为拱顶,拱圈和墩台连接处的横向截面称为拱脚(或起拱面)。拱圈各横向截面(或换算截面)的形心连线称为拱轴线。拱圈的上曲面称为拱背,下曲面称为拱腹。起拱面与拱腹相交的直线称为起拱线。

第二节　涵洞的组成

涵洞是设于路基下的排水孔道,通常由洞身、洞口建筑两大部分组成,如图 6-9 所示。

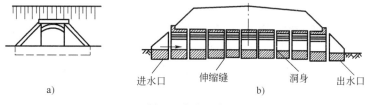

图 6-9　涵洞组成
a)洞口立面图;b)纵断面图

一、涵身

洞身形成过水孔道的主体,它具有保证设计流量通过的必要孔径,同时又要求本身坚固且稳定。洞身的作用是:一方面保证水流通过;另一方面直接承受荷载压力和填土压力,并将其传递给地基。洞身通常由承重结构(如拱圈、盖板等)、涵台、基础以及防水层、伸缩缝等部分组成。钢筋混凝土箱涵及圆管涵为封闭结构,涵台、盖板、基础连成整体,其涵身断面由箱节或管节组成,为了便于排水,涵洞涵身还应有适当的纵坡,其最小坡度为 0.3%。

二、洞口建筑

洞口是洞身、路基、河道三者的连接构造物。洞口建筑由进水口、出水口和沟床加固三部分组成。洞口的作用是:一方面使涵洞与河道顺接,使水流进出顺畅;另一方面确保路基边坡稳定,使之免受水流冲刷。沟床加固包括进出口调治构造物,减冲、防冲设施等。

三、涵洞构造的一般要求

根据公路桥涵设计通用规范的规定,桥涵构造的一般要求如下。

(1)桥涵结构应符合以下要求:

①结构在制造、运输、安装和使用过程中,应具有规定的强度、刚度、稳定性和耐久性。

②结构的附加应力、局部应力应尽量减小。

③结构形式和构造应便于制造、施工和养护。

④结构物所用材料的品质和技术性能必须符合相关现行标准的规定。

(2)桥涵用混凝土应具有足够的耐久性,确保桥涵或其构件不因混凝土遭受环境侵蚀而导致承载力和使用功能的降低,或外观破损。

(3)桥涵应选用适宜的结构和建筑材料,以减少或减缓水流、流冰、船舶和其他漂流物的作用及水和土的侵蚀作用,必要时还应增加防护措施。

(4)桥涵的上、下部构造应视需要设置变形缝或伸缩缝,以减小温度变化、混凝土收缩徐变、地基不均匀沉降以及其他外力所产生的影响。

(5)小桥涵可在进、出口和桥涵所在范围内将河床整治和加固,必要时在进、出口处设置减冲、防冲设施。

(6)漫水桥应尽量减小桥面和桥墩的阻水面积,其上部构造与墩台的连接必须可靠,并应采取必要的措施使基础不被冲毁。

(7)为减小自然界的侵蚀作用,桥涵应有必要的通风、排水和防护措施及维修工作空间。

第三节 涵洞洞身构造

一、圆管涵

圆管涵的各部分组成及构造如图 6-10 所示,主要由管身、基础、接缝及防水层组成。

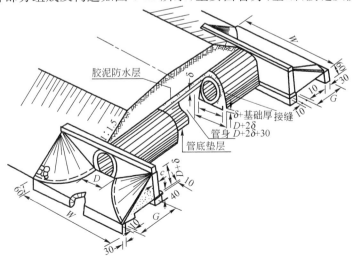

图 6-10 圆管涵各部分组成(尺寸单位:cm)

1. 管身

管身是管涵的主体部分,通常由钢筋混凝土构成,管径有 0.50m、0.75m、1.00m、1.25m、1.50m、2.00m 六种。管身多采用预制安装,其预制长度常有 0.5m 和 1.0m 两种。当管身直径 $d_0<0.5m$ 时,可不加钢筋而用素混凝土;当直径 $d_0=0.5m$ 时,则采用单层钢筋;当直径为 0.75~2.00m 时,则应用双层钢筋。管身壁厚随管径大小和填土高度而异,见表 6-1。单孔及双孔圆管涵管身断面如图 6-11 所示。

圆管涵管壁厚度表(参考) 表 6-1

d_0(cm)	d(cm)	d_0(cm)	d(cm)
50	6	125	12
75	8	150	14
100	10	200	15

注:d_0 表示管内径;d 表示管壁厚。

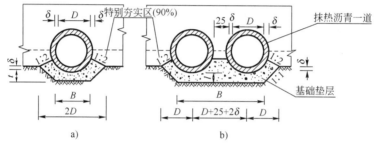

图 6-11 圆管涵构造图(尺寸单位:cm)
a)单孔;b)双孔

圆管涵管身有刚性与柔性之分,当整节钢筋混凝土圆管无铰时为刚性管节;当沿横截面圆周对称加设 4 个铰时称柔性管节。

2. 基础

圆管涵基础视地基强度不同可有以下几种类型。

1)混凝土或浆砌片石基础

如图 6-12a)所示,一般用于土质较软弱的地基上。基础厚度为 20cm,混凝土强度等级为 C10,基础顶面用 C15 级素混凝土做成八字斜面,使管身和基础连接成一体。

2)垫层基础

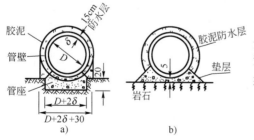

图 6-12 圆管涵混凝土基础(尺寸单位:cm)
a)软弱地基;b)混凝土平整层

在砂砾、卵石、碎石及密实均匀的黏土地基上,可采用砂砾石做垫层基础,如图 6-11 所示。垫层厚度 $t=15cm$;在干燥地区的黏土、亚黏土、轻亚黏土及细砂地基,$t=30cm$。

3)混凝土平整层

在岩石地基上,可不做基础,仅在圆管下铺一层垫层混凝土,其最小厚度一般为 5cm,如图 6-12b)所示。

3.圆管涵接口构造及防水层

1)接口的形式

管接口指预制钢筋混凝土管头接缝,此缝同时起伸缩缝的作用。但主要作用是保证相接两管衔接紧密,防止管涵过水时漏水,避免对路基造成危险。

管的接口方式基本上可分平接、套接和企口接三种。适用于管涵的一般均为平接。套接包括使用套管及套环两种,前者适用于小口径管,后者适用于较大口径管。套接与企口接可适用于低压(压力流)管道上,企口一般很少采用,图6-13为涵管的各种接口形式。

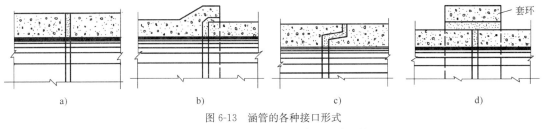

图6-13 涵管的各种接口形式
a)平接口;b)套管接口;c)企口接口;d)套环接口

2)平接口构造

接口构造形式可分为刚性接口、半刚性接口及柔性接口三种。选用接口形式时,必须根据其受力条件、施工方法及水文地质情况确定。

(1)刚性接口

适用条件为:①要求管基落在原状土上,土基比较密实,沿管身方向地基土质比较均匀;②设有刚性管座(水泥混凝土管座)的接口。

刚性接口主要为水泥砂浆抹带及钢丝网水泥砂浆抹带接口。管接缝处均用水泥砂浆填缝,填缝及抹带所用砂浆一般均采用1:(2.5~3)水泥砂浆,管接缝间隙一般采用1cm厚抹带,应抹成椭圆形,如图6-14所示。对于带宽K,当管径D为50~100cm时,K为12cm;D为100cm以上时,K为15cm。带厚t_1均为3cm,抹带砂浆与管座混凝土相接处应凿毛,以保证抹带质量。采用刚性管座,基础一般比较均匀密实,因其施工方法简单,多采用水泥砂浆抹带。

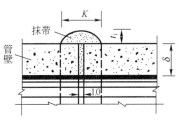

图6-14 水泥砂浆抹带接口构造
(尺寸单位:cm)

所用管径较大(D=180cm或200cm),且接口要求标准较高时,为加强接口强度,可采用钢丝水泥砂浆抹带,如图6-15所示。

钢丝水泥砂浆抹带宽W一般为20cm,带厚为2cm,钢丝网宽W_1为18cm,钢丝网规格为20号10mm×10mm,为了保证抹带质量,在抹带范围内管外壁应凿毛。

(2)半刚性接口

预制钢筋混凝土套环石棉水泥接口属于半刚性接口。这种接口在一定程度上可以防止管身纵向不均匀沉陷而产生的纵向弯曲或错口,是一种比较可靠的接口形式,一般用在地基较弱的情况下。地基不均匀或地基虽经过处理,管身还可能产生不均匀沉陷时,则采用此种接口,其构造如图6-16所示。施工时应先将接口做好后,再浇筑水泥混凝土管座。带宽W一般为20~30cm,带厚一般为10~25cm。

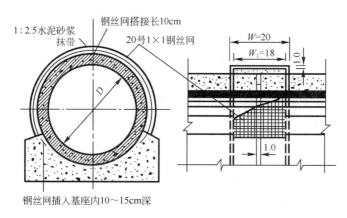

图 6-15 钢丝水泥砂浆抹带接口构造(尺寸单位:cm)

(3)柔性接口

下列情况可设置柔性接口:

①处于填方上的管涵。

②地基不均匀或地基经过处理管身可能产生不均匀沉陷时。

③非刚性基础,如用砂或石灰土做的弧形土基。

柔性接口的做法是:以热沥青浸麻筋填满接缝,缝宽一般为 0.5～1cm,管上半部从外向里填,下半部分从管里向外填,管外顺接缝裹以热沥青浸防水纸 8 层,宽 15～20cm,在现场用热沥青逐层黏合在管外壁上,也可用两层油毛毡以沥青黏合包于管外壁上,以代替防水纸。图 6-17 即为一般常用的柔性接口构造。

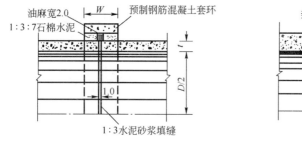

图 6-16 套环石棉水泥接口构造(尺寸单位:cm)

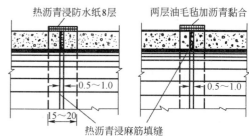

图 6-17 柔性接口构造(尺寸单位:cm)

3)企口连接构造

企口构造按其填缝材料不同可有三种形式,如图 6-18 所示。

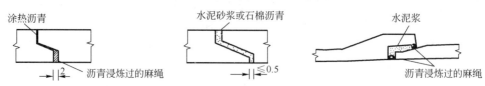

图 6-18 企口连接构造(尺寸单位:cm)

4)防水层

圆管四周应设置防水层,以防渗水侵蚀,一般用塑性黏土,厚度为 15～20m。

二、盖板涵

盖板涵按盖板材料不同有石盖板涵和钢筋混凝土盖板涵之分。

盖板涵各部分组成如图 6-19 所示,主要由盖板、涵台、基础、洞身铺底、伸缩缝及防水层等部分组成。

1. 盖板

盖板是涵洞的承重结构部分,可有石盖板或钢筋混凝土盖板。跨径在 2m 以下,石料丰富时,一般采用石盖板。其厚度随填土高度和跨径而异,一般为 15～40cm。当跨径大于 2m 或在无石料地区时,宜采用钢筋混凝土盖板,其厚度为 25～30cm,跨径为 1.50～5.00m。

做石盖板的石料,质量必须严格选择,一般石料强度等级应在 MU40 以上。

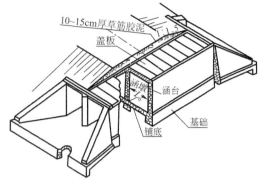

图 6-19 盖板涵各组成部分

2. 涵台、基础及洞身铺底

一般用浆砌(或干砌)块、片石构成。砂浆强度等级为 M5。基础厚度一般为 60～100cm,铺底厚度一般为 30cm。盖板涵的涵台(墩)宽度 a 及 b,涵台(墩)基础宽度 a_1 和 b_1 值可参考表 6-2。

盖板涵涵台(墩)及基础宽度值(单位:cm) 表 6-2

盖板种类	涵台(墩)基础材料	涵台宽 a	涵墩宽 b	涵台基础宽 a_1	涵墩基础宽 b_1
石盖板	块石	40	40	50～60	60～80
钢筋混凝土盖板	块石	40～120	40～80	60～140	80～130
	混凝土	30～70	40～80	50～100	80～130

3. 沉降缝及防水层

涵洞沿洞身长度方向应分段设置沉降缝,以防止不均匀沉降,设置的一般要求如下。

(1)涵洞与急流槽、端墙、翼墙等结构分段处设置沉降缝,以使洞口沉降不致影响洞身。沉降缝应贯穿整个断面(包括基础),缝宽 2～3cm。

(2)沉降缝沿洞身每隔 3～6cm 设置一道,具体位置需结合地基土质变化情况及路堤高度而定。

(3)凡地基土质发生变化、基础埋置深度不同、基础地基压力发生较大变化以及基础填挖交界处,均应设置沉降缝。

(4)凡采用填石抬高基础涵洞,都应设置沉降缝,其间距不宜大于 3m。

(5)置于均匀岩石地基上的涵洞可不设沉降缝。

(6)斜交正做涵洞,沉降缝与涵洞中心线垂直;斜交斜做涵洞,沉降缝与路中心线平行。

沉降缝应用填充料填筑,其方法如下:

(1)基础襟边以下,填嵌沥青木板或沥青砂板,也可用黏土填入捣实,并在流水面边缘用 1:3 水泥砂浆填塞,深约 15cm。

(2)在基础襟边以下,接缝处外侧以热沥青浸制麻筋填塞,深约5cm,内侧以1∶3水泥砂浆填塞,深约15cm,中间如有空隙可以填黏土。

(3)在基础襟边以上,应顺沉降缝周围设置黏土保护层,厚度约20cm。

涵洞防水层的做法如下:

(1)各式钢筋混凝土涵洞的洞身及端墙,在基础面以上,凡被土掩埋部分的表面,均涂以两层热沥青,每层厚1~1.5cm。

(2)混凝土及石砌涵洞(包括端、翼墙)被土掩埋部分的表面,只需将圬工表面做平,无凹入存水部分,可以不设防水层。

(3)钢筋混凝土明涵,采用2cm厚防水砂浆或4~6cm厚防水混凝土。

(4)石盖板涵盖板顶可用10~15cm厚草筋胶泥糊顶防水层,并将表面做成拱形,以利排水。

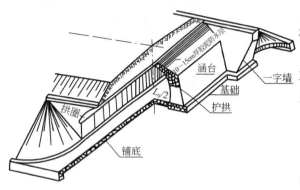

图6-20 石拱涵各组成部分

三、拱涵

拱涵各组成部分如图6-20所示,主要由拱圈、护拱、拱上侧墙、涵台、基础、铺底、沉降缝及排水设施等部分组成。

1.拱圈

拱圈是拱涵的承重结构部分,见图6-21,可由石料、混凝土、砖等材料构成,常采用等厚的圆弧拱,矢跨比常用$\frac{1}{2}$、$\frac{1}{3}$、$\frac{1}{4}$,一般不小于$\frac{1}{4}$,矢跨比小于$\frac{1}{6}$的叫坦圆拱,坦圆拱仅在建筑高度受限时采用。

拱涵的常用跨径为100cm、150cm、200cm、250cm、300cm、400cm。拱涵拱圈厚度一般为25~35cm。

石拱圈可有干砌和浆砌两种,浆砌拱圈多用M5或M7.5砂浆砌块片石。

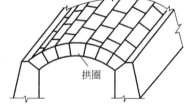

图6-21 拱圈

拱圈厚度可从有关标准图查得,或通过力学计算确定。

2.涵台(墩)

涵台(墩)是支撑拱圈并传递荷载至地基的圬工构造物。台(墩)高一般为50~400cm,台顶宽为45~140cm。

涵台基础视地基土壤情况,分别采用整体式或分离式。整体式基础主要用于卵形涵及小跨径涵洞。对于松软地基上的涵洞,为了分散压力,也可采用整体式基础。对于较大跨径的涵洞,宜采用分离式基础。

3.护拱

其作用主要用于保护拱圈,防止荷载冲击。通常用M7.5水泥砂浆砌片石构成。护拱高度一般为矢高之半。

4.拱上侧墙、铺底

多用水泥砂浆砌片石构成。

5.排水设施及沉降缝

排水设施设于拱背及台背,其作用主要是排除路基渗水,使拱圈免受水的浸蚀,以确保路基稳定。排水设施的构造见图6-22。在北方及干燥少雨地区可不设排水设施。沉降缝设置方法同盖板涵,但其方向应与洞身轴线垂直。

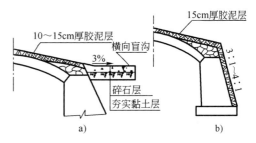

图6-22 石拱涵排水设施(尺寸单位:cm)
a)浆砌石拱涵；b)干砌石拱涵

四、箱涵

箱涵为整体闭合式钢筋混凝土框架结构,具有良好的整体性和抗震性能。由于箱涵施工较复杂且造价高,所以仅在较软地基及高等级公路上采用。箱涵构造及组成如图6-23所示,主要由钢筋混凝土涵身、翼墙、基础、变形缝等部分组成。

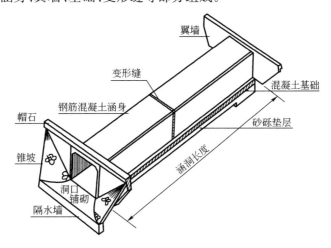

图6-23 箱涵各组成部分

1.涵身

箱涵涵身由钢筋混凝土组成,洞身断面一般为长方形或正方形。常用跨径为200cm、250cm、300cm、400cm、500cm。箱涵壁厚一般为22~35cm,箱涵内壁面四个折角处往往做成45°的斜面,以增大转角处的刚度,其尺寸为5cm×5cm。单孔箱涵主要指标见表6-3。

2.翼墙

翼墙在涵身靠洞口侧的两端,与洞身联成整体,为钢筋混凝土薄壁结构。壁厚一般为31~41cm。翼墙主要用于洞身与进出口锥坡的连接,支挡路基填土。当采用八字墙洞口时,可不做翼墙。

3.基础

箱涵基础一般为双层结构。上层混凝土结构,厚10cm,下层砂砾垫层,厚度为40~70cm。厚度尺寸的确定应与基础埋深同时考虑。在接近洞口两端洞身2m范围内的砂砾垫层应该在冰冻线以下不少于25cm。其余区段的设置深度可视地基土冻胀情况和当地施工经验确定。

单孔箱涵主要尺寸表(参考)　　　　　　　　　　　　　　表6-3

项目 斜角	净空 $B(m) \times H(m)$	涵顶填土高度 h (m)	顶底板厚度 T_1 (m)	侧墙厚 T_2 (m)	用　　途
0°	1.5×1.25	0.05～3.5	0.25	0.22	过水
10°	2.0×1.50	0.05～3.5	0.25	0.22	
20°	2.0×2.00	0.05～3.5	0.25	0.22	
30°	2.5×2.20	0.05～3.5	0.27	0.25	人行通道
40°	3.0×2.50	0.05～3.5	0.29	0.27	过水
45°	3.0×3.00	0.05～3.5	0.29	0.27	
	4.0×2.20	0.05～3.5	0.34	0.32	人行通道
	4.0×3.0	0.05～3.5	0.34	0.32	畜力车通道

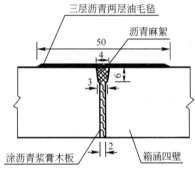

图6-24　变形缝构造图(尺寸单位:cm)

4. 变形缝

变形缝均设在洞身中部,连同基础变形缝一道设计。用4cm×6cm的槽口设于顶、底板的上面和侧墙的外面。过水箱涵底板变形缝的顶面可不设油毛毡,而在填塞沥青麻絮后再灌热沥青即可。其构造如图6-24所示。

五、倒虹吸管涵

1. 主要类型

1)按虹吸管材料分类

倒虹吸管的建筑材料,国内外应用较广的为钢筋混凝土、预应力钢筋混凝土、球墨铸铁、钢板、混合材料及化学材料等。

(1)钢筋混凝土管(圆管及箱形管)。这种管具有耐久、价廉、变形小、制造简便、糙率变化小、抗震性能好等优点。钢筋混凝土管的缺点是管壁厚、自重大、钢筋未能充分发挥作用、抗裂性能较差等。

(2)预应力钢筋混凝土管。这种管除具有钢筋混凝土管的优点外,其抗裂、抗渗和抗纵向弯曲的性能(有纵向预应力钢筋时)都比钢筋混凝土管强。预应力钢筋混凝土管由于充分利用高强度钢筋,能节约大量钢材,又能承受高水压力。在同管径、同水头压力条件下,预应力钢筋混凝土管的金属用量仅为金属管的10%～40%,为钢筋混凝土管的70%～80%,且由于管壁薄、工程量小,造价比钢筋混凝土管低。预应力钢筋混凝土管重量轻,吊运和施工安装方便,比钢筋混凝土管节省劳力约20%。预应力钢筋混凝土管不易锈蚀,使用寿命长。预应力钢筋混凝土管的缺点是性脆,易碰坏,施工技术较复杂,远程运输后预应力值可能有损失等。

(3)钢管。钢管由钢板焊接而成。因为它具有很高的强度和不透水性,所以可用于任何水头和较大的管径。钢管内壁较光洁,管节长,伸缩节间可达70～80m,所以接头少,糙率小,水头损失小。钢管的缺点是刚度较小,常由于主管的变形使伸缩节内填料松动而使接头漏水。钢管的制造技术要求较高,要有熟练的电焊工人,且防锈与维护费用高,耐久性也不及钢筋混凝土管。故对高水头倒虹吸管,应首先考虑预应力钢筋混凝土管。

(4)预应力钢筒混凝土管。预应力钢筒混凝土管是钢管和钢筋混凝土管的组合管。它具备钢管的耐高压、钢筋混凝土管的抗腐蚀和耐久性能好两者的优点。

2)按虹吸管断面形式分类

(1)圆形管涵。圆形断面湿周小,比同样大小的矩形断面过水断面大,水力摩阻力小,水流条件好,过水能力大,与通过同样流量的箱形钢筋混凝土涵相比可节省钢材10%~15%,预制施工方便,适于工厂生产,是公路常用的倒虹吸管涵类型。

(2)箱形管涵。一般为单孔涵,结构形式简单,适于大断面现场就地浇筑施工,比大直径管施工方便,适于大流量、低水头的倒虹吸涵洞。

3)按结构形式不同分类

(1)竖井式

进出水口采用竖井的形式,如图6-25所示。

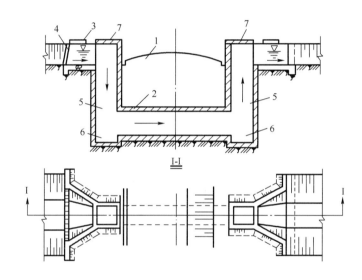

图6-25 竖井式倒虹吸管涵
1-道路;2-涵身;3-工作桥;4-拦污棚;5-竖井;6-集沙坑;7-盖板

主要特点是施工简易,适用于流量较小,水头不高($h \leqslant 5m$),用地窄小的情况。该类型水头损失较大,水流条件不够顺畅。

(2)缓坡式

进出口采用斜坡明渠的形式,水流由开敞的明槽斜坡与压力管身连接,如图6-26所示。多用于地形变化不大,水头不高的情况。斜坡坡度一般不超过45°。

(3)斜管式

进出水口用有压力的斜管形式,水力性质好,适宜流量较大,水头较高的情况,但用地较宽,如图6-27所示。

2.结构

1)管身结构

倒虹吸管管身一般为钢筋混凝土圆管,与通常的圆管涵管身相同,管身基础由级配砂石垫层和混凝土基础构成,一般垫层厚 15~20cm,混凝土基础一般厚 20cm。管身接缝一般用钢丝网抹带接口,或环带接口(现浇或预制)。

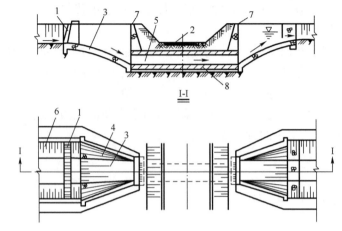

图 6-26 缓坡式倒虹吸管涵

1-拦污栅;2-道路;3-斜坡;4-扭曲面;5-管道;6-上游渠道;7-挡水胸墙;8-涵身

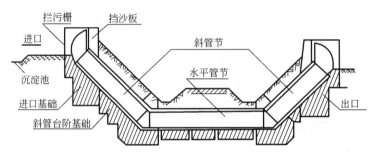

图 6-27 斜管式倒虹吸管涵

2)进出水井结构

进出水井主要由侧墙(井壁)井底铺砌、侧墙基础组成。

倒虹吸管涵组成见图 6-28。

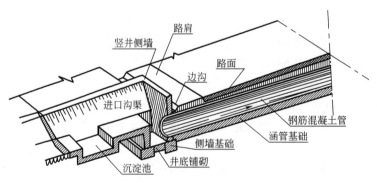

图 6-28 倒虹吸管涵的组成

进出水井一般由混凝土构成,也可用水泥砂浆砌片石构成。为了防止杂物、人畜或砂石落入井内,在竖井顶可设置活动的顶盖,顶盖多用钢筋混凝土构成。进出口沟渠一定范围内应做铺砌加固,以防冲刷。

六、钢波纹管涵(桥)

波纹管涵洞是采用波纹状管或由波纹状板通过连接、拼装形成的一种涵洞形式,波纹管由钢、铝或塑料等材料制成,图 6-29 为某钢波纹涵洞实拍图。

波纹管最早诞生于英国(1784 年),1896 年美国开始进行波纹管通道和涵洞的可行性研究,并首次应用完成了第一座波纹管涵洞。20 世纪 50 年代,我国在青藏公路开始用波纹管涵洞进行抢修工程。1997～1999 年采用钢波纹管涵洞解决了多年冻土地区融沉及冻胀导致涵洞破坏的难题,继后在青康公路、宁党公路等十余条公路上应用。到 2005 年全国修建的钢波纹管近 1 000 道。

图 6-29　波纹管涵洞

1. 主要特点

1)优点

(1)波纹钢管涵是将薄钢板面压成波纹后,卷制成管节,可以增加管节的刚度和对管压力的抵抗强度,用此种管节修建成的涵洞称为波纹钢管涵。为了防止波纹钢管涵锈蚀,波纹钢管节内、外面和紧固连接螺栓或铆钉,进行了镀锌或镀铝处理。

(2)波纹钢管涵与钢筋混凝土管涵相比,具有管节薄、质量轻、便于叠置捆扎及存放运输、施工工艺简单、组装快速、工期短等优点。

(3)建筑波纹钢管涵时,可根据需要随意组装成任何长度。必要时,管身还可以拆除,迁往别处修建。在缺乏砂石材料地区或地基承载力较低地区,波纹钢管涵的优越性更为显著。

(4)波纹钢管涵是一种柔性结构,具有一定的抗震能力,而且能适应较大的沉降与变形。

(5)采用标准化设计、生产,不受工地条件影响,生产周期短,有利于降低成本、控制质量。

(6)与一般涵洞相比,减少了水泥、块片石、砂等的用量,有利于环境保护。

(7)管身为柔性结构,受冰冻、软土地基膨胀及湿陷性黄土的影响小,确保了在这些不良条件地区,涵洞的稳定性和安全性。

2)缺点

波纹钢管涵的缺点是管内的流水粗糙系数较混凝土管大,同样的泄洪流量采用波纹钢管时,所需孔径较大;另一缺点是耗用钢材较混凝土管涵多,这也是国内至今未广泛采用的主要原因。

2. 适用条件及选用原则

1)适用条件

从国内外钢波纹管涵洞的使用情况及其受力特征、防腐分析看,应用钢波纹管涵洞必须满足以下条件:

(1)相应波形必须具有满足足够的壁厚,确保钢波纹管结构在受荷时最大应力低于钢结构的容许应力(或屈服应力)。

(2)钢波纹管的防腐处理必须不低于一定的要求,以确保一定年限内钢波纹管涵洞具有足够的耐腐蚀能力;钢板壁厚应适当考虑防腐富余量。

(3)钢波纹管应能够承受标准荷载引起的变形,不致产生非线性破坏,且不影响其上结构层的功能。

2)选用原则

公路钢波纹管涵洞的选用必须遵循适用、安全、经济的原则,在满足功能需求基础上充分发挥钢波纹管结构的力学性能优势。公路钢波纹管涵洞设计时应坚持因地制宜、发挥优势、不盲目使用的原则。设计中除应充分考虑工程项目的基本特征,包括公路等级、重要性程度、地形地貌、不良地质状况、路基修筑等方面之外,还应考虑下列因素:施工条件和便利性,养护条件,二次防腐。下列地区宜优先考虑钢波纹管涵洞:

(1)不良岩土地基的涵洞,包括多年冻土、膨胀土、软土、湿陷性黄土等。

(2)人力资源缺乏或高危险、高原缺氧地区等工程。

(3)砂石资源缺乏地区,水泥、钢材等运距较远的边远地区。

(4)为加快施工进度、达到快速通车目的的应急抢险、救灾等工程。

下列情况时钢波纹管涵(桥)应慎重使用:

(1)高速公路重要路段或困难路段。钢波纹管涵洞为钢结构,必然存在腐蚀的威胁,高速公路对路基和涵洞的寿命周期要求较高,因此必须考虑防腐养护,在养护管理困难路段应慎重使用。由于钢波纹管涵洞存在一定的使用寿命周期,在高速公路的一些重要路段应慎重考虑其服务寿命或改建的便利等。

(2)泥石流堆积扇或排泄砂石流量大、流速高的区段。这些区段泥沙或砂石的冲刷将形成对防腐材料或钢结构的磨蚀,设计时应予以重视,必要时应针对具体情况进行防腐独立设计;局部区段可能存在淤积等,采用钢波纹管涵洞应考虑该问题。

(3)高填土路段。高填路段应根据施工工艺及施工后路堤不同土拱效应进行计算分析,确保涵洞受力安全。

(4)孔径较大或截面非圆形时。一般钢波纹管涵洞孔径小于 2.5m,当大于 2.5m 时应进行独立计算分析,确保涵洞受力安全。大孔径涵洞采用拼装式施工时尤其要加强连接部位的设计分析。异形截面钢波纹涵洞和小桥,由于其受力特征与圆形截面截然不同,应进行独立分析,确保安全使用。

3.洞身断面形式及类型

1)断面形式

各国厂家制造的波纹管形状和种类不尽相同,有的只分为圆形和拱桥形两种,有的分为圆管、管拱和拱(只上部为波纹管,拱座用圬工建筑),有的分为圆管、竖向伸长的圆管、梨形管、拱形管和拱(与前述的拱相同)五种。如图 6-30 所示,图 6-30a) 为孔径≤180cm 的圆管形;图 6-30b)、c)为孔径 150~450cm 的圆管形;图 6-30d)为竖向伸长的椭圆管形;图 6-30e)为梨形,也有将大头置于上方的;图 6-30f)为管拱形;图 6-30g)、h)、i)为拱形。

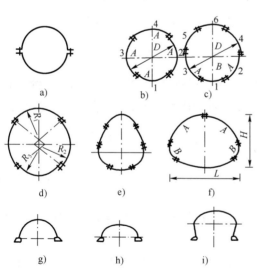

图 6-30 钢波纹管涵断面形式

2)主要类型

(1)按埋设方法划分

钢波纹管涵洞按埋设方法可划分为上埋式和沟埋式。上埋式(又称为堤埋式、填埋式或凸埋式),即先将钢波纹管布设于地表,然后再覆土夯实,管顶一般高出天然地面;沟埋式(又称窄槽式),埋设前沿涵洞轴线方向在天然地面上开挖狭窄的矩形或梯形断面沟槽,然后敷设涵节、回填土料并分层夯实,管顶低于天然地面。实际中不少工程充分利用冲沟地形条件埋设,所属类型根据沟型及其与管道的相对情况而定。

(2)按安装方式划分

钢波纹管涵洞按安装方式可分为整装式和拼装式。整装式,圆周向由一块钢板卷制焊接而成,管节两端一般焊接法兰,再采用螺栓进行连接;拼装式,圆周向由几块钢板搭接、螺栓连接拼装而成。

(3)按结构形状划分

钢波纹管涵洞的形状和种类未有统一的规定,目前的分类较杂,有的分为圆形和拱形两种,有的分为圆形管、管拱形和拱形。

4.管身结构

1)基本结构

波纹钢管的管壁轧有波纹状,管壁内外表面镶有防止锈蚀的锌或铝金属膜。管壁的弯曲方向与波纹的波动方向垂直。为便于制造、存放与运输,每管节环周分为两片或多片。每片波板边缘都冲有具有一定规律性的螺栓孔或铆钉孔,以备连接组装用。在组装连接波纹管片时,各块件可任意互换其位置。

2)结构类型

管壁波纹形状和管片连接形式根据孔径大小可分为两大类。

(1)套管型(闭截面)

小直径圆形波纹管多为套管型。其外观及管壁波纹的基本尺寸如图 6-31 所示。图中字母尺寸和有变化范围的尺寸,随生产厂家的产品规格型号变化。这类波纹管通常由两片圆形波纹钢板组合而成。管道横向拼装,常用螺栓或特制金属钩子连接。

(2)结构板型(开截面)

大孔波纹管均为结构板型。为便于制造和运输,厂家多将大孔径波管在其圆周方向制成 3 片及以上。组装时,各波纹板间的连接,通常采用搭接,并用螺栓锚固。其外观及波纹板壳的基本尺寸如图 6-32 中 3 片箍结构所示。

3)管壁厚度

波纹管的管壁厚度视管径、填土厚度及管型而定,一般根据厂家产品说明书,结合实际情况选定,一般不进行详细厚度计算。

各类波纹管的直径及壁厚范围如表 6-4 所示。

各类管型材料尺寸及规格如表 6-5 所示。

4)多孔波纹管间距

多孔圆管涵或跨度大于 1.20m 的管拱,相邻两管(拱)间应有足够的填土宽度,使管(拱)间的填料易于压(夯)实。国内钢筋混凝土圆管涵,当直径 $D \leqslant 2.0$m 时,净间距 e 一般为 0.25m。国外资料关于波纹和两管间净间距 e 如表 6-6 所示。

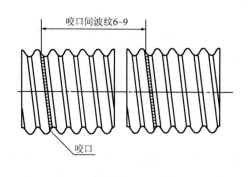

图6-31 螺旋波纹钢管咬口连接

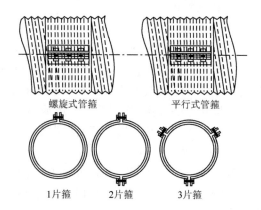

图6-32 螺纹波纹钢管管箍连接

各类波纹管壁厚度表(参考)　　　　　　　　　　　　　　　　　　　表6-4

管 型	管 径(mm)	填 土 厚 度(m)		一般壁厚(mm)
		最小厚度	最大厚度	
套管型	750～1 800	3.0	6.0	2.0～4.0
结构板型	1 500～4 500	1.7	8.0	2.7～7.0
管拱型	2 000～5 800	1.0	5.0	2.7～6.0
拱型	1 500～7 000	1.0	6.0	3.2～7.0

螺旋波纹钢圆管、环形波纹钢圆管、波纹钢板件的波形尺寸规格(单位:mm)　　表6-5

分类	波形代号	波距 l	波高 d	壁厚 l	波峰波谷半径 r	适用内径 D 或跨径 S	拼装采用的高强度螺栓规格
螺旋波纹钢圆管	A	68	13	2.0～4.0	17.5	750～1 500	
	B	75	25	2.0～4.5	14.3	750～2 000	
	C	125	25	2.0～5.0	40.0	750～2 000	
环形波纹钢圆管	C	125	25	2.0～5.0	40.0	750～2 000	
	D	150	50	2.0～6.5	28.0	1 500～2 000	
	E	200	55	3.0～6.5	53.0	1 500～2 000	
	F	145	60	3.0～6.0	30.0	1 000～2 000	
波纹钢板件	A	68	13	2.0～4.0	17.5	750～1 500	M12
	C	125	25	2.0～5.0	40.0	750～3 000	M16
	D	150	50	2.0～6.5	28.0	1 500～8 000	M20
	E	200	55	3.0～6.5	53.0	1 500～8 000	M20

注：壁厚以表面附着防腐材料前的厚度为基准，壁厚设计应考虑力学特征及防腐要求。

波纹管两管间净间距(单位:m)　　　　　　　　　　　　　　　　　　表6-6

波纹管直径 D	两管间净间距 e	波纹管直径 D	两管间净间距 e
$D \leqslant 0.6$	0.30	$D > 2.0$	1.0
$0.60 < D \leqslant 2.0$	$0.5D$,但不大于1.0		

5)预拱度

埋设于一般土质地基上的波纹管,经过一段时间后,常会产生一定的下沉,而且往往是管道中部大于两端。因此,铺设于路堤下的波纹管的管身要设置预留拱度。其大小根据地基土可能出现的下沉量、涵底纵坡和填土高度等因素综合考虑,通常可为管长的0.6%~1%,最大不宜大于2%,以确保管道中部不出现凹陷或滑移。

6)环型波纹管连接形式(如图6-33)

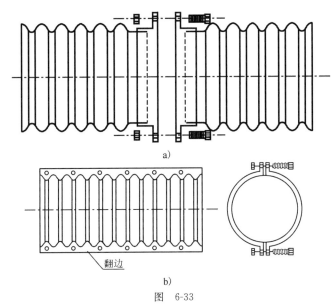

图 6-33
a)环形波纹钢管法兰盘连接(纵向);b)环形波纹管半圆管节翻边连接(横向)

5.拱形结构的基座

拱形结构对基座的要求比较高,应将波纹拱板的拱脚置于特砌的圬工拱座上的槽中[图6-34a)],或牢固地与预埋金属拱座相连[图6-34b)、c)]。金属拱座可为轧制结构,也可为冷加工镀锌钢或槽钢,其厚度不得小于5.0mm。当拱跨大于4.50m,或拱轴的水平向斜交角大于20°时,拱座的支承面宽度不得小于波纹幅尺寸数值。

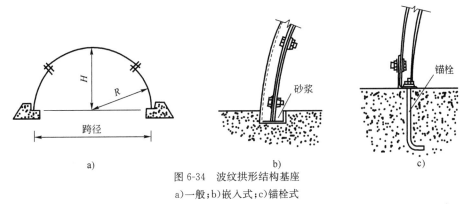

图 6-34 波纹拱形结构基座
a)一般;b)嵌入式;c)锚栓式

6.基础及回填

1)挖基及基础尺寸

修建波纹管涵,一般都要在天然地面或经严格夯实的填土上先挖掘埋设管道的沟槽。其挖槽宽,不但应方便管侧填土的夯填,而且还应满足设计上需要的基础宽度,基槽尺寸如图 6-34 所示。

据经验,在填土不高路段上修建涵洞,以采用先填路基,然后再开挖沟槽埋设涵管的方法较好。

波纹管地基或基础要求均匀又坚固,同时,还应具有耐久性,一般波纹管涵基础应具有的最小厚度与宽度如表 6-7 所示。

波纹管地基或基础所需最小厚度与宽度   表 6-7

地质条件	基础最小厚度(cm)		基础宽(cm)
优质土地基	可直接将地基作为基础		
一般性土质地基	管径 $D<900$mm	20	$2D$
	管径 $D=900\sim 2\,000$mm	30	
	管径 $D>2\,000$mm	$0.20D$	
岩石地基	$20\sim 40$cm,但当填土高度大于 5m 时,填土每增高 1.0m,其厚度增加 4cm		$2D$
软土地基	$(0.3\sim 0.5)D$ 或 50cm 以上		$(2\sim 3)D$

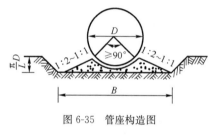

图 6-35 管座构造图

2)管座

在波纹管底,不管其地基材料如何,都应在放置管道的地基上修整或填筑一道理想的弧形管座,使管座与管身紧密贴合,见图 6-35。管座材料必须均质、无大石块等硬物,且坚固耐用。若基础材料甚好,也可直接先将管道置于沟底,随后再填筑管身两腋托之下的填土,使之形成一道良好的管座。

当管径大于 3.5m,且有仰拱板的大孔径结构时,应预先修整出一道简单的 V 形沟槽。其沟槽的最小宽度为 3.0m,或取所埋管道顶部块半径的一半,取其小者。

3)回填

回填是确保波纹管涵质量的重要工序,其质量要求如下:

(1)回填料可回填砂砾或与路基填料相同的材料。

(2)涵管两侧回填应对称施工,分层回填,每层厚度为 20cm。

(3)涵管两侧近处用机械夯实,管底下方粗砂用"水密法"振荡器振实。

(4)涵管两侧回填应采用振动夯实机逐层夯实,压实度不小于 96%。

(5)涵管上方当回填土厚度超过 30cm 后,采用压路机静压,填土厚度超过 60cm 后,采用压路机振压,压实度不小于 96%。

4)地基处理

(1)优质土地基

未经筛分的砂、碎石、砂砾土以及砂质土都是比较理想的地基材料,但需清除粒径 10cm 以上的石块等硬物。

(2)一般性土质地基

承载能力不太高的普通地基,需设一定厚度的基础。但是,若将涵管底基槽原状土经严格夯实(其夯实度达到重型击实密实度的 90% 以上)以后,也可直接将波纹管置于地基上。

（3）岩石地基

波纹管不能直接置于岩石或混凝土基床上，因为过于刚性的支承，不但会降低管壁本身所具有的良好柔性，而且还会减小涵管的承载能力。所以对岩石地基应挖掉一部分软岩，换填上一层优质土，并认真夯实。开挖软岩沟槽，不能使用烈性炸药和放深孔炮，以避免将过多的外层被炸松散。岩石风化层地基不能作为基础，需换填上 $3D$（D 为管径）宽度的填土。

（4）软土地基

当涵管处于软土地基上时，需对软土路基进行处理，然后，在其上填一层大于 20cm 厚的优质砂砾垫层，并夯实紧密。

7. 安装工序

(1) 闭截面安装，工序如图 6-36a) 所示。

(2) 开截面安装，工序如图 6-36b) 所示。

(3) 闭截面整体安装，工序如图 6-36c) 所示。

图 6-36　波纹管涵安装工序

七、通道

1. 通道的作用

通道是指城市道路、高速公路或一级公路路基下设置的供车辆或行人通行的小桥涵构造物，在城市道路上又叫人行地道。根据交通性质不同可有人行通道和车行通道两类，有时可利用排水小桥涵兼作人行通道。通道使封闭的高速公路和城市道路两侧区域（或人行道）相互沟通，方便群众，利于生活、生产交通。通道（或地道）与人行天桥构成道路横向交通系统。

2. 通道结构选型原则及形式

1）结构选型原则

与跨线桥相比，通道的结构造型比较简单，仅考虑结构体系选择，应符合以下 4 个原则：

(1)应满足使用要求和交通发展需要,按照适用、安全、经济、美观的原则进行选择。

(2)应注意与主线纵坡的协调配合,有利于降低通道处的高速公路路基填土高度。

(3)应根据施工环境、交通条件、施工期限、技术力量、投资可能和设备能力,结合施工工艺进行综合技术经济比较,选择结构体系。

(4)应根据水文、地质条件,按有利于结构安全和结构防水的原则进行选择。

2)通道的结构形式

通道的常用结构形式有钢筋混凝土板式结构、钢筋混凝土箱形结构及拱式结构等。

钢筋混凝土板式结构具有结构简单、造价低的优点,但对基底应力的要求较高,一般用于地基承载力较好、填土高度较低处的通道。当地基承载力达不到要求时必须对地基进行处理。

钢筋混凝土箱形结构作为一种框架结构,力学性能好,整体性强,适用于各种地基条件,能满足高速公路高标准的要求,在高速公路设计中被广泛采用。不足之处在于箱形通道配筋较密,施工难度较大,且造价相对较高。

拱式结构能承受较大的土压力,但对地基条件要求较高,一般用于地基承载力好、填土高度较高处的通道。拱式结构可用圬工材料。

通道两端进出口应尽量采用端墙配锥坡或八字墙的形式,避免采用直墙式翼墙,以保证通道内通视、采光效果良好。

3. 布设要点

(1)通道的间隔以 400m 左右为宜。农业机械化程度高的地区间隔宜适当加大。

(2)通道的交叉角以垂直为宜。必须斜交时,其交叉的锐角应不小于 70°;受地形条件或其他特殊情况限制时,应不小于 60°。

(3)通道处的乡村道路平面线形宜为直线,其两侧的直线长度应不小于 20m。

(4)通道处的乡村道路纵面线形应为直坡,坡度不宜大于 3%,构造物不得设于凹形竖曲线底部。通道应采用自流排水方式做好排水设计。

(5)人行通道应注意以下几点:

①下穿高速公路、一级公路的人行通道应利用中间带设置采光井。

②人行通道除设梯道外,应视情况设置坡道,其坡度不应陡于 1∶7。

③人行通道必须做好排水设计,不得因积水影响通行。

4. 采光天井

在高速公路或一级公路上,由于涵洞过长,需设置采光天井。采光天井由钢筋混凝土井筒构成,井内径一般采用 50cm,设于涵洞跨径中央,在中央分隔带上开口透光。其构造及布置如图 6-37 所示。

5. 涵洞兼通道

为减少通道数量,在高速公路或一级公路上往往利用排水涵洞兼作人行通道,这类涵洞的孔径应视人行流量及排水流量等确定,但最小跨径不应小于 4.00m。人行道与排水渠应布置在不同立面上,一般人行道应高出 0.40~0.80m。涵洞进出口两端应设人行梯步以便行人上下。图 6-38 为某高速公路涵洞兼通道的设计实例图。图 6-39 为涵洞兼通道洞身断面图。

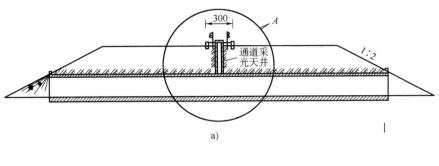

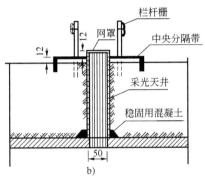

图 6-37 通道采光井构造图(尺寸单位:cm)
a)通道纵断面;b)A 大样

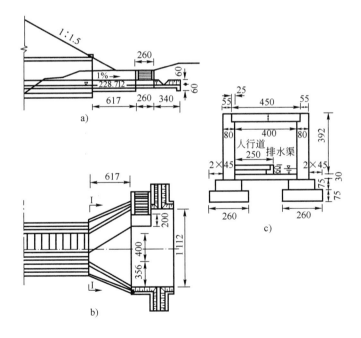

图 6-38 涵洞兼通道洞口立、平面图(尺寸单位:cm)
a)立面;b)平面;c)I-I 剖面

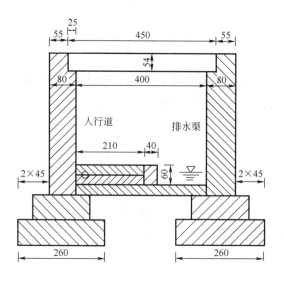

图 6-39 涵洞兼通道洞身断面图(尺寸单位:cm)

第四节 涵洞洞口形式及构造

洞口建筑是由进水口和出水口两部分组成。洞口应与洞身路基衔接平顺,并起到调节水流和形成良好流态(流线)的作用,同时使洞身、洞口(包括基础)、两侧路基以及上下游附近河床免受冲刷。另外,洞口形式的选定,还直接影响着涵洞的宣泄能力和河床加固类型的选用。

涵洞洞口形式多样、构造多变、十分灵活。如何根据涵洞类型、河沟水流特性、地形及路基断面形式因地制宜地选择好洞口形式,做好进出口处理,对于确保涵洞及路基的稳定、水流畅通有着重要意义。本节主要阐述各类洞口的构造形式、特点及运用情况。

涵洞洞口类型很多,有八字式、端墙式、跌水井、扭坡式、平头式、走廊式、流线型、倒虹吸洞口、波纹管洞口等,其中八字式、端墙式、跌水井、扭坡式、平头式、走廊式、流线型是常用的形式。

涵洞有正交和斜交之分,与之相适应的洞口也有正洞口和斜洞口之分。

一、常用涵洞洞口

1. 八字式洞口

八字式洞口由敞开斜置八字墙构成,如图 6-40a)所示。

八字式洞口为重力式墙式结构,特点是:构造简单,建筑结构较美观,施工简单,造价较低。常用于河沟平坦顺直、无明显沟槽,且沟底与涵底高差变化不大的情况。当墙身较高时(一般大于 5m),圬工体积增加较大,使用不够经济。八字墙墙身砌筑对石料的形状和规格要求较高,一般需要用块片石搭配料石砌筑。

有时为缩短翼墙长度,减少墙身数量并使涵洞与沟槽顺接,可将翼墙末端做成矮墙的潜入式八字墙,如图6-40b)、c)所示。

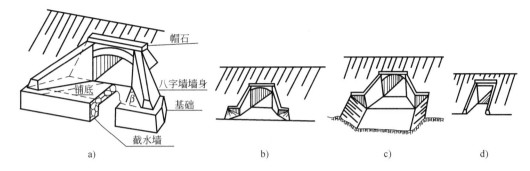

图6-40 各类八字式洞口
a)常用的八字式洞口;b)接小锥坡;c)接水渠;d)直墙式

八字翼墙墙身与路中线垂直方向的夹角叫扩散角,按水力条件考虑,经过试验,进口水流扩散角以13°为宜,出口扩散角不宜大于10°。但为便于集纳水流和减小出口翼墙末端的单宽流量,减小冲刷,扩散角多采用30°,并且左右翼墙对称。经验表明,扩散角过大则靠近翼墙处易产生涡流,致使冲刷加大。因此设计时应按不同河沟地形情况因地制宜灵活设置,以利于合理收集和扩散水流,使之与原沟渠顺接。

当β=0°时,八字墙墙身与公路中线垂直,叫直墙式洞口,如图6-40d)所示。主要适用于涵洞跨径与河沟宽度基本一致,无须集纳和扩散水流或仅为疏通两侧农田灌溉时的情况。直墙式洞口翼墙短,且洞口铺砌少,较为经济。

2.端墙式洞口

1)类型

在涵台两端修一垂直于台身并与台身同高的矮墙叫端墙(又叫一字墙)。在端墙外侧,可用砌石的椭圆锥坡或天然土坡或砌石护坡或挡土墙与天然沟槽和路基相连接,即构成各种形式的端墙壁式洞口,如图6-41所示。图6-41a)、b)仅在沟床稳定、土质坚实的情况下才采用。图6-41c)适用于洞口有人工渠道或不受冲刷影响的岩石河沟上。有时为改善水力条件可在图6-41c)中的沟底设置小锥坡构成图6-41d)。图6-41e)仅在洞口路基边坡设有直立式挡墙时才采用。

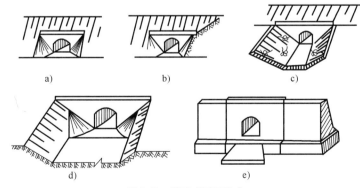

图6-41 端墙式洞口形式
a)、b)锥坡式;c)边沟式;d)边沟小锥坡式;e)挡墙式

2) 使用条件

端墙配锥形护坡洞口是最常用的一种洞口。它的使用条件与八字墙相类似。但由于它比八字墙洞口水流条件好,因而多用于宽浅河沟或孔径压缩较大的情况。当墙身较高时(一般大于5m),由于其稳定性和经济性比八字墙好,因而它更适用于涵台较高的涵洞。此外,由于锥坡的表面坡度可以随路基边坡坡度变化,因而能适应各种不同路基边坡的情况,灵活性比八字墙较好。

3. 跌水井洞口

当天然河沟纵坡大于50%或路基纵断面设计不能满足涵洞建筑高度要求、涵洞进出口开挖大,以及天然沟槽与洞口高差大时,为使沟槽或路基边沟与涵洞进口连接,常采用跌水井洞口形式。其形式可有边沟跌水井洞口与一字墙跌水井洞口两种,如图 6-42 和图 6-43 所示。前者主要适用于内侧有挖方边沟涵洞的洞口,后者适用于一般陡坡沟槽跌水。跌水井洞口仅适用于涵洞进水口。

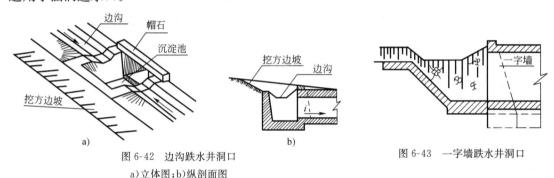

图 6-42 边沟跌水井洞口
a)立体图;b)纵剖面图

图 6-43 一字墙跌水井洞口

4. 扭坡式洞口

为使洞口与人工灌溉渠道水流顺畅,避免产生过大的水头损失或减小冲刷或淤积,用一段变边坡的过渡段设于洞口与渠道之间,即构成扭坡式洞口,如图 6-44 所示。

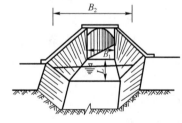

图 6-44 扭坡式洞口

扭坡式洞口过渡段的长度直接影响洞口水流的出流,如过渡段过短,使扩散角过小,则易引起主流脱离边墙而产生回流,致使水流过程集中,使下游渠道产生冲刷。进口收缩过渡段长度一般为渠道水深的 4~6 倍,出口扩散段还应适当加长。过渡段长度可用以下经验公式计算:

$$L = \eta \cdot (B_2 - B_1) \tag{6-1}$$

式中:L——进出口扭坡过渡段长度(m);

B_1——洞内的水面宽度(m);

B_2——进出口处明渠水面宽度(m);

η——系数,对进口收缩段,$\eta=1.5\sim2.5$;对出口扩散段,$\eta=2.5\sim3.0$。

5. 平头式(领圈式)洞口

平头式洞口建筑如图 6-45 所示,常用于钢筋混凝土管涵,因需制作特殊的洞口管节模板,费用较高,仅适用于大批预制。平头式洞口节省材料 45%~85%,但其水流条件较差,比八字墙洞口宣泄能力减小8%~10%。因此,除有条件较大数量生产使用外,一般很少采用。

6. 走廊式洞口

走廊式洞口建筑由两个前后高度相等的平行墙构成,平行墙的端部在平面上做成圆曲线形,如图6-46所示。此种洞口的进水口将壅水水位跌水由洞口改变至翼墙圆曲线的开始处,因而可减小无压力式洞口的计算高度或增大涵洞中的计算水深,从而提高了涵洞的宣泄能力。这种洞口施工较复杂,目前较少采用。

7. 流线型洞口

流浅型洞口,主要是指将涵洞进口端节在立面上升高形成流线型,有时平面也做成流线型,使沿涵长向的涵洞净空符合水流进洞逐渐收缩的实际情况,如图6-47所示。

常用流线型洞口随涵洞类型的不同可有各种形式,如图6-48所示。图6-48a)为盖板涵或箱涵,采用升高式,并可配以八字墙(或设曲线墙)。对于拱涵,为便于施工,采用进口加高节段的方式,见图6-48b)。当采用圆管涵时可采用端部升高形式,也可采用喇叭式,如图6-48c)所示。喇叭式洞口是由一块斜顶板 a、两块侧墙 b 及两块曲线三角板 c 组成,适用于大量预制及装配的圆管涵洞。

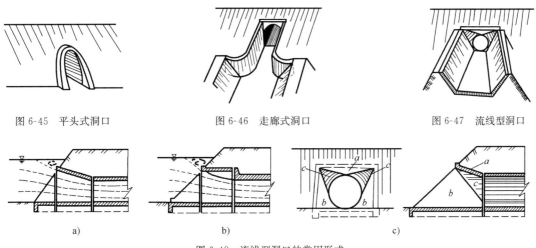

图6-45 平头式洞口　　图6-46 走廊式洞口　　图6-47 流线型洞口

图6-48 流线型洞口的常用形式
a)板涵、箱涵升高式;b)拱涵加高节段;c)圆管涵喇叭式

二、特殊的涵洞洞口

1. 倒虹吸洞口

倒虹吸涵洞洞口由进水沟渠、沉淀池、进出水井及基础组成,见图6-49,出水洞口与进水洞口相同,不需设沉淀池。进出水井是沟渠与圆管转向的连接构造,通过进出水井形成落水高差,构成倒虹吸。图6-49a)主要用于竖井式涵洞,图6-49b)适用于缓坡式倒虹吸涵洞。

缓坡式涵洞在进出口与水渠之间的洞可采取扭坡、直八字墙以及锥坡等洞口形式进行过渡,其布置形式如图6-50所示。

倒虹吸沉淀池由浆砌块、片石构成,进出水井可用浆砌块、片石或机制砖构成,也可用混凝土现浇或预制。基础用现浇混凝土和砂砾垫层构成,混凝土厚度一般为20cm,砂砾垫层厚度一般为15cm。

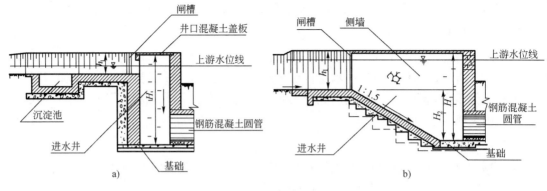

图 6-49　倒虹吸洞口
a)竖井式；b)缓坡式

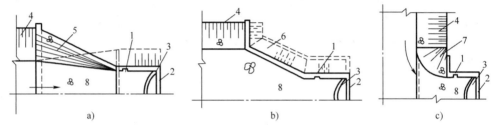

图 6-50　缓坡式倒虹吸涵洞洞口形式
a)扭坡式；b)直八字墙式；c)锥坡式
1-闸门槽；2-挡水胸墙；3-管身进口；4-进口渠道；5-扭坡；6-直八字墙；7-锥坡；8-铺底

2. 波纹管涵洞口

波纹管涵洞口除采用常用的八字式、端墙式、锥坡式外，还可结合波纹管涵的特点采用如下洞口形式。

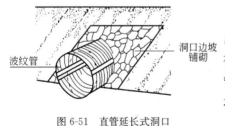

图 6-51　直管延长式洞口

1)直管或直管延长式

采用直管(孔径大、河沟宽)或将涵管适当延长伸出路基边坡以外(孔径小、河沟狭窄)，不需对边坡进行处理，根据需要对进出口一定范围内进行铺砌，涵管两侧及顶部一定范围内，边坡回填材料建议采用块、片石，以预防水流冲刷危害路基。直管延长式洞口见图 6-51。

2)平头式洞口

平头式(又称领圈式，见图 6-52)，需要制作特殊的洞口管节，即在工厂直接预制与路基边坡呈相同坡率的开口斜切的波纹管管节。但它较八字式洞口可省材料 45%～85%，而宣泄能力仅减少 8%～10%。平头式洞口适用于水流通过涵洞挤压和束缚不大和流速较小的情况。流速较大时，应对路堤边坡迎水面铺砌加固。

3)簸箕式洞口

为使洞口与路基边坡顺接一致，可在工厂直接预制一定尺寸的呈簸箕状的洞口，端部与直管用螺栓连接，洞口一定范围内应根据需要进行铺砌，适用于流速较大涵洞。簸箕用钢轧制，侧面呈曲面,图 6-53 为簸箕式洞口的各种形式。

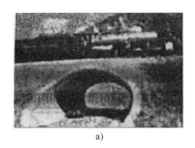 

图 6-52 平头式洞口
a)单孔；b)多孔

 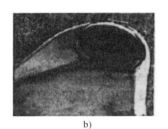

图 6-53 簸箕式洞口

上述三种波纹管涵洞口比较如表 6-8 所示。

波纹管涵三种涵洞口适用性和优缺点比较　　　　表 6-8

洞口形式	适 用 性	优 缺 点	备 注
平头式	水流过涵侧向挤压和束缚不大,流速较小	节省材料,工艺较复杂,水力性能稍差,洞口管节可预制	
直管或直管延长式	流速较大的河沟、水渠。管节孔径大,适用于河沟宽的情况,采用直管不需延长;孔径小,适用于河沟狭窄的情况,适当延长管节	结构简单,预制方便,对涵洞的加长较为便利,但多孔径较小时洞口宣泄能力相对较差。水力性能不好	干旱、半干旱地区多用于不长期流水、孔径小于河沟渠的涵洞
簸箕式	流速较大、流量较大的宽浅河沟	簸箕结构相对复杂,水力性能不好	簸箕可为波纹状或平板状

3.斜交洞口

1)基本做法

当涵洞与路线斜交时,其洞口形式根据洞身的构造不同可有斜交斜做和斜交正做两种。

(1)斜交斜做

为求外形美观及适应水流条件,可使涵洞洞身端部与路线平行,此种做法称为斜交斜做(图 6-54)。对于盖板涵和箱涵,运用斜交斜做法比较普遍。在这种情况下,除洞口建筑外,还须对盖板涵或箱涵涵身的两端另行设计,以适应斜边的需要。

(2)斜交正做

在圆管涵或拱涵中,为避免两端圆管或拱的施工困难,可采用斜交正做法(图 6-55)处理洞口。即涵身部分与正交时完全相同,而洞口的端墙高度予以调整,一般将端墙设计成斜坡形或阶梯形。为使水流顺畅,宜配合路堤边坡对洞口建筑另行设计。

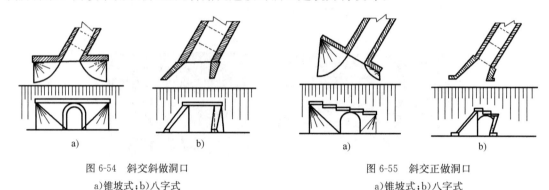

图 6-54 斜交斜做洞口
a)锥坡式;b)八字式

图 6-55 斜交正做洞口
a)锥坡式;b)八字式

2)斜八字洞口

(1)斜交斜做八字式洞口

当洞口帽石方向与路线方向平行时,即构成斜做洞口(通常称为斜交斜做洞口),如图 6-56 所示。斜做洞口的翼墙斜度 β_1、β_2,应根据地形水流条件确定。图 6-56 中 θ 角为水流扩散角,即沿涵轴线方向翼墙向外侧的张角;φ 角为涵轴线方向的垂线与路中线的夹角(涵洞的斜度)。当 $\theta<\varphi$ 时,叫"反翼墙",此时 $\beta_2=\varphi-\theta$;当 $\theta>\varphi$ 时,叫"正翼墙",此时 $\beta_1=\varphi+\theta$。根据分析,在正翼墙情况下,β_1 越大,翼墙的工程数量亦越大,因此应尽量使 β_1 不超过 60°为宜;在反翼墙情况下,当 $\beta_2=0°$,即 $\varphi-\theta=0°$ 时,翼墙工程数量最小,最经济。

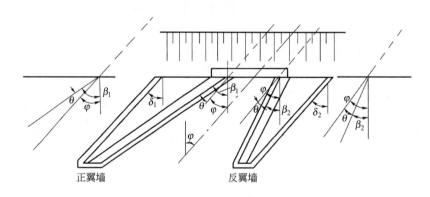

图 6-56 斜交斜做八字式洞口(平面图)

(2)斜交正做八字式洞口

当洞口帽石方向与涵轴线方向垂直时,即构成正做洞口(通常称为斜交正做洞口),如

图 6-57 所示。

正做洞口的翼墙一般采用正翼墙,较长一侧的翼墙叫大翼墙,较短的叫小翼墙。从经济上考虑,大翼墙的 β 角越小越经济,小翼墙 $\beta=\varphi$ 时最为经济。斜交正做洞口的洞身与正交涵洞洞身相同,因而设计、施工比斜做洞口方便。但洞身长度比斜做时要长些,工程数量有所增加。

正做洞口由于两个翼墙的高度不同,因而其伸出的长短亦不一致,其翼墙尾端的连线应与路中线平行。端墙和帽石可做成台阶式或斜坡式两种,如图 6-58 所示。

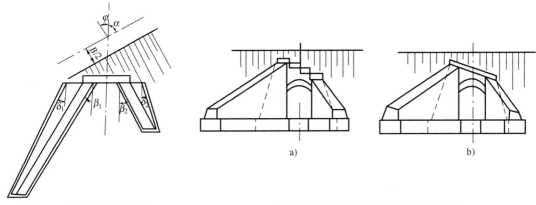

图 6-57 斜交正做八字式洞口
（平面图）

图 6-58 斜交正做八字式洞口帽石处理
a)台阶式;b)斜坡式

3) 斜锥坡洞口

斜锥坡洞口(图 6-59),一般多采用斜交正做的形式,由于洞身正做,致使两侧锥坡大小不一,从外观看不对称、不美观,采用时应注意尽量减小斜交角度,使锥坡差异较小。进出口的帽石也有平置式和斜置式两种。

4) 平头式斜洞口

对于管涵斜交时宜采用斜交正做平头式斜洞口(图 6-60),将管身延长,用突出路基外的三角形平台掩饰,平台用铺砌护道边坡的方法予以加固。

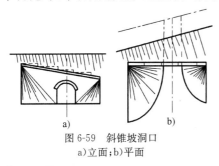

图 6-59 斜锥坡洞口
a)立面;b)平面

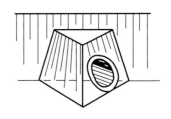

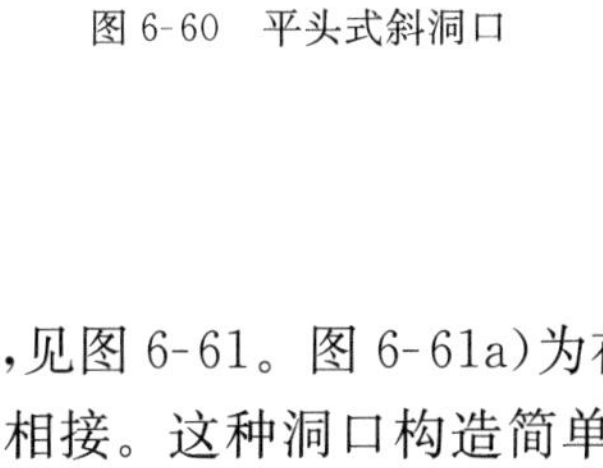

图 6-60 平头式斜洞口

4. 其他形式洞口

1) 护坡一字式洞口

当涵洞进出口与路基护坡相接时可采用护坡一字式洞口,见图 6-61。图 6-61a)为在涵端设一字墙直接与护坡相接;图 6-61b)为将涵台延长后与护坡相接。这种洞口构造简单,圬工砌体较省,仅适用于盖板涵的进出口。

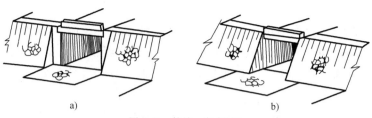

图 6-61 护坡一字式洞口
a)用一字墙连接;b)延长涵台直接相连

2)带圆形聚水池洞口

这类洞口多用于浅挖方地段,沟口宽阔平坦,集水范围较广或成梯田之山沟。其作用同跌水井洞口,由于集水井为圆形,形状较美观,且集水性能较好,但施工工艺较复杂,如图 6-62 所示。

3)上挡墙接跌水井洞口

当涵洞进口为挖方并设有上挡墙时可采用这种洞口。上挡墙开口后设端墙与急流槽相连接,挡墙上设置平台,其宽度视进口沟槽情况而异,如图 6-63 所示。

图 6-62 带圆形聚水池一字式洞口

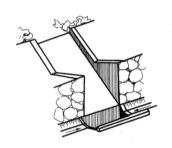

图 6-63 上挡墙接跌水井洞口

4)带沉淀池的八字式洞口

当涵洞进口沉积物较多时可在进口前设置沉淀池,与八字墙洞口相接即构成带沉淀池的八字式洞口,如图 6-64 所示。沉淀池深度一般不小于 50cm,视沉积物多少而定,沉淀池也可与一字墙锥坡洞口相接。

三、涵洞洞口综合比较

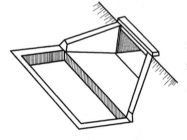

图 6-64 带沉淀池的八字式洞口

综上所述,各种常用的洞口形式适用性及特点归纳汇总如表 6-9 所示。

各类洞口比较表 表 6-9

洞口形式	适 用 性	优 缺 点
八字式	平坦顺直、纵断面高差不大的河沟。配合路堤边坡设置,广泛用于需收纳、扩散水流处	水力性能较好,施工简单,工程量较小,应用广泛
直墙式	涵洞跨径与沟宽基本一致,无须集纳与扩散水流的河沟、人工渠道	水力性能良好,工程量少。在山区能配合急流槽、消力池使用,应用不广泛
端墙式	平原地区流速很小,流量不大的河沟、水渠	构造简单,造价低,但水力性能较差
锥坡式	宽浅河沟上,对水流压缩较大的涵洞,常与较高、较大的涵洞配合	水力性能较好,能增强高路堤洞口、洞身的稳定性,但工程量较大,应用广泛

续上表

洞口形式	适 用 性	优 缺 点
跌水井式	沟槽纵坡较大,涵洞进口为挖方,以及天然沟槽与进口高差较大的涵洞进口	水力性能较好,具有消能、集水、降坡的功能。井内沉淀泥沙应经常清理
扭坡式	涵身迎水面坡度与人工水渠、河沟侧向边坡不一致时采用	水力性能较好,水流对涵洞冲刷小。施工工艺较复杂
平头式	水流过涵洞侧向挤压和束缚不大,流速较小,洞口管节需大批使用,可集中生产时采用	节省材料,工艺较复杂,水力性能稍差
走廊式	需收纳、扩散水流的无压力式涵洞,涵洞孔径选用偏小时采用	水力性能较好,工程量比八字式多,施工较麻烦
流线型	需通过流速、流量较大的水流,路幅较宽,涵身较长,大量使用时采用	充分发挥涵洞孔径的宣泄能力,水力性能好,但施工工艺复杂,材料用量较多

第五节 涵洞进出口沟床加固及防护

一、一般要求

涵洞进出水口处是水流变化的不稳定地段,易产生不利的局部冲刷致使洞口建筑发生破坏,是导致公路涵洞水毁的主要原因之一,因此涵洞进出水口河床必须根据沟床的地形、水文、水力等条件进行加固及防护处理。

进出水口沟床加固处理是与涵洞本身设置的坡度和涵洞上下游河沟的纵向坡度有关,凡涵洞设置坡度小于临界坡度,上下游河沟纵向坡度也较小时,称为缓坡涵洞;凡涵洞设置坡度大于临界坡度,或涵洞设置为临界坡度而上下游河沟纵坡却大于临界坡度时,一般称为陡坡涵洞,不同坡度时的涵洞进出水口沟床加固处理方法是有所不同的。

《公路涵洞设计细则》(JTG/T D65-04—2007)规定,涵洞进出水口沟床加固及防护的要求如下。

(1)在涵洞上、下游河沟和路基边坡一定范围内,宜采取冲刷防护措施。当沟底纵坡小于或等于15%时,可铺砌到上、下游翼墙端部,并应在上、下游铺砌端部设置截水墙。其埋置深度不小于台身或翼墙基础深度。

(2)进水口沟床加固及防护如下。

①当河沟纵坡小于10%,河沟顺直,且土质和流速许可时,可对进口采用干砌片石铺砌加固。

②当河沟纵坡为10%~50%时,除岩石沟槽外,沟底和沟槽侧向边坡以及路基边沟均须采取人工铺砌加固。加固类型由水流流速确定。

当采用缓坡涵进口时,涵前沟底纵坡较陡,涵身纵坡较缓,应在进口段设置缓坡段,其长度为1~2倍的涵洞孔径。

当采用陡坡涵进口时,涵身纵坡较大,水流呈急流状态,涵底坡度与涵前沟底纵坡基本平顺衔接，可不设缓坡段，只做人工铺砌加固。

③当河沟纵坡大于50％时，流速很大，进口处宜设置跌水井，可采用急流槽与天然河沟连接。急流槽底每隔1.5~2.0m距离宜设一防滑墙。为减缓槽内流速，可在槽底增设人工加糙设施。

④为便于检查、养护、清淤，涵洞可设置养护阶梯。

(3)出水洞口沟床加固及防护如下。

①在河沟纵坡小于3％的缓坡涵洞中，当出水流速小于土壤的允许冲刷流速时，下游洞口河床可不作处理；当出水口流速大于或等于土壤的允许冲刷流速时，下游洞口沟床应铺砌片石进行加固或设置挑坎防护。

②在河沟纵坡小于或等于15％的缓坡涵洞中，出水口流速较小时，可对下游河床进行一般的铺砌加固，并在铺砌末端设置截水墙。其埋置深度不小于洞身或翼墙基础深度。截水墙外做干砌片石加固。出口流速较大时，采用延长铺砌石块或混凝土块，同时设深埋的截水墙。其深度应大于铺砌末端冲刷深度0.1~0.25m。

③在河沟纵坡大于15％的陡坡涵洞中，其洞口末端应视河沟的地质、地形和水力条件，采用出口阶梯、急流槽、导流槽、跌水、消力池、消力槛、人工加糙等特殊加固消能设施。

二、进水口沟床加固与防护

1. 加固措施

1)缓坡沟床加固

在河沟纵坡小于10％、河沟顺直、纵坡平缓的情况下，仅对进口采用干砌片石铺砌加固，铺砌形式如图6-65所示。铺砌长度通常为1.0m。当流速较慢，为减少铺砌数量，也可采用U形的铺砌形式，见图6-65。这种处理形式多用于较大的多孔涵洞中，以节约更多的圬工体积，并同样可收到良好的防护效果。

2)一般陡坡沟床加固

当河沟纵坡为10％~40％时，则可采用图6-66的加固形式。沟槽开挖的边坡率采用1:10~1:4。除岩石沟槽外，河底和沟槽侧坡以及路基边沟均需用人工铺砌加固，加固的类型由水流速度而定。

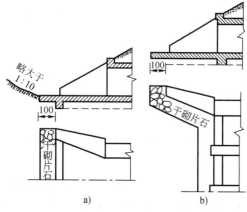

图6-65 平缓沟床进口铺砌（尺寸单位：cm）
a)整体铺砌；b)局部铺砌

图6-66a)为缓坡涵进口的加固形式。由于涵前沟底纵坡较陡，洞身纵坡平缓，水流在进口处由急突然变缓易产生水跃，因而在进口段设置缓坡段，其长度为$(1~2)L_0$（L_0为涵洞孔径）。

图6-66b)为陡坡涵进口的加固形式。由于洞内纵坡较大，水流呈急流状态，涵底坡度与涵前沟底纵坡基本平顺衔接，因而可不设缓坡段。

3)陡坡沟床加固

当涵前河沟纵坡大于50％时，水流流速很大，进口则需设跌水井与天然河沟连接，以削减水能，减缓流速。上游沟槽开挖坡度，可根据河沟土质情况确定，一般采用1:2~1:1。为加固河槽，跌水井与河槽连接处可采用吊沟或U形断面急流槽形式（图6-67、图6-68）。吊沟一般做成梯形断面,在非岩石土沟槽时沟壁应进行铺砌加固。U形断面急流槽槽底宽度应与涵洞孔径相等。两侧边墙厚一般可采用40cm。为确保急流槽的稳定,槽底应每隔150~200cm距离设一防滑墙。有时为减缓槽内流速,还可在槽底增设人工加糙设施,加糙类型如图6-69所示。

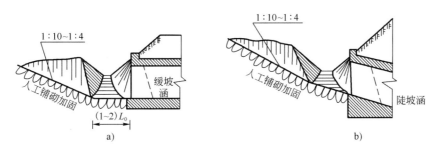

图6-66 进水口挖方沟床加固
a)缓坡涵;b)陡坡涵

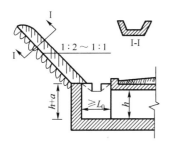

图6-67 梯形吊沟

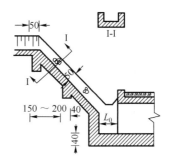

图6-68 U形急流槽(尺寸单位:cm)

4)沟床特殊加固及防护措施

(1)岩石挖方跌水井

当进水口为岩石沟槽时,可视地形情况,直接在石方上开挖跌水井,如图6-70所示。上游沟槽开挖坡度一般为1:0.2。当涵洞孔径小于0.75m时,为减少石方开挖数量,在水流较小时,可不另开挖沟槽,使水流直接从边坡流入涵洞。

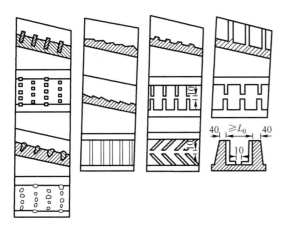

图6-69 人工加糙沟床图式(尺寸单位:cm)

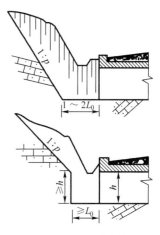

图6-70 岩石跌水井

图6-71 进口挡石坝

(2)小型挡石坝

当上游河沟水流带有较多砾石或石块时,为防止堵塞洞口,可在进口设置小挡石坝,其布置如图6-71所示。

(3)进口边沟加固

当涵洞进口设有跌水井,且挖方边沟为土质或土夹石的平缓山坡,且洞口平坦时,应对边沟进行加固,并将沟底加宽与跌水井顺接,同时对边坡进行砌石加固,其加固形式如图6-72所示。

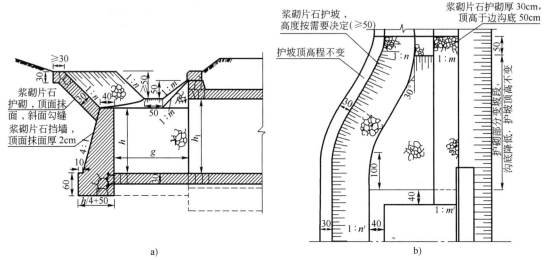

图6-72 进口边沟加固(尺寸单位:cm)
a)纵剖面图;b)半平面图

(4)进口挡槛消能设施

当涵洞进口水流为急流或夹有石块、杂物时,可在洞口设挡槛,以消能或拦截杂物,挡槛中应留泄水口。挡槛可设一道,也可设多道,视具体情况而定,设挡槛时涵洞净高应适当提高,确保必要的过水断面。挡槛的设置可与急流槽配合使用,如图6-73所示。

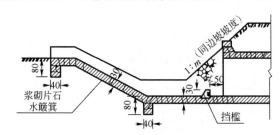

图6-73 设挡槛的进口(尺寸单位:cm)

(5)设养护阶梯的进口

为便于涵洞检查、养护、清除沉积物,可视具体及需要设置养护阶梯。有时人行通道的进口也可采用设阶梯的办法,如图6-74所示。

(6)设挡水墙的进口

设有跌水井的涵洞洞口,当水流落差很大,为防止水流冲刷路基,可在洞口上方设挡水墙,如图 6-75 所示。挡水墙的长度及高度视水流大小及落差高度而定。当挡水墙断面较大时,墙下的涵身及一字墙应对其承受能力进行断面核算。

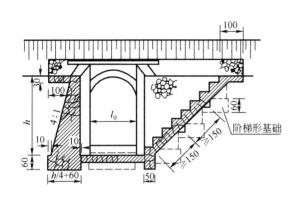

图 6-74 设置养护阶梯的进口(尺寸单位:cm)

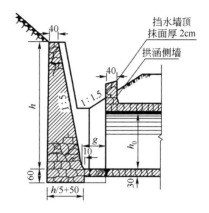

图 6-75 设挡水墙的进口(尺寸单位:cm)

(7)设有拦砂墙的进口

当涵洞上游有较大数量流沙或泥石流冲入涵洞时,可采用拦砂墙防护的措施,如图 6-76 所示。拦砂墙可有拱形墙和直墙两种形式,墙上应按 50cm 间距梅花形布设泄水孔。

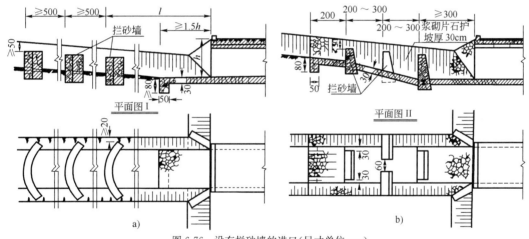

图 6-76 设有拦砂墙的进口(尺寸单位:cm)
a)拱形墙式;b)直墙式

2. 注意问题

(1)在设置各类型进口加固设施时,应特别注意使水流顺畅。上游沟槽特别弯曲时,应对沟槽适当改沟,不宜片面追求缩短进口设施,强使水流拐弯或用折线拐弯。

(2)进水口新开引水河沟应力求较短,禁止上游开挖出现积水坑。与原河沟的衔接务必顺直。当上游河槽为透水性较强的砂石土质时,不宜采取截直改流措施,以防止水流窜入老沟,冲毁路基。

(3)陡坡涵进口,可视具体情况设置踏步,以便养护人员上下。

(4)为确保水流顺畅地流入涵洞,避免水流从涵洞侧面绕行或涵底下渗流,涵洞上游铺砌加固与洞口的衔接处应严密、顺畅,确保工程质量。在非岩石的河沟衔接处一般应有不小于 0.6~1.0m 深的截水墙,并在无明显河沟或河沟弯曲处设置小型的导流设施。

(5)考虑不均匀沉降的影响,进水口建筑物与涵洞端墙连接处须留伸缩缝。对于急流槽及较长的加固设施,应按 5～10m 设置一道伸缩缝,缝宽 2cm,并以沥青砂浆填实。

(6)铺砌结构一般用干砌片石、浆砌片石,必要时可用低等级的混凝土浇筑。

三、出水口沟床加固与防护

1. 加固与防护的作用

小桥涵孔径通常对天然河床都有较大的压缩,上游形成较高的壅水位,因而水流经过桥涵下时的流速,特别是在出口时的流速,都比天然流速大。流速增大将导致桥涵下游产生不利的局部冲刷。据分析,引起小桥涵下游产生局部冲刷的原因主要有三个。

(1)实际流速大于土壤允许不冲刷流速,产生不利的局部冲刷。

(2)当出口流速大于临界流速时,水流将处于急流状态。如果下游沟槽的坡度小于临界坡度,则天然流速为缓流状态,而水流由洞内的急流变为缓流,则在出口处便形成水跃,使水流紊动性增大,这样水流在竖直面内产生旋流,仍会产生冲刷。

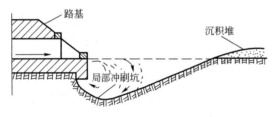

图 6-77 涵洞出口局部冲刷示意图

(3)出口水流流向与河床形成某一交角时,出口水流对河岸产生淘刷作用,形成不利冲刷。由于冲刷,先在小桥涵下游冲成一个深坑,见图 6-77。在洪水通过后,坑内长期积水,使坑内的边坡逐渐伸展,直到洞口,引起洞口破坏。根据我国铁路部门对 600 多座山区涵洞的调查,涵洞水毁大部分都是由于出水口处理不当所致,而其中下游水毁较上游多 3～4 倍。因此,对小桥涵下游沟床进行加固防护,不仅有利于小桥涵的稳定,而且通过对沟槽进行简单的加固可以使允许流速增大,孔径适当缩小,减少桥涵的造价,在经济上也有较好的效果。

2. 加固措施类型

出水口加固防护的设置,应根据地形、地质条件和水流特性,通过水力计算慎重选择洞口扩散、缓流、消力等设计类型,并充分考虑使农业不受水害。

公路小桥涵下游防护加固类型,就其抵挡水流冲刷、稳定河床的作用可有以下类型:

(1)铺砌加固,又可分为一般铺砌加固和延长铺砌加深截水墙两种形式。

(2)挑坎防护。

(3)特殊消能设施,包括急流槽、跌水、消力池等。

3. 出口铺砌加固

1)一般的铺砌加固形式

在洞身纵坡 $i<15\%$ 的缓坡涵洞中,出口流速较小,通常只对下游河床进行一般的加固铺砌,如图 6-78 所示。水流经出水口翼墙虽已扩散,但在下游河床中仍有冲刷现象发生。为防止冲刷,一般还应在洞口末端设置截水墙。其埋置深度 a 应大于或等于洞身或翼墙基础深度。截水墙外做干砌片石加固,以保护截水墙。

2)延长铺砌加固形式

当天然沟床纵坡较陡,水流流速较大时,则应采用延长铺砌石块或混凝土块来抵抗高速的水流,同时设深埋的截水墙保护平砌的加固层,使端部不因淘刷而水毁。其加固形式如图 6-79 所示。

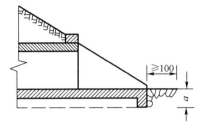

图 6-78　出口一般铺砌加固
（$i<15\%$,尺寸单位:cm）

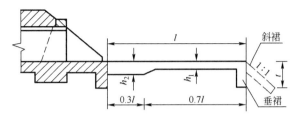

图 6-79　延长铺砌加固

(1)延长铺砌长度的确定

影响铺砌加固长度的因素较多,用水力公式计算比较复杂,一般当孔径较小且河床纵坡不大时,铺砌长度可取孔径的 1～3 倍。

当孔径较大时,铺砌长度 l(m)与河床土质、单宽流量 q 及下游水流状态有关,可参照以下公式进行计算。

$$l = K \cdot q^n \tag{6-2}$$

式中：K,n——计算参数,由表 6-10 确定;

q——出水洞口端部的单宽流量(m³/s),$q=Q/B$[以 m³/(s·m)计],式中 Q 可取涵洞的通过设计流量,B 为通过此流量时对应的水面宽度。

K、n 值表　　　　表 6-10

土的种类	自由流出时		非自由流出时	
	K	n	K	n
亚黏土、亚砂土	2.5	0.7	1.7	0.7
重亚黏土、密实的亚黏土	2.2	0.7	1.4	0.7
卵石、砾石	1.7	0.75	1.1	0.75
大卵石	1.1	0.75	0.7	0.75

(2)铺砌厚度的确定

①加固厚度 h_2

由于水流在桥涵出口处产生扩散,水深急剧下降,水流与一般流速情况不同,此时加固工程要受到自下而上的静水压力,根据桥涵出水口水深与加固工程上面水深的差值,就可决定这项压力。此时压力应小于加固工程的重量,否则加固工程会因上浮而破坏。因此,出口加固铺砌的厚度应加厚,其值按下式计算：

$$h_2 = \frac{\rho_1}{\rho_2 - \rho_1}(h_{Lj} - h) \tag{6-3}$$

式中：ρ_1——水的密度,取 1kg/m³；

ρ_2——加固石块或混凝土的密度,取 2.65kg/m³；

h——加固工程上的平均水深(m)；

h_{Lj}——洞内临界水深(m)。

局部加厚 h_2 的长度约为加固全长的30%,且不应小于1.5m。

②加固厚度 h_1

加固厚度 h_1(图6-79)应根据小桥涵下扩散水流的设计流速(也可近似取出口处流速)及加固类型确定。通常采用单层片石铺砌,厚度为20～30cm,下设10cm厚碎石垫层。

(3)截水墙及其埋置深度 t

加固工程末端的截水墙可有垂裙(亦称隔水墙、拦水墙)及斜裙(亦称斜坡、防淘斜坡)两种形式,如图6-79所示。

①垂裙。其结构尺寸按挡土墙原理确定,并用水泥砂浆浆砌,以保安全。

②斜裙。通常用干砌片石砌筑,斜坡坡度不大于1:1。由于水流顺斜坡流下时,其最大流速位于水底,因而使斜裙的冲刷深度比垂裙大。当斜坡度为1:2时,冲刷深度将增大10%～40%,因此一般用垂裙比斜裙有利。

为防止加固末端的淘刷,无论垂裙或斜裙都应有一定的埋置深度 t,其值必须大于加固工程末端的冲刷深度 Δ,并由下式决定。

$$t = \frac{4}{3}\Delta \tag{6-4}$$

当 Δ 很大时,可用下式确定:

$$t = \Delta + 0.5 \tag{6-5}$$

垂裙埋置深度与出口流速有关,也可参考表6-11确定。当流速大于6m/s时,应考虑设消力池、消力槛或加大孔径等措施。

垂裙埋置深度表　　　　　表6-11

出口流速(m/s)	1.0	2.0	3.0	4.0	5.0	6.0
垂裙埋置深度(m)	0.50	0.90	1.32	1.70	2.00	2.20

垂裙厚度可参考表6-12确定。

垂　裙　厚　度　表　　　　　表6-12

垂裙埋置深度(m)	<1.2	1.2～1.5	1.5～1.8	1.8～2.1	≥2.2
垂裙厚度(m)	0.4	0.5	0.6	0.7	0.8

(4)铺砌种类

延长铺砌的种类根据出口流速参考表6-13确定。

延　长　铺　砌　种　类　　　　　表6-13

出口流速(m/s)	≤1.0	1.0～2.0	2.0～6.0	>6.0
铺砌种类	无铺砌	干砌片石	浆砌片石	混凝土铺砌

4. 出口挑坎防护

1)挑坎的组成

在自由流出的涵洞的下游,为变冲为淤,减少工程数量,可在出水口设置一级、二级或三级挑坎。挑坎由上坎、平台、下坎及截水墙四部分组成,如图6-80所示。

2)挑坎的作用

在出口八字墙或锥坡范围内设置挑坎后,水流出桥涵后即被大坎上挑,从而抬高了水位,增加了表层流速,大大减小了底部流速,削弱了水流的扩散力和扩散向上的旋涡。上坎以后,平台及下坎有保持出水口水位、削减水流冲刷能量和缩短出水口水跃长度的作用。随后小坎又再次把冲刷位置挑离铺砌层末端，减少了冲刷。同时，由于小坎后的回流反而使铺砌末端变冲刷为淤积。实践证明：出口采用挑坎，是一种防冲的经济实用的防护措施。挑坎对水流的作用如图 6-80 所示。

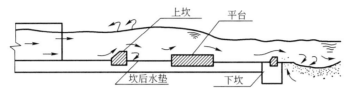

图 6-80 挑坎的组成及对水流的作用(尺寸单位：cm)

3）挑坎尺寸及布置

（1）挑坎的布置

挑坎的一般布置如图 6-81 所示。

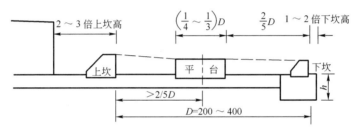

图 6-81 挑坎一般布置图(尺寸单位：cm)

（2）挑坎形式的选择

挑坎的形式，通常根据出口八字墙铺砌长度确定，可参照表 6-14 选用。

挑 坎 形 式 选 用　　　　　　表 6-14

八字墙铺砌长度(m)	>4	2～4	<2
挑坎形式	三级挑坎	二级或三级挑坎	一级或二级挑坎

（3）上下坎间距 D

D 值的大小与上游铺砌长度有关，铺砌越长，D 值越大；铺砌越短，D 值也就越小。一般 D 值为 2.0～4.0m。

（4）挑坎尺寸

挑坎的一般尺寸如图 6-82 所示。出水口水深为 1.5～2.5m 时，上坎高一般采用 20cm。

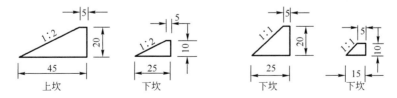

图 6-82 挑坎一般尺寸(尺寸单位：cm)

（5）截水墙埋深及铺砌高程

铺砌端部截水墙埋置深度为：二、三级挑坎为铺砌面以下 0.5～0.7m 深，一级挑坎为铺砌面以下 0.7～1.0m 深。也可参照涵洞出水口截水墙的埋置深度确定。

根据实践经验,河床铺砌面高程一般以使上坎或下坎河床面齐平为宜,这样既可保证得到较好的冲刷防护效果,又减少了挑坎对上游的壅水影响。

(6)用于漫水工程中的挑坎漫水路堤下游铺砌一般可采用一级或二级挑坎,如图6-83所示。

四、特殊进出口加固与防护

当天然沟床纵坡大于15％时,须设置陡坡涵。陡坡涵的出水口布设与天然河沟衔接得好坏,是防止冲刷病害的关键。陡坡涵的洞口末端应视沟床的地质、地形和水力条件,采用特殊的加固措施,包括:出口阶梯、急流槽(等截面和变截面)、导流槽、跌水(单级或多级)、消力池、消力槛、人工加糙等消能措施。

1. 出口阶梯加固

当出口采用填土边坡时,为使边坡不受水流冲刷,确保路基稳定,可设置浆砌块片石阶梯加固,如图6-84所示。加固尺寸见表6-15。

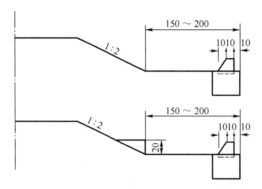

图6-83 浸水路堤的挑坎布置(尺寸单位:cm)   图6-84 阶梯加固出口(尺寸单位:cm)

阶梯加固 W、C 尺寸表(cm)   表6-15

m	0.75	1.00	1.50	2.00	2.50
W	23	30	45	60	75
C	53	60	75	90	105

2. 延长洞口加固

当填方路堤出口沟渠发生变坡时,可将原洞口延长,设置跌水或急流坡,并在端部设加深的隔水墙,如图6-85所示。加固部分结构与原洞口八字墙或一字墙锥坡的结构相同,多用浆砌片石或混凝土进行铺砌。

3. 出口导流槽加固

当出口为排水沟渠或需将水引流到指定地点宣泄时,可在出口处设导流槽进行加固和导流,如图6-86所示。图6-86为八字墙洞口,由于地形、地物影响,要求水流顺路线方向导流(转向90°)的图式。导流方向和导流槽布设应视出口具体条件而定。

4. 出口设消力池加固

当出口无沟形或较平坦,水流出后,为减小流速、减轻冲刷,设置漫流状消力池,如图6-87所示。池深一般不小于30cm,池长度可根据水文、土质条件确定,但一般不小于 $m(h=30\mathrm{cm})$。

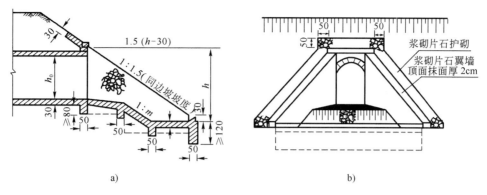

图 6-85 延长洞口铺砌加固(尺寸单位:cm)
a)纵剖面图;b)立面图

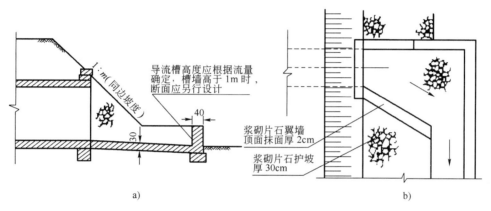

图 6-86 出口设导流槽加固(尺寸单位:cm)
a)纵剖面图;b)平面图

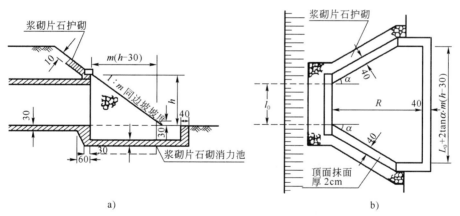

图 6-87 出口设消力池加固(尺寸单位:cm)
a)纵剖面图;b)平面图

5. 出口设消力坎加固

当出口为较高山坡,洞口至沟底距离较长,为消能减冲,可设置消力坎加固,如图 6-88 所示。加固末端的宽度视坡面的坡度而定,坡缓应宽,坡陡宜窄,一般不小于 l_0+400(cm)。消力坎可用混凝土预制,也可用块石嵌砌。

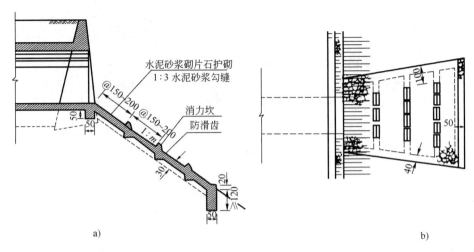

图 6-88 出口设消力坎加固(尺寸单位:cm)
a)纵剖面图;b)平面图

6. 各类消能设施的组合加固形式

以上消能设施,可以单独作用,也可以联合使用。图 6-89 为列举的几种不同的布置形式,可供设计参考。

图 6-89a)为设有跌水、缓流井、消力槛的出口布置;图 6-89b)为设有跌水、急流槽的出口布置;图 6-89c)为设有急流槽、缓流井、消力槛的布置;图 6-89d)为设有多级跌水、消力槛的布置;图 6-89e)为台阶式加糙急流槽的布置。以上各种布置,均按敞开角为 30°的扩大八字翼墙与涵身进行衔接。

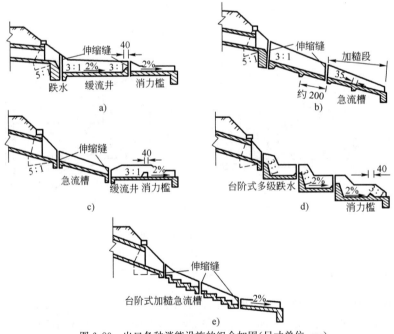

图 6-89 出口各种消能设施的组合加固(尺寸单位:cm)

7. 上下线涵连接加固形式

当公路上下线在一个坡面同时跨越一条沟渠，上线的涵洞急流槽出口即为下线进水口急流槽时，可采用图 6-90 中的连接加固形式。急流槽的坡度应与山坡坡度相同，并使出、进口与急流槽相顺接。

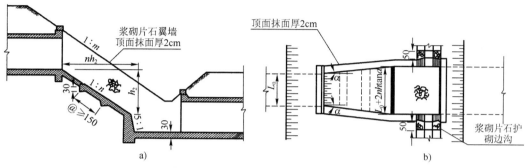

图 6-90　上下线涵连接加固（尺寸单位：cm）
a）纵剖面图；b）平面图

【复习思考题及习题】

1. 涵洞由哪些部分组成？各组成部分的作用是什么？
2. 简述盖板涵和拱涵的组成及各组成部分的功能及构造。
3. 简述钢波纹管涵的主要特点及选用原则。
4. 涵洞洞口常用的形式有哪些？试比较八字墙洞口和锥坡洞口的特点及适用条件。
5. 跌水井洞口和扭坡式洞口的特点及适用条件是什么？
6. 何谓流线型洞口？流线型洞口的常用形式有哪些？适用条件是什么？
7. 为什么要对涵洞出水口进行沟床加固？有哪些常用的加固类型？
8. 名词解释：

八字墙洞口　斜交斜做洞口　斜交正做洞口　跌水井洞口　扭坡式洞口　斜裙　挑坎

第七章 小桥涵尺寸及工程量计算

第一节 涵洞长度计算

一、正交涵洞长度计算

涵洞长度是指从涵洞进口涵台处边缘至出口涵台外边缘的水平长度。

对于明涵涵长则是桥面的净宽加帽石宽,因此涵长无须计算。但对板、拱、箱式暗涵,由于涵顶填土两侧的路基放坡,致使涵洞长度增长,而且这种变化会随涵洞正交和斜交涵洞的洞口形式(正洞口和斜洞口)、道路超高和加宽及路线纵坡不同等变化。

1.路基边坡无变坡时

路基边坡无变坡时的涵长计算见图7-1。

涵长:

$$L = L_1 + L_2$$
$$L_1 = B_1 + m(H_1 - a - iL_1) + c$$
$$(1 + im)L_1 = B_1 + (H_1 - a)m + c$$

同理:

$$L_1 = \frac{B_1 + m(H_1 - a) + c}{1 + im} \quad (7\text{-}1)$$

$$L_2 = \frac{B_2 + m(H_2 - b) + c}{1 - im} \quad (7\text{-}2)$$

式中：B_1、B_2——路基左右侧宽度（包括弯道加宽值）(m)；

　　　a——涵洞进口帽石顶面至基础顶面高度(m)；

　　　b——涵洞出口帽石顶面至基础顶面高度(m)；

　　　c——帽石顶面宽度(m)；

　　　$1:m$——路基边坡度；

　　　H_1、H_2——路基左、右侧边缘设计高程与涵洞中心基础顶面高程之差，在弯道上应考虑超高及加宽的影响(m)；

　　　i——涵底纵坡度(%)。

2. 路基边坡有变坡时

路基边坡有变坡时的涵长计算见图 7-2。

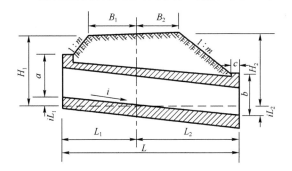

图 7-1　路基边坡无变坡时的涵长计算　　　图 7-2　路基边坡有变坡时的涵长计算

按上面方法很容易推出长度计算公式：

$$L_1 = \frac{B_1 + mh + m_1(H_1 - h - a) + c}{1 + im_1} \quad (7\text{-}3)$$

$$L_2 = \frac{B_2 + mh + m_1(H_1 - h - b) + c}{1 - im_1} \quad (7\text{-}4)$$

式中：$1:m$——接近路基顶面处的路基边坡度；

　　　$1:m_1$——接近涵洞处的路基边坡度；

　　　h——路基边坡变坡点至路基边缘的高度(m)；

　　　其余符号意义同前。

二、斜交涵洞长度计算

斜交涵洞洞口通常有斜洞口和正做洞口两种形式。斜洞口涵洞端墙与路中线平行，与涵轴线斜交；正做洞口端墙与路中线斜交，与涵轴线垂直。

1. 斜洞口涵长计算

如图 7-3 所示，很容易推得涵长计算公式：

$$L_1' = \frac{L_1}{\cos\alpha} = \frac{B_1 + m(H_1 - a) + c}{\cos\alpha(1 + im)} = \frac{B_1 + m(H_1 - a) + c}{\cos\alpha + i'm} \tag{7-5}$$

$$L_2' = \frac{L_2}{\cos\alpha} = \frac{B_2 + m(H_2 - b) + c}{\cos\alpha(1 - im)} = \frac{B_2 + m(H_2 - b) + c}{\cos\alpha - i'm} \tag{7-6}$$

式中：α——涵洞斜度；

$\quad i'$——沿涵轴线方向的涵底纵坡，$i' = i\cos\alpha$；

H_1、H_2——涵轴线处路基左、右侧边缘设计高程与涵洞中心基础顶面高程之差，在弯道上应考虑超高及加宽的影响(m)；

其余符号意义同前。

2. 正做洞口涵长计算

1) 帽石平置式正做洞口

如图 7-4 所示，则得：

$$L_1 = A_1 + A_2 + \frac{B_1}{\cos\alpha} \tag{7-7}$$

$$A_1 = c + \frac{d}{2}\tan\alpha \tag{7-8}$$

$$A_2 = (H_1 - a - i'L_1)\frac{m}{\cos\alpha} \tag{7-9}$$

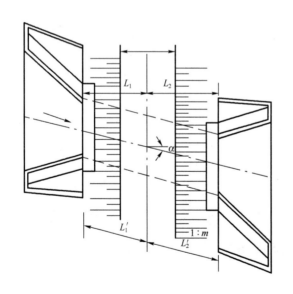

图 7-3 斜交斜做洞口涵长计算

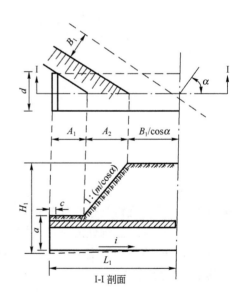

图 7-4 斜交正做洞口涵长计算（帽石平置）

将式(7-8)和式(7-9)代入式(7-7)，化简后得：

$$L_1 = \frac{m(H_1 - a) + B_1 + c\cos\alpha + \frac{d}{2}\sin\alpha}{\cos\alpha + i'm} \tag{7-10}$$

同理：

$$L_2 = \frac{m(H_2 - b) + B_2 + c\cos\alpha + \frac{d}{2}\sin\alpha}{\cos\alpha - i'm} \quad (7\text{-}11)$$

式中：d——帽石长度(m)；

其余符号意义见图 7-4。

2) 帽石斜置式正做洞口

以上公式为帽石平置式（帽石在同一个水平面上），这时涵洞进出口洞身外露于路基外，呈现一三角形平台，既不美观，又使工程量增加。为此，通常将斜交正做洞口帽石做成台阶式或斜坡式，如图 7-5 所示，此时两侧八字墙高度各不相同。

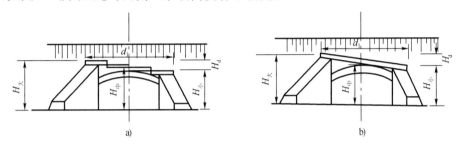

图 7-5 正做斜置式涵洞口形式
a)台阶式；b)斜坡式

图 7-5 中 H_d 为大小八字墙之高差，即：

$$H_d = H_大 - H_小 = \frac{d\sin\alpha}{m} \quad (7\text{-}12)$$

$$H_小 = H_中 - \frac{H_d}{2} \quad (7\text{-}13)$$

式中：$H_大$——进出口处大八字翼墙帽石顶面至涵洞基础顶面的高度(m)；

$H_中$——进出口处涵洞轴线帽石顶面至涵洞基础顶面的高度(m)，见图 7-5；

$H_小$——进出口处小八字翼墙帽石顶面至涵洞基础顶面的高度(m)，见图 7-5；

其余符号意义同前。

如图 7-6 所示，可推得计算公式：

$$L'_1 = \frac{B_1 + m(H_1 - H_小) - 0.5d\sin\alpha}{\cos\alpha + i'm} \quad (7\text{-}14)$$

$$L'_2 = \frac{B_2 + m(H_2 - H_小) - 0.5d\sin\alpha}{\cos\alpha - i'm} \quad (7\text{-}15)$$

式中符号意义同前。

3) 考虑路线纵坡时涵长计算的修正

根据推导，凡属斜交洞口，其洞口无论是斜做或正做，考虑路线纵坡影响时，不分上、下游，其接近路基纵向低点一侧，在原公式分母中加上 $i_2 m\sin\alpha$ 值；其接近路基纵向高点一侧，则在原式分母中减去 $i_2 m\sin\alpha$ 值即可。其中 i_2 为路线纵坡，其余符号意义同前。

3. 缓和曲线上斜交涵洞长度计算

1) 路基内、外边缘曲线方程

路基内、外边缘曲线方程推算图见图 7-7。

缓和曲线（中轴线）方程为：

$$x = L - \frac{L^5}{40C^2} + \cdots \quad (7\text{-}16)$$

$$y = \frac{L^3}{6C} - \frac{L^7}{336C^3} + \cdots \quad (7\text{-}17)$$

$$\varphi = \frac{L^2}{2C} - \frac{L^2}{2RL_s}（\text{以弧度计}） \quad (7\text{-}18)$$

式中：R——主曲线半径；

L_s——缓和曲线长；

C——缓和曲线参数，$C = L_s \cdot R$；

L——缓和曲线上任一点 M 至 ZH 点曲线长。

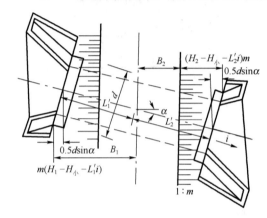

图 7-6 正做帽石斜置式洞口涵长计算　　图 7-7 路基内、外边缘曲线方程推算图

路基内边缘方程为：

$$x_{\text{内}} = L - \frac{L^5}{40C^2} - \left(\frac{D}{2} + \frac{L}{L_s} \times B_J\right) \times \sin\frac{L^2}{2RL_s} \quad (7\text{-}19)$$

$$y_{\text{内}} = \frac{L^3}{6C} - \frac{L^7}{336C^3} + \left(\frac{D}{2} + \frac{L}{L_s} \times B_J\right) \times \cos\frac{L^2}{2RL_s} \quad (7\text{-}20)$$

路基外侧边缘方程为：

$$x_{\text{外}} = L - \frac{L^5}{40C^2} + \frac{D}{2}\sin\frac{L^2}{2RL_s} \quad (7\text{-}21)$$

$$y_{\text{外}} = \frac{L^3}{6C} - \frac{L^7}{336C^3} + \frac{D}{2}\cos\frac{L^2}{2RL_s} \quad (7\text{-}22)$$

式中：B_J——总加宽值；

D——直线段路基宽度。

2）涵轴线的直线方程

如图 7-8 所示坐标系，涵轴线 $\overline{AB}$ 的方程为：

$$y = kx + b \quad (7\text{-}23)$$

式中：k——系数，

$$k = -\tan Q = \tan(\beta - \varphi_m) \quad (7\text{-}24)$$

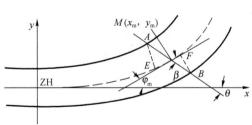

图 7-8 涵轴线的直线方程推算图

b——常数,

$$b = y_m - kx_m = y_m + \tan(\beta - \varphi_m)x_m \tag{7-25}$$

β——涵轴线斜度;

φ_m——涵位处切线与 x 轴的交角;

x_m、y_m——涵位中桩的坐标值。

3)求 $\overline{AB}$ 长度

由路基内、外边缘曲线方程即式(7-19)、式(7-20)、式(7-21)、式(7-22)分别与式(7-23)联解,并用牛顿迭代法即可求得内、外边缘 A、B 点对应的中线到曲线起点(ZH)的长度 L_A、L_B、x_B、y_B。将 L_A、L_B 代入式(7-19)、式(7-20)、式(7-21)、式(7-22)即可求得涵轴线路基内、外缘 A、B 点的坐标(x_A, y_A)、(x_B, y_B),则:

$$\overline{AB} = \sqrt{(x_A - x_B)^2 + (y_A - y_B)^2} \tag{7-26}$$

4)求 A、B 点的高程

由 L_A、L_B 便可求得中线上 E、F 点的高程。再根据 E、F 点所对应的加宽及超高,即可算出 A、B 点的高程。

5)计算涵长

由 $\overline{AB}$ 长度和 A、B 点的高程即可按前面斜交涵涵长计算的方法求出涵洞上、下游的长度。

第二节 小桥涵主体工程数量计算

一、一般要求

1. 工程数量单位

小桥涵工程数量通常用圬工体积和圬工表面积来表示,它是编制概(预)算和施工计划的依据。

工程数量是按各部分分别进行计算的。各部位的工程名称应采用有关规定、规程和规范的统一名称,并与概(预)算定额的项目一致。工程数量及材料数量所用单位及小数位数取定按表7-1采用。

工程数量取用位数 表7-1

工程材料项目	单位	取用位数	
		明细表	汇总表
混凝土、圬工	m³	小数点后两位	小数点后一位
石方、土方	m³	整数位	整数位
钢筋长度	m	小数点后两位	小数点后一位
钢筋质量	kg	小数点后一位	整数位
型钢、铁件等质量	kg	小数点后一位	整数位
预应力筋长度	m	小数点后一位	整数位
预应力筋质量	kg	小数点后一位	整数位

续上表

工程材料项目	单 位	取用位数	
		明 细 表	汇 总 表
木材	m³	小数点后一位	小数点后一位
模板	m²	小数点后一位	整数位
防水层	m²	整数位	整数位
勾缝面积	m²	整数位	整数位
石灰土、砂	m³	整数位	整数位
生石灰	t	小数点后两位	小数点后一位
石油沥青	t	小数点后两位	小数点后一位

2. 工程细目

根据公路工程施工图设计及预算的要求,石拱桥(涵)及钢筋混凝土板涵的工程细目如下。

1)石拱桥(涵)

(1)浆(干)砌块(片)石拱圈。

(2)浆(干)砌块(片)石台身。

(3)浆(干)砌块(片)石台基。

(4)浆(干)砌块(片)石墩身。

(5)浆(干)砌块(片)石墩基。

(6)浆砌片石护拱。

(7)浆砌块(片)石洞身铺砌。

(8)浆砌块(片)石洞口。

(9)浆砌粗料帽石。

(10)浆砌粗料栏杆。

(11)挖基土(石)方。

(12)拱上及台背填料。

2)钢筋混凝土板涵

(1)钢筋混凝土盖板。

(2)浆砌块(片)石台身(或混凝土台身)。

(3)浆砌块(片)石台基(或混凝土台基)。

(4)混凝土台帽。

(5)混凝土支撑梁。

(6)浆砌块(片)石洞身铺砌。

(7)浆砌块(片)石(或混凝土)洞口。

(8)钢筋混凝土栏(或石砌栏)。

(9)挖基土(石)方。

涵洞的工程细目应包括工程部位、工程结构类型及主要材料,并与工程概、预算相应的工程细目一致,以便编制概(预)算使用。

二、拱圈

1. 主要尺寸

如图 7-9 所示,圆弧拱主要尺寸如下:

$$R = \frac{L_0}{2}\left(\frac{L_0}{4f_0} + \frac{f_0}{L_0}\right) \quad (7\text{-}27)$$

$$\varphi_0 = \arcsin\frac{L_0}{2R} \quad (7\text{-}28)$$

或

$$\varphi_0 = \arccos\left(1 - \frac{f_0}{R}\right) \quad (7\text{-}29)$$

$$f_0 = R(1 - \cos\varphi_0) \quad (7\text{-}30)$$

$$L_0 = 2R\sin\varphi_0 \quad (7\text{-}31)$$

$$x = \left(1 - \frac{L_0}{2R}\right)d \quad (7\text{-}32)$$

$$y = \left(1 - \frac{f_0}{R}\right)d \quad (7\text{-}33)$$

$$s = 2\varphi_0\left(R + \frac{d}{2}\right) \quad (7\text{-}34)$$

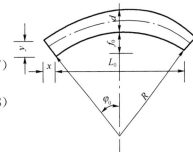

图 7-9 拱圈尺寸

式中:s——拱轴长度(m);

其余符号意义见图 7-9。

2. 拱圈体积

$$V_{拱圈} = \varphi_0(2Rd + d^2)B \quad (7\text{-}35)$$

或用下面简便公式计算:

$$V_{拱圈} = ULdB \quad (7\text{-}36)$$

式中:U——圆弧拱拱轴长度系数,可由表 7-2 查得;

L——计算跨径(m),$L = L_0 + x$;

L_0——净跨径(m);

B——拱圈宽度(m);

d——拱圈厚度(m)。

U 值 表 表 7-2

$\dfrac{f_0}{L_0}$	$\dfrac{1}{2}$	$\dfrac{1}{3}$	$\dfrac{1}{4}$	$\dfrac{1}{5}$	$\dfrac{1}{6}$	$\dfrac{1}{7}$	$\dfrac{1}{8}$	$\dfrac{1}{9}$	$\dfrac{1}{10}$
U	1.571 0	1.278 2	1.159 4	1.102 0	1.072 0	1.053 5	1.041 0	1.032 5	1.026 5

3. 拱圈两侧及拱弧勾缝面积

$$A_{拱} = U(2Ld + L_0 B) \quad (\text{m}^3) \quad (7\text{-}37)$$

式中符号意义同前。

三、侧墙

1. 侧墙的组成

侧墙的组成如图 7-10 所示,U 形桥台上侧墙由 V_3、V_4、V_5、V_6 四部分组成;涵洞一字墙由 V_3、V_4、V_5 三部分组成;拱上侧墙由 V_1、V_2 两部分组成。

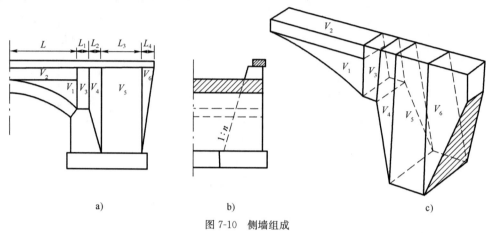

图 7-10 侧墙组成
a)立面图;b)半侧面;c)立体图

2. 拱圈上侧墙 V_1

1)圆弧拱拱上侧墙(图 7-11)

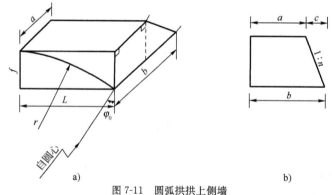

图 7-11 圆弧拱拱上侧墙
a)立体图;b)侧视图

(1)计算公式

$$V_1 = \frac{1}{2}(a+b)fL - aA - \frac{c}{f}\left(rA - \frac{1}{3}L^3\right) \tag{7-38}$$

$$b = a + c = a + nf \tag{7-39}$$

$$A = \frac{1}{4}[2\varphi_0 - \sin(2\varphi_0)]R^2 \tag{7-40}$$

(2)查表法

$$V_1 = k_1 aL^2 + k_2 nL^3 \tag{7-41}$$

式中:k_1、k_2——系数,其值见表 7-3。

k_1、k_2 表   表 7-3

$\dfrac{f}{2L}$	$\dfrac{1}{2}$	$\dfrac{1}{3}$	$\dfrac{1}{4}$	$\dfrac{1}{5}$	$\dfrac{1}{6}$	$\dfrac{1}{7}$	$\dfrac{1}{8}$	$\dfrac{1}{9}$	$\dfrac{1}{10}$
k_1	0.2146	0.1828	0.1503	0.1261	0.1064	0.0923	0.0814	0.0727	0.0659
k_2	0.0479	0.0313	0.0212	0.0161	0.0107	0.0078	0.0062	0.0055	0.0046

2) 悬链线拱拱上侧墙

$$V_1 = \frac{afL}{K(m-1)}(\text{sh}K - K) + \frac{f^2 Lm}{2K(m-1)^2}\left(\frac{1}{2}\text{sh}K\text{ch}K - 2\text{sh}K + \frac{3}{2}K\right) \quad (7\text{-}42)$$

$$K = \ln(m + \sqrt{m^2 - 1}) \quad (7\text{-}43)$$

式中：m——拱轴系数，见表 7-4；

K——系数，见表 7-4。

m、K 值表   表 7-4

m	K	$\text{sh}K$	$\text{sh}K\text{ch}K$	m	K	$\text{sh}K$	$\text{sh}K\text{ch}K$
1.347	0.8107	0.9025	1.2157	4.324	2.1437	4.2134	18.2187
1.756	1.1630	1.4435	2.5348	5.321	2.3559	5.2334	27.8469
2.240	1.4456	2.0044	4.4899	6.536	2.5646	6.4691	42.2820
2.814	1.6946	2.6321	7.4067	8.031	2.7726	7.9798	64.0858
3.500	1.9249	3.3578	11.7523	9.889	2.9820	9.8454	97.3612

3. 侧墙其他部分

除拱上侧墙外，其他部分即 V_2、V_3、V_4、V_5、V_6 均为规则的棱台体或楔形体，可用下式计算：

$$V = \frac{L}{6}[3B(H+h) + m(H^2 + Hh + h^2)] \quad (7\text{-}44)$$

式中符号见图 7-12。

四、桥(涵)墩

1. 圆头体积[图 7-13a)]

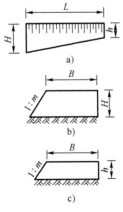

图 7-12 侧墙其他部位体积计算图
a)立面图；b)、c)墙端断面图

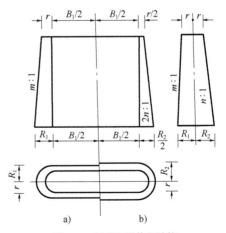

图 7-13 桥(涵)墩体积计算
a)圆头墩；b)椭圆头墩

$$V = B_1 H(r+R_1) + \frac{1}{3}\pi H(r^2 + rR_1 + R_1^2) \tag{7-45}$$

2. 椭圆头墩体积[图 7-13b)]

$$V = B_2 H(r+R_2) + \frac{1}{6}\pi H(r^2 + rR_2 + R_2^2) \tag{7-46}$$

五、护拱

1. 台顶护拱

1) 近似计算

护拱位于台顶及拱背之上,为一特殊几何体,其精确计算公式比较复杂。对于小桥涵的护拱,在生产中多用近似公式计算。

$$V_{护} = AB_1 \tag{7-47}$$

式中:A——沿路中线方向的护拱断面积,即护拱在立面图上的投影面积(m^2),可用卡面积的方法(或近似图形法)在立面图上求出;

B_1——护拱的平均宽度(m),可视为护拱断面积 A 的重心处的宽度。

护拱断面积重心一般近似地假设在 $\frac{2}{3}$ 护拱高度处,如图 7-14 所示,可用下式计算:

$$B_1 = B - \left[\frac{2}{n}\left(h_1 - \frac{2t}{3}\right) + 2c\right] \tag{7-48}$$

式中:t——护拱高度(m),通常 $t = \frac{f_0}{2}$;

$n:1$——拱上侧墙背坡坡度;

h_1——拱上侧墙的最大高度(m);

c——拱上侧墙顶宽(m)。

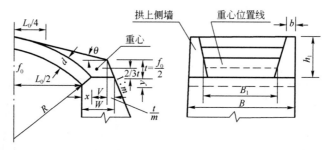

图 7-14 护拱尺寸计算图

2) 公式计算

如图 7-15 所示,护拱体积由 V_A、V_F 两部分组成,则近似公式如下。

(1) 拱上护拱体积 V_A

当 $D = L_1/2$ 时:

$$V_A \approx \frac{1}{4}\left[B - 2G - \frac{2f_1 m_1}{3}(3 - k_1 - k_2)\right]k_1 f_1 L_1 \tag{7-49}$$

当 $D=L_1/4$ 时：
$$V_A \approx \frac{1}{8}\left[B-2G-\frac{2f_1m_1}{3}(3-k_1-k_2)\right]k_1f_1L_1 \tag{7-50}$$

当 $D=L_1/6$ 时：
$$V_A \approx \frac{1}{12}\left[B-2G-\frac{2f_1m_1}{3}(3-k_1-k_2)\right]k_1f_1L_1 \tag{7-51}$$

式中：B——拱圈全宽(m)；

G——拱顶处侧墙顶宽(m)；

$1:m_1$——侧墙内边坡坡度；

k_1、k_2——其值的选取见表7-3；

其余符号意义见图7-15。

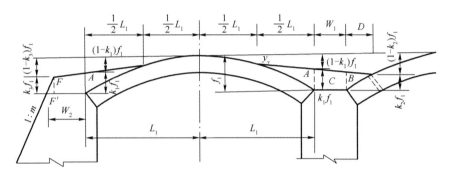

图 7-15 护拱体积计算图

（2）台顶护拱体积 V_F

$$V_F = \frac{f_1}{2}\left[(B-2G-2f_1m_2)(k_1+k_2)+f_1m_2(k_1^2+k_3^2)\right] \times (W_2-k_2f_1m_s) \tag{7-52}$$

$$k_3 = \frac{k_1L_1-k_4W_2}{L_1-k_4f_1m_3}; \quad k_4 = 2\left(1-k_1-\frac{y_v}{f_1}\right) \tag{7-53}$$

式中：$1:m_2$——台侧墙内边坡坡度；

k_1、k_2、k_4——护拱体积计算系数，其值查表7-5；

其余符号意义同前。

护拱体积计算系数 k_1、k_2、k_4 值　　　　表 7-5

$T_1/(2L_1)$		1/2	1/3	1/4	1/5	1/6	1/7	1/8	1/9	1/10
$D=L_1/4$	k_1	0.723	0.636	0.597	0.579	0.567	0.560	0.556	0.551	0.549
	k_2	0.651	0.546	0.500	0.480	0.465	0.458	0.453	0.449	0.447
	k_4	0.286	0.362	0.390	0.398	0.406	0.410	0.412	0.410	0.408
$D=L_1/6$	k_1	0.631	0.512	0.470	0.453	0.440	0.434	0.430	0.425	0.425
	k_2	0.553	0.410	0.363	0.345	0.330	0.323	0.319	0.315	0.315
	k_4	0.470	0.610	0.644	0.650	0.660	0.662	0.664	0.665	0.666
y_v/f_1		0.134	0.183	0.208	0.222	0.230	0.235	0.238	0.244	0.247

$$V'_F = \frac{1}{2}\left[B - 2G - \frac{2}{3}(3-k_3)f_1 m_2\right]k_3^2 f_1^2 m_3 \tag{7-54}$$

2. 墩顶护拱(见图 7-15)

按下式计算：

$$V_C \approx [B - 2G - f_1 m_1(2-k_1)]k_1 f_1 W_1 \tag{7-55}$$

式中符号意义同前，k_1 值查表 7-3。

六、拱体填料

拱体填料体积按下式计算：

$$V_{拱料} = 2BA_{侧} - V_{侧墙} - V_{护拱} \quad (m^3) \tag{7-56}$$

式中：$V_{侧墙}$、$V_{护拱}$——全跨的侧墙及护拱体积(m^3)；

$A_{侧}$——全跨侧墙面积(m^2)；

B——拱圈全宽(m)。

第三节　涵洞洞口尺寸及工程数量计算

一、八字墙

1. 主要尺寸

1) 正翼墙、反翼墙

正翼墙、反翼墙是配合斜涵斜做洞口的结构形式，正翼墙是向涵轴线外侧方向倾斜 β 角的翼墙，反翼墙则是向涵轴线内侧方向倾斜的翼墙。如图 7-16 所示，正反翼墙尺寸按以下各式计算：

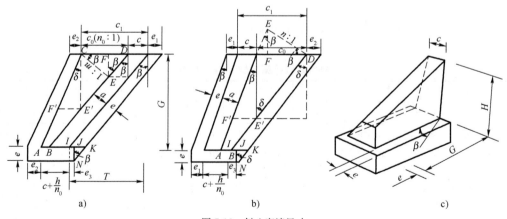

图 7-16　斜八字墙尺寸
a)正翼墙；b)反翼墙；c)立体图

$$m_0 = m \tag{7-57}$$

$$n_{0\substack{正\\反}} = \left(n \pm \frac{\sin\beta}{m}\right)\cos\beta \tag{7-58}$$

$$\delta_{\substack{正\\反}} = \arctan\left(\tan\beta \mu \frac{1}{mn_{0\substack{正\\反}}}\right) \tag{7-59}$$

$$c = \frac{a}{\cos\beta}; c_0 = \frac{1}{n_0}H \tag{7-60}$$

$$c_1 = c + c_0 \tag{7-61}$$

$$e_1 = \frac{e}{\cos\beta} \tag{7-62}$$

$$e_2 = \frac{e}{\cos\delta} \tag{7-63}$$

$$e_{3正} = e \cdot \frac{1-\sin\beta}{\cos\beta} \tag{7-64}$$

$$e_{3反} = e \cdot \frac{1-\sin\delta_反}{\cos\delta_反} \tag{7-65}$$

$$G = m(H-h) \tag{7-66}$$

$$T = G \cdot \tan\beta \tag{7-67}$$

式中：$1:m$——路基边坡坡度；

$1:m_0$——沿洞墙方向的翼墙坡度；

$n:1$——翼墙垂直断面的背坡坡度；

$n_0:1$——翼墙平行于端墙方向的背坡坡度；

a——翼墙垂直顶宽(m)；

c——翼墙平行于端墙方向的顶宽(m)；

c_1——翼墙平行于端墙方向的底宽(m)；

e——基础襟边垂直宽度(m)；

H——八字墙高(m)；

其余符号意义见图 7-16。

2)大翼墙、小翼墙

大翼墙、小翼墙是配合斜涵正做洞口的结构形式，大翼墙是涵轴线与路中线相交为锐角侧的翼墙，小翼墙是涵轴线与路中线相交为钝角侧的翼墙。

如图 7-17 所示，大、小翼墙尺寸按以下公式计算：

$$m_{0大} = \frac{m\cos\beta}{\cos(\beta \pm \varphi)} \tag{7-68}$$

$$m_{0大} = n\cos\beta + \frac{1}{m}\sin\beta\cos(\beta \pm \varphi) \tag{7-69}$$

$$\delta_{大} = \arctan\left[\tan\beta - \frac{\cos(\beta \pm \varphi)}{mn_{0大}\cos\beta}\right] \tag{7-70}$$

$$H_1 = H_2 + H_d \tag{7-71}$$

$$H_d = \frac{\sin\varphi}{m}(L_0 + 2c) \tag{7-72}$$

$$H_d = \frac{\sin\varphi}{m} \cdot b \tag{7-73}$$

$$i = \frac{H_d}{b} = \frac{\sin\varphi}{m} \tag{7-74}$$

$$G_1 = m'_{0(大)}(H_1 - h_1) \tag{7-75}$$

$$G_2 = m'_{0(大)}(H_2 - h_2) \tag{7-76}$$

$$h_3 = h_1 - \Delta \tag{7-77}$$

$$h_4 = h_2 + \Delta \tag{7-78}$$

式中：L_0——涵洞净跨(m)；

i——帽石顶面斜坡度(%)；

b——帽石长度(实际 $b > L_0 + 2c$)；

其余符号意义同前(图 7-17)。

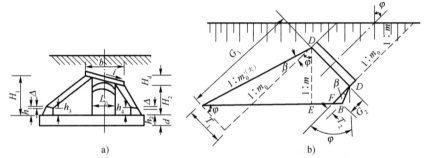

图 7-17 大、小翼墙尺寸
a)立面；b)平面

2. 工程数量

1) 墙身体积(一个翼墙)

$$V_身 = \frac{1}{2}cm_0(H^2 - h^2) + \frac{m_0(H^3 - h^3)}{6n_0} \tag{7-79}$$

通常情况下，$m = 1.5$，$\beta = 30°$，墙顶宽 $a = 0.4$m，$n = 4$ 时，则公式可简化为：

$$V_身 = \frac{H^3}{15} + 0.345H^2 - \Delta V \tag{7-80}$$

其中：当 $h = 0.2$m 时，$\Delta V = 0.014$；当 $h = 0.4$m 时，$\Delta V = 0.059$。

对于斜交正做洞口的大、小翼墙，式中的 H、h 应分别为 H_1、h_1 及 H_2、h_2，并且体积应作如下修正。

大翼墙：$-\frac{1}{2}c\Delta G_1$。

小翼墙：$+\frac{1}{2}c\Delta G_2$(其中，$\Delta = i \cdot c$)。

2) 八字墙基础体积

$$V_基 = [\xi(H - h) + \lambda(H^2 - h^2)]d + xd \tag{7-81}$$

$$\xi = m_0(c + e_1 + e_2) \quad (7\text{-}82)$$

$$\lambda = \frac{1}{2} \cdot \frac{m_0}{n_0} \quad (7\text{-}83)$$

$$x = \left(e_1 + e_2 + c + \frac{h}{n_0}\right) \cdot e \quad (7\text{-}84)$$

式中：d——八字墙基础厚度(m)。

通常情况，$m=1.5$，$\beta=30°$，$a=0.40$m，基础垂直襟边 $e=0.10$m(或 0.20m)，$n=4$ 时：

$$V_\text{基} = 0.12H^2 + 0.82H - 0.347 \quad (7\text{-}85)$$

$$(h = 0.40\text{m}, e = 0.20\text{m})$$

$$V_\text{基} = 0.12H^2 + 0.60H - 0.127$$

$$(h = 0.20\text{m}, e = 0.10\text{m}) \quad (7\text{-}86)$$

3）翼墙墙顶面积

$$A_\text{顶} = c\sqrt{1+m_0^2}(H-h) \quad (7\text{-}87)$$

二、锥形护坡

1. 主要尺寸

1）正锥坡

正锥坡一般为椭圆锥体的 1/4，如图 7-18 所示。正锥坡主要尺寸如下。

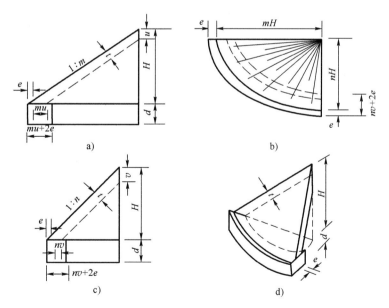

图 7-18　正锥坡
a)立面；b)平面；c)侧面；d)立体面

锥底椭圆方程：

$$b^2 x^2 + a^2 y^2 = a^2 b^2 \quad (7\text{-}88)$$

锥底椭圆面积：
$$A = \pi ab \tag{7-89}$$

锥底椭圆周长：
$$S = \pi(a+b)K \tag{7-90}$$

椭圆锥体体积：
$$V = \frac{1}{3}\pi abH \tag{7-91}$$

长半轴：
$$a = mh \tag{7-92}$$

短半轴：
$$b = nH \tag{7-93}$$

片石护坡垂直厚度：
$$u = \frac{\sqrt{1+m^2}}{m} \cdot t \tag{7-94}$$

$$v = \frac{\sqrt{1+n^2}}{n} \cdot t \tag{7-95}$$

以上各式符号意义见图7-18，其中椭圆周长系数 K 见表7-6。

椭圆周长计算系数 K 值　　　　　　表7-6

$\frac{a-b}{a+b}$	K	$\frac{a-b}{a+b}$	K
0.1	1.002 5	0.6	1.092 2
0.2	1.010 0	0.7	1.126 9
0.3	1.022 6	0.8	1.167 9
0.4	1.040 4	0.9	1.216 2
0.5	1.063 5	1.0	1.273 2

2）斜锥坡

斜交正做洞口时，洞口一字墙可做成斜坡式或台阶式，两端锥度高度不等。

当路基边坡为 $1:m$ 时，锥坡顺涵洞方向的坡度为 $1:m_0$。

如图7-19所示，斜锥坡各部分尺寸如下。

锥坡长半轴：
$$a_1 = m_0 H_1 \tag{7-96}$$
$$a_2 = m_0 H_2 \tag{7-97}$$

锥坡短半轴：
$$b_1 = nH_1 \tag{7-98}$$
$$b_2 = nH_2 \tag{7-99}$$

锥坡顺涵洞方向坡度：
$$m_0 = \frac{m}{\cos\varphi} \tag{7-100}$$

两锥坡高差为：
$$H_d = (nH_1 + L_0 + nH_2) \cdot i \quad (7\text{-}101)$$
式中：i——洞口斜坡端墙的斜率。
$$i = \frac{\sin\varphi}{m} \quad (7\text{-}102)$$

锥坡高度通常取低锥坡高度与涵洞顶高度相等，如图 7-19 所示，即 $H_2 = h$，则高锥坡高度：
$$H_1 = H_2 + H_d = \frac{mH_2 + (L_0 + nH_2)\sin\varphi}{m - n\sin\varphi} \quad (7\text{-}103)$$

计算后如果 $H_1 > H_2 + h_F - t'$ 时，则取：
$$H_1 = H_2 + h_F - t' \quad (7\text{-}104)$$

再用 H_1 反算 i，使 i 坡度变缓，以使锥顶不超过路基。

2. 工程数量

1) 锥坡填土体积
$$V_\text{土} = \frac{\pi}{12} mn \overline{H}^3 \quad (7\text{-}105)$$

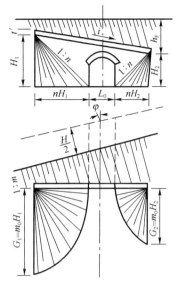

图 7-19 斜锥坡

式中：$\overline{H}$——土锥坡平均高度。
$$\overline{H} = H - \frac{1}{2}(u + V) = H - \frac{1}{2}(A + B)t \quad (7\text{-}106)$$

$$A = \frac{\sqrt{1 + m^2}}{m} \quad (7\text{-}107)$$

$$B = \frac{\sqrt{1 + n^2}}{n} \quad (7\text{-}108)$$

式中：符号意义同前。

2) 锥坡片石砌体体积
$$V_\text{片石} = \frac{\pi}{12} mnH^3 - V_\text{土} = \frac{\pi}{12} mn(H^3 - \overline{H}^3) \quad (7\text{-}109)$$

3) 锥坡片石基础砌体体积

由式(7-90)锥底椭圆周长 S 及基础断面尺寸 b_0、d 可求得：
$$V_\text{基} = \frac{K\pi}{4}[(m + n)H + 2e - b_0]b_0 \cdot d \quad (7\text{-}110)$$

式中：b_0——锥坡基础宽度(m)；

d——锥坡基础厚度(m)；

其余符号意义同前。

4) 锥坡表面积
$$A_\text{坡} = \frac{\pi}{12} mn(A + \sqrt{AB} + B)H^2 \quad (7\text{-}111)$$

锥坡工程数量计算公式汇总如表 7-7 所示。

一个锥坡工程数量计算(体积单位:m³;面积单位:m²)　　表 7-7

项 目	条	件	公 式
填土体积 [式(7-105)]	$m=1.5$ $n=1.0$	$t=0.20$m $t=0.25$m $t=0.30$m	$V_\text{土}=0.393H^3-0.308H^2+0.808H-0.007$ $V_\text{土}=0.393H^3-0.385H^2+0.126H-0.014$ $V_\text{土}=0.393H^3-0.462H^2+0.181H-0.124$
	$m=1.0$ $n=1.0$	$t=0.20$m $t=0.25$m $t=0.30$m	$V_\text{土}=0.262H^3-0.222H^2+0.063H-0.006$ $V_\text{土}=0.262H^3-0.278H^2+0.098H-0.012$ $V_\text{土}=0.262H^3-0.333H^2+0.141H-0.020$
片石护坡体积 [式(7-109)]	$m=1.5$ $n=1.0$	$t=0.20$m $t=0.25$m $t=0.30$m	$V_\text{片石}=0.308H^2-0.080H+0.007$ $V_\text{片石}=0.385H^2-0.126H+0.014$ $V_\text{片石}=0.462H^2-0.181H+0.024$
	$m=1.0$ $n=1.0$	$t=0.20$m $t=0.25$m $t=0.30$m	$V_\text{片石}=0.222H^2-0.063H+0.006$ $V_\text{片石}=0.278H^2-0.098H+0.012$ $V_\text{片石}=0.333H^2-0.141H+0.020$
基础体积[式(7-110)] $b_0=0.60$m $d=0.60$m $e=0.10$m	$m=1.5,n=1.0$ $m=1.0,n=1.0$		$V_\text{基}=0.714H-0.114$ $V_\text{基}=0.566H-0.113$
表面积[式(7-111)]	$m=1.5,n=1.0$ $m=1.0,n=1.0$		$A_\text{坡}=1.54H^2$ $A_\text{坡}=1.11H^2$

三、扭坡

1. 主要尺寸

扭坡为涵洞洞口的一种建筑形式,用于灌溉渠道的出入口。

扭坡建筑形式一般有两种,即涵洞洞口与渠道不同宽和同宽($\alpha\neq 0$ 和 $\alpha=0$)两种,见图 7-20 和图 7-21。图中尺寸关系为:

$$i=\frac{H-h}{G} \tag{7-112}$$

一般取 $G=1.5H$,

$$\tan\beta=\frac{mh-G\tan\alpha}{G} \tag{7-113}$$

$$c'=\frac{c}{\cos\beta} \tag{7-114}$$

一般取 $c=0.3$m。

式中:H——洞口端扭坡的高度(m);

　　　h——水渠端扭坡的高度(m);

　　　G——扭坡长度(m);

　　　α——扭坡底边线与涵轴线的夹角(°);

　　　β——扭坡上口边线与涵轴线的夹角(°)。

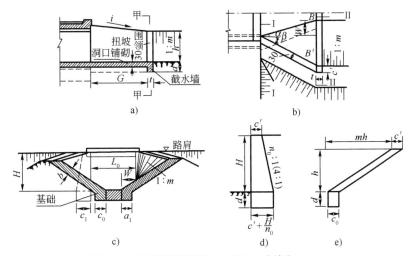

图 7-20 正交涵洞扭坡洞口($\alpha \neq 0$)(尺寸单位：cm)
a)纵断面；b)半平面；c)甲-甲断面；d)I-I断面；e)Ⅱ-Ⅱ断面

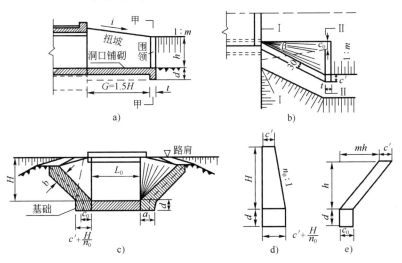

图 7-21 正交涵洞扭坡洞口($\alpha = 0$)(尺寸单位：cm)
a)纵断面；b)半平面；c)甲-甲断面；d)I-I断面；e)Ⅱ-Ⅱ剖面

2. 扭坡工程数量计算公式

1)单个扭坡墙身体积

$$V = \left\{ \frac{1}{3}(A_1 + A_2) + \frac{1}{12}\left[H(c' + c_0) + h\left(2c' + \frac{H}{n_0}\right)\right]\right\}G \quad (7\text{-}115)$$

式中：

$$A_1 = \frac{1}{2}\left(2c' + \frac{H}{n_0}\right)H; A_2 = \frac{1}{2}(c' + c_0)h \quad (7\text{-}116)$$

2)单个扭坡墙基础体积

$$V_{基} = \frac{1}{2}\left(c' + c_0 + \frac{H}{n_0}\right)Gd \quad (7\text{-}117)$$

3)单个扭坡围领体积

$$V_{领} = \left[ah - \frac{1}{2}(a-c')^2\tan\theta\right]t \tag{7-118}$$

当 $1:m=1:1$ 时,$\theta=45°$。

当 $1:m=1:1.5$ 时,$\theta=33°41'$。

4）单个围领基础体积

$$V_{领基} = \left[a_1 d - \frac{1}{2}(a-a_1)^2\tan\theta\right]t \tag{7-119}$$

5）单个扭坡坡面勾缝面积

$$A_{坡} = \frac{G}{2}\left(H + h + \frac{m^2 h^2}{3H}\right) \tag{7-120}$$

6）单个扭坡墙顶抹面面积

$$A_{顶} = G \cdot c' \sqrt{1+i^2} \tag{7-121}$$

第四节 算 例

一、涵长计算

1. 算例一（正交涵长计算）

某涵位路基宽度为 8.5m，中心桩号位置的路肩高程为 52.00m，涵洞洞底中心高程为 44.25m；帽石尺寸为 0.2m×0.3m，边坡采用一种边坡为 1:1.5；涵洞进水口建筑高度为 4.70m，出水口建筑高度为 3.3m，涵底纵坡为 3%，求正交涵洞的涵长。

解：$B=8.50\text{m}, m=1.5, i=0.03, H=52.00\text{m}-44.25\text{m}=7.75\text{m}, a=4.70\text{m}+0.20\text{m}=4.90\text{m}, b=3.30\text{m}+0.20\text{m}=3.50\text{m}$。

采用式(7-1)及式(7-2)计算可得：

$$L_1 = \frac{B_1 + m(H_1-a) + c}{1+im}$$

$$= \frac{4.25 + 1.5\times(7.75-4.90) + 0.30}{1+0.03\times1.5} = 8.45(\text{m})$$

$$L_2 = \frac{B_2 + m(H_2-b) + c}{1-im}$$

$$= \frac{4.25 + 1.5\times(7.75-3.50) + 0.30}{1-0.03\times1.5} = 11.44(\text{m})$$

涵洞全长：

$$L = L_1 + L_2 = 8.45 + 11.44 = 19.89(\text{m})$$

2. 算例二（斜交涵长计算）

已知条件如上例，今设为 1—3m 石拱涵，涵洞中线与路线中线垂线间的夹角为 45°，路基内侧加宽 0.40m,超高横坡为 4%,与涵洞纵坡方向相反,八字翼墙张开为 30°,此段路线纵坡为 7%。纵坡低点近上游一侧拟正做洞口,求算不考虑路基纵坡影响和考虑纵坡影响的涵长。

解: $\alpha=45°, \omega=0.40, i_1=0.04, i_2=0.07$。

帽石长度:
$$d=3.00+(0.46\times 2)+(0.04\times 2)=4.00(\text{m})$$

（按两端各出檐 4cm,取整数）

$$B_1=0.5B+W=4.25+0.40=4.65(\text{m})（弯道内侧）$$

$$B_2=0.5B=4.25(\text{m})$$

$$H_1=H-W\cdot i_1=7.75-0.4\times 0.04=7.73(\text{m})$$

$$H_2=H+B\cdot i_1=7.75+8.5\times 0.04=8.09(\text{m})$$

$$H_1-H_小=H_1-a+0.20=7.73-4.70=3.03(\text{m})$$

$$H_2-H_小=H_2-b+0.20=8.09-3.30=4.79(\text{m})$$

1) 不考虑路基纵坡影响

按式(7-14)和式(7-15)计算,计算时取 $H_小=a$(或 b)+帽石高度

$$L'_1=\frac{B_1+m(H_1-H_小)-0.5d\sin\alpha}{\cos\alpha+mi'}$$

$$=\frac{4.65+1.5\times 3.03-0.5\times 4\times \sin 45°}{\cos 45°+1.5\times 0.03}=10.35(\text{m})$$

$$L'_2=\frac{B_2+m(H_2-H_小)-0.5d\sin\alpha}{\cos\alpha-mi'}$$

$$=\frac{4.25+1.5\times 4.79-0.5\times 4\times \sin 45°}{\cos 45°-1.5\times 0.03}=15.13(\text{m})$$

涵洞全长:
$$L=L'_1+L'_2=10.35+15.13=25.48(\text{m})$$

2) 考虑路基纵坡影响（仍假定在此超高与加宽范围内）

路基纵坡低点近上游一侧,按式(7-14)和式(7-15)计算:

$$L'_1=\frac{B_1+m(H_1-H_小)-0.5d\sin\alpha}{\cos\alpha+mi+i_2 m\sin\alpha}$$

$$=\frac{4.65+1.5\times 3.03-0.5\times 4\times \sin 45°}{\cos 45°+1.5\times 0.03+0.07\times 1.5\times \sin 45°}=9.42(\text{m})$$

$$L'_2=\frac{B_2+m(H_2-H_小)-0.5d\sin\alpha}{\cos\alpha-mi-i_2 m\sin\alpha}$$

$$=\frac{4.65+1.5\times 4.79-0.5\times 4\times \sin 45°}{\cos 45°-1.5\times 0.03-0.07\times 1.5\times \sin 45°}=17.05(\text{m})$$

涵洞全长：
$$L = L_1' + L_2' = 9.42 + 17.05 = 26.47(\text{m})$$

上、下游洞口处与涵位桩号处的路基高程差按下式计算。

上游降低值：
$$\Delta H = L_1' \cdot i_2 \sin\alpha = 9.42 \times 0.07 \times \sin 45° = 0.47(\text{m})$$

下游增高值：
$$\Delta H = L_1' \cdot i_2 \sin\alpha = 17.05 \times 0.07 \times \sin 45° = 0.84(\text{m})$$

洞口处小翼墙顶面填土高计算如下。

进口：
$$H_1 - a + 0.20 - \Delta H = 7.73 - 4.70 - 0.47 = 2.56(\text{m})$$

出口：
$$H_2 - b + 0.20 - \Delta H = 8.09 - 3.30 - 0.84 = 5.63(\text{m})$$

大小翼土墙之高差：
$$H_\text{d} = \frac{d\sin\alpha}{m} = \frac{4 \times \sin 45°}{1.5} = 1.89(\text{m}) < 2.56(\text{m}) \text{ 及 } 5.63(\text{m})$$

可知上、下游大翼墙顶面高度均低于路肩。

从以上计算可以看出，当为斜交涵洞时，路基纵坡对涵长的影响很大，因而在实际应用时不能忽略此影响。

二、洞口计算

1. 算例一（正交涵洞八字墙计算）

正交涵洞，上游洞口八字翼墙的张角 $\beta = 30°$。翼墙高 $H = 4\text{m}$，$h = 0.40\text{m}$，墙顶宽 $a = 0.40\text{m}$，翼墙背坡为 $4:1(n=4)$，基础厚度 $d = 0.60\text{m}$，襟边宽 $e = 0.20\text{m}$，路基边坡为 $1:1.5(m=1.5)$，求上游洞口两个翼墙墙身、基础圬工体积及墙顶水泥砂浆抹面面积。

解：1）求两个翼墙墙身体积

$$m_0 = m = 1.5$$

$$n_{0\text{正}} = \left(n + \frac{\sin\beta}{m}\right)\cos\beta = \left(4 + \frac{\sin 30°}{1.5}\right)\cos 30° = 3.75$$

$$c = \frac{a}{\cos\beta} = \frac{0.40}{\cos 30°} = 0.46(\text{m})$$

由式(7-79)求一个墙身体积：

$$V_\text{身} = \frac{1}{2}cm_0(H^2 - h^2) + \frac{m_0}{6n_0}(H^3 - h^3)$$

$$= \frac{1}{2} \times 0.46 \times 1.5 \times (4^2 - 0.4^2) + \frac{1.5}{6 \times 3.75} \times (4^3 - 0.4^3)$$

$$= 9.72(\text{m}^3)$$

两个墙身体积：
$$2V_\text{身} = 2 \times 9.72 = 19.44(\text{m}^3)$$

2)求两个翼墙基础体积

$$e_1 = \frac{e}{\cos\beta} = \frac{0.2}{\cos 30°} = 0.23(\text{m})$$

$$\delta_\text{正} = \arctan\left(\tan\beta - \frac{1}{m \cdot n_0^\text{正}}\right) = \arctan\left(\tan 30° - \frac{1}{1.5 \times 3.75}\right) = 21.78°$$

$$e_3^\text{正} = e \cdot \frac{1-\sin\beta}{\cos\beta} = 0.2 \times \frac{1-\sin 30°}{\cos 30°} = 0.12(\text{m})$$

$$e_2 = \frac{e}{\cos\delta} = \frac{0.2}{\cos 21.78°} = 0.22(\text{m})$$

由式(7-81)求一个基础体积:

$$\begin{aligned}
V_\text{基} &= m_0(c+e_1+e_2)(H-h)d + \frac{m_0}{2n_0}(H^2-h^2)d + \left(e_1+e_2+c+\frac{h}{n_0}\right)ed \\
&= 1.5 \times (0.46+0.23+0.22) \times (4-0.4) \times 0.6 + \frac{1.5}{2 \times 3.75} \times (4^2-0.4^2) \times \\
&\quad 0.6 + \left(0.23+0.22+0.46+\frac{0.4}{3.75}\right) \times 0.2 \times 0.6 \\
&= 4.97(\text{m}^3)
\end{aligned}$$

两个基础体积:

$$2V_\text{基} = 2 \times 4.97 = 9.94(\text{m}^3)$$

3)求两个翼墙墙顶面积

由式(7-87)求一个翼墙顶面面积:

$$A_\text{顶} = c\sqrt{1+m_0^2}(H-h) = 0.46 \times \sqrt{1+1.5^2} \times (4-0.4) = 2.99(\text{m}^2)$$

两个翼墙顶面面积:

$$2A_\text{顶} = 2 \times 2.99 = 5.98(\text{m}^2)$$

2. 算例二(斜交涵洞八字墙计算)

斜交斜做涵洞,$\varphi=50°$,下游洞口八字墙 $\theta=10°$,翼墙高度 $H=3.50\text{m}$,$h=0.20\text{m}$,墙顶宽 $a=0.40\text{m}$,翼墙背坡 4∶1($n=4$),基础厚度 $d=0.6\text{m}$,襟边宽 $e=0.10\text{m}$,路基边坡为 1∶1.5($m=1.5$),求下游洞口两个翼墙墙身及基础圬工体积。

解: 洞口翼墙张角 β 计算如下。

正翼墙:

$$\beta_1 = \theta + \varphi = 10° + 50° = 60°$$

反翼墙:

$$\beta_2 = \theta - \varphi = 10° - 50° = -40°$$

1)一个正翼墙墙身及基础圬工体积

$$m_0 = m = 1.5$$

$$n_{0\text{正}} = \left(n + \frac{\sin\beta}{m}\right)\cos\beta = \left(4 + \frac{\sin 60°}{1.5}\right)\cos 60° = 2.29$$

$$c = \frac{a}{\cos\beta} = \frac{0.40}{\cos 60°} = 0.80(\text{m})$$

$$V_{身} = \frac{1}{2}cm_0(H^2-h^2) + \frac{m_0}{6n_0}(H^3-h^3)$$

$$= \frac{1}{2} \times 0.8 \times 1.5 \times (3.5^2-0.2^2) + \frac{1.5}{6 \times 2.29} \times (3.5^3-0.2^3)$$

$$= 12(\mathrm{m}^3)$$

$$e_1 = \frac{e}{\cos\beta} = \frac{0.1}{\cos 60°} = 0.20(\mathrm{m})$$

$$\delta_{正} = \arctan\left(\tan\beta - \frac{1}{mn_{0正}}\right) = \arctan\left(\tan 60° - \frac{1}{1.5 \times 2.29}\right) = 55.24°$$

$$e_2 = \frac{e}{\cos\delta_{正}} = \frac{0.1}{\cos 55.24°} = 0.18(\mathrm{m})$$

$$V_{基} = m_0(c+e_1+e_2)(H-h)d + \frac{m_0}{2n_0}(H^2-h^2)d + \left(e_1+e_2+c+\frac{h}{n_0}\right)ed$$

$$= 1.5 \times (0.8+0.2+0.18) \times (3.5-0.2) \times 0.6 + \frac{1.5}{2 \times 2.29} \times$$

$$(3.5^2-0.2^2) \times 0.6 + \left(0.2+0.18+0.8+\frac{0.2}{2.29}\right) \times 0.1 \times 0.6$$

$$= 5.98(\mathrm{m}^3)$$

2）一个反翼墙墙身及基础圬工体积（$\beta=-40°$，按 $\beta=40°$ 计算）

因正、反翼墙 n_0 值不同，故反翼墙不能查表，其体积按式（7-79）和式（7-81）计算：

$$m_0 = m = 1.5$$

$$n_{0反} = \left(n - \frac{\sin\beta}{m}\right)\cos\beta = \left(4 - \frac{\sin 40°}{1.5}\right)\cos 40° = 2.74$$

$$c = \frac{a}{\cos\beta} = \frac{0.40}{\cos 40°} = 0.52(\mathrm{m})$$

$$V_{身} = \frac{1}{2}cm_0(H^2-h^2) + \frac{m_0}{6n_0}(H^3-h^3)$$

$$= \frac{1}{2} \times 0.52 \times 1.5 \times (3.5^2-0.2^2) + \frac{1.5}{6 \times 2.74} \times (3.5^3-0.2^3)$$

$$= 8.67(\mathrm{m}^3)$$

$$e_1 = \frac{e}{\cos\beta} = \frac{0.1}{\cos 40°} = 0.13(\mathrm{m})$$

$$\delta_{反} = \arctan\left(\tan\beta + \frac{1}{mn_{0反}}\right) = \arctan\left(\tan 40° + \frac{1}{1.5 \times 2.74}\right) = 47.27(°)$$

$$e_2 = \frac{e}{\cos\delta_{反}} = \frac{0.1}{\cos 47.27°} = 0.15(\mathrm{m})$$

$$V_{基} = m_0(c+e_1+e_2)(H-h)d + \frac{m_0}{2n_0}(H^2-h^2)d + \left(e_1+e_2+c+\frac{h}{n_0}\right)ed$$

$$= 1.5 \times (0.52+0.13+0.15)(3.5-0.2) \times 0.6 + \frac{1.5}{2 \times 2.74} \times$$

$$(3.5^2-0.2^2)\times 0.6+\left(0.13+0.15+0.52+\frac{0.2}{2.74}\right)\times 0.1\times 0.6$$
$$=4.43(\mathrm{m}^3)$$

3)下游洞口两个翼墙墙身、基础圬工体积

墙身圬工：
$$V=12+8.67=20.67(\mathrm{m}^3)$$

基础圬工：
$$V=5.98+4.43=10.41(\mathrm{m}^3)$$

3. 算例三（锥坡洞口）

锥坡高 $H=4.5\mathrm{m}$，纵坡 $1:m=1:1.5$，横坡 $1:n=1:1$，片石护坡厚 $t=0.25\mathrm{m}$，基础厚 $d=0.6\mathrm{m}$，基础宽 $mu+2e=0.6\mathrm{m}$，襟边宽 $e=0.1\mathrm{m}$，求锥坡填土、护坡片石和基础工程数量。

解：根据已知条件，由表 7-7 得：

$$V_{土}=0.393H^3-0.385H^2+0.126H-0.014$$
$$=0.393\times 4.5^3-0.385\times 4.5^2+0.126\times 4.5-0.014$$
$$=28.57(\mathrm{m}^3)$$

$$V_{片石}=0.385H^2-0.126H+0.014$$
$$=0.385\times 4.5^2-0.126\times 4.5+0.014$$
$$=7.24(\mathrm{m}^3)$$

$$V_{基}=0.714H^2-0.114$$
$$=0.714\times 4.5-0.114$$
$$=3.10(\mathrm{m}^3)$$

【复习思考题及习题】

1. 为什么涵洞上游长度与下游长度不相同？影响涵洞长度的因素有哪些？
2. 石拱桥侧墙由哪些部分组成？怎样计算侧墙各部分的体积？
3. 名词解释：

正翼墙　反翼墙　大翼墙　小翼墙　锥形护坡

4. 某石拱涵位于左转弯道上，已知路基宽为 7.5m，路肩宽 0.75m，平曲线半径 $R=30\mathrm{m}$，超高坡度 $I=4\%$，超高方式为绕路面内侧边缘旋转。填方路堤边坡度为 1:1.5，路肩横坡度为 3%，涵洞净跨径 $L_0=3.00\mathrm{m}$，矢跨比为 $f_0/L_0=1/3$，涵台高 2.0m，拱厚 $d=0.45\mathrm{m}$。帽石断面尺寸为 $0.40\mathrm{m}\times 0.25\mathrm{m}$。试计算涵洞长度（计算时，绘出草图标明尺寸）。

5. 条件同第 4 题，当涵洞斜交角度 $\alpha=30°$，洞口按斜交正做形式，帽石长度为 3.92m 时，试计算涵洞长度。

6. 某正交涵涵底纵坡 $I=2\%$，八字翼墙 $H=3.1\mathrm{m}$，八字墙尾端高 $h=0.2\mathrm{m}$，路堤边坡为 $1:1.5$，八字墙垂直坡为 $4:1$，墙顶垂直宽度 $a=0.4\mathrm{m}$，扩散角 $\beta=30°$，八字墙基础襟边垂直宽为 $0.15\mathrm{m}$，基础厚度 $d=0.6\mathrm{m}$，试计算八字墙的尺寸，并作八字墙的平面、侧面、立面三视图，标注尺寸。

7. 某斜交斜做洞口，扩散角 $\beta=-10°$，其余条件同第6题，求此反翼墙的各部分尺寸，并绘三视图，标注尺寸。

8. 计算第八章复习思考题中第6题渠家溪石拱桥的工程数量，并列出工程数量表。

9. 计算第八章复习思考题第7题 K13+975.21 钢筋混凝土盖板涵工程数量，并列出工程数量表。

第八章 小桥涵设计

第一节 小桥涵基础设计

一、桥涵基础的重要性及一般要求

1. 重要性

任何土木建筑结构物都建造在一定的地层（岩层或土层）上,基础是结构物直接与地层接触的下部分,在基础底面下,承受由基础传来的荷载的那一部分地层称为结构物地基。

地基与基础受到各种荷载后,其本身将产生附加的应力和变形。为保证结构物的正常使用和安全,地基与基础必须具有足够的强度和稳定性,变形也应在容许范围之内。

工程实践表明,结构的地基与基础设计与施工质量的好坏,是整个结构物质量的根本。基础工程因为是隐蔽工程,如有缺陷较难发现,也较难弥补或修复,而这些缺陷往往直接影响整个结构物的使用甚至关系到整个结构物的安危。基础工程施工的进度,经常控制整个结构物施工的进度。

2. 一般要求

(1)小桥涵基础的设计应保证其有足够的强度、稳定性及耐久性,应结合结构物和地基的特点和要求,根据桥涵处的水文、地质、地形、结构形式、材料供应和施工条件合理地选用基础类型、地基加固形式,确定基础埋置深度,全面分析、综合考虑、精心设计。

(2)小桥涵基础设计应符合《公路桥涵地基与基础设计规范》(JTG D63—2007)的有关规定及要求。

(3)小桥涵址处的工程地质好坏直接影响基础的强度和稳定。地质构造对基础类型选择有着决定性的意义,设计时应查明桥涵址处的地质情况,为桥涵基础设计提供原始资料。

二、基础设计资料收集

基础的设计方案与计算中有关参数的选用,都需要根据当地的地质条件、水文条件、结构形式、荷载特征、材料情况及施工要求等因素全面考虑。施工方案和方法也应该结合设计要求、现场地形、施工技术设备、施工季节、气候、水文等情况来研究确定。因此应在事前通过详细地调查研究,充分掌握必要的、符合实际情况的资料。

基础设计除应掌握有关该桥涵所需的资料,包括结构形式、跨径、荷载及国家颁发的设计、施工技术规范外,还应注意地质、水文资料的搜集和分析,重视土质、建筑材料的调查和试验。主要应掌握的资料见表 8-1,其中各项资料的内容范围可根据桥涵工程规模、重要性及桥涵址处工程地质、水文条件的具体情况和设计阶段确定取舍。

基础工程有关设计和施工需要的地质、水文、地形及现场各种调查资料 表 8-1

资料种类	资料主要内容	资料用途
桥位平面图(或桥址地形图)	(1)桥位地形。 (2)桥位附近地貌、地物。 (3)不良工程地质现象的分布位置。 (4)桥位与两端路线平面关系。 (5)桥位与河道平面关系	(1)桥位的选择,下部结构位置的研究。 (2)施工现场的布置。 (3)地质概况的辅助资料。 (4)河岸冲刷及水流方向改变的估计。 (5)墩台、基础防护构造的布置
桥位工程地质勘测报告及工程地质纵剖面图	(1)桥位地质勘测调查资料包括河床地层分层土(岩)类及岩性、层面高程,钻孔位置及钻孔柱状图。 (2)地质、地史资料的说明。 (3)不良工程地质现象及特殊地貌的调查勘测资料	(1)桥位、下部结构位置选定。 (2)地基持力层的选定。 (3)墩台高度、结构形式的选定。 (4)墩台、基础防护构造物的布置
地基土质调查试验报告	(1)钻孔资料。 (2)覆盖层及地基土(岩)层状生成分布情况。 (3)分层土(岩)质的物理、力学试验资料。 (4)荷载试验报告。 (5)地下水位调查	(1)分析和掌握地基的层状。 (2)地基持力层及基础埋置深度的研究与确定。 (3)地基各土层强度及有关计算参数的选定。 (4)基础类型和构造的确定。 (5)基础下沉量的计算
河流水文调查报告	(1)桥位附近河道纵横断面图。 (2)有关流速、流量、水位调查资料。 (3)各种冲刷深度的计算资料。 (4)通航等级、漂浮物、流冰调查资料	(1)根据冲刷深度确定要求的基础埋置深度。 (2)墩台身水平作用力计算。 (3)施工季节和方法的研究

续上表

资料种类		资料主要内容	资料用途
其他调查资料	地震	(1)地震记录。 (2)震害调查	(1)确定抗震设计强度。 (2)抗震设计方法和抗震措施的确定
	建筑材料	(1)可就地采取、供应的建筑材料种类、数量、规格、质量、运距等。 (2)当地生产加工能力、运输条件等有关资料。 (3)工程用水调查	(1)下部结构采用材料种类的确定。 (2)就地供应材料的计算和计划安排
	气象	(1)当地气象台有关气温变化、降水量、风向、风力等记录资料。 (2)实地调查采访记录	(1)气温变化的确定。 (2)基础埋置深度的确定。 (3)风压的确定。 (4)施工季节和方法的确定
	附近桥涵的调查	(1)附近桥涵结构形式、设计书、图纸、现状、地质、地基土(岩)性质。 (2)河道变动、冲刷、淤积情况。 (3)运营情况及墩台变形情况	(1)掌握架桥地点地质、地基土情况。 (2)基础埋置深度的参考。 (3)河道冲刷和改道情况的参考
	施工调查资料		(1)施工方法及施工适宜季节的确定。 (2)工程用地的布置。 (3)工程材料、设备供应、运输方案的拟订。 (4)工程动力及临时设备的规划。 (5)施工临时设施的规划

三、基础类型的选择

小桥涵基础类型很多,可根据使用材料、构造形式以及工作条件来划分。基础类型及各类基础的特点和适用条件如下。

1. 按建筑材料划分

选择材料时,主要从材料的耐久性(包括抗水、抗冰性),能否就地取材,并结合机械化程度、劳动力条件、施工方法及期限等方面综合考虑。

(1)石料基础。一般采用水泥砂浆砌片石。在地下水位以上亦可用掺石灰的混合砂浆砌筑。石料的强度等级不应小于 MU30,砌筑砂浆强度等级不应小于 M5。因浆砌片石水泥用量较少,故在盛产石料地区,一般的永久性涵洞较多采用。浆砌片石花费劳力较多,砌体整体性稍差。

(2)砖基础。在缺乏石料地区,可用砖砌筑基础。因砖的强度与耐久性均较差,据某地区的经验,如将基础四周面层用浸透沥青的砖砌筑,则对抗冻、抗盐碱的侵蚀有较好的效果。

(3)混凝土基础。混凝土的整体性好,便于机械化施工。涵洞基础混凝土的最低强度等级为 C15。为了节约水泥,混凝土中可掺入含量不多于 25% 的片石,片石的强度等级不低于 MU25,且不低于混凝土强度等级。还可采用各种形状的混凝土预制块来砌筑。

一月份平均气温低于 $-10℃$ 的地区,所用砖石及混凝土材料,除气候干旱地区不受冰冻的部位以外,还应符合抗冻性指标。

(4)钢筋混凝土基础。当基础承受较大挠曲时,可采用钢筋混凝土,混凝土的强度等级应在 C15 以上。由于钢筋混凝土的强度较高,因而能够在较小的埋置深度内取得较大的支承面积(采用较大的襟边)。

2.按构造形式划分

根据上部构造的要求以及地基情况的不同,涵洞基础的构造形式可分为整体式基础和非整体式(分离式)基础,如图 8-1 所示。

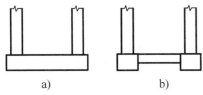

图 8-1 基础按构造分类
a)整体式;b)非整体式

(1)整体式基础。一般为矩形基础,其尺寸通常是由上部结构的大小而定,而不受地基承载力的控制。当地基土质不均匀时,为防止不均匀沉降和局部破坏,或因涵洞跨径较小、基础相距甚近和为了施工上的便利,往往将涵台下基础联合成整体式基础。

(2)非整体式(分离式)基础。它是单独修筑在各涵(桥)台下相互独立的基础,在跨径较大及地基强度较高时采用。

3.按工作条件划分

(1)刚性基础。当基础材料抗拉强度较低时,其结构尺寸可以不满足抗弯曲强度要求,计算中可不计其弯曲变形,称为刚性基础,如前述的砖、石及混凝土基础等。

(2)柔性基础。在荷载作用下应考虑其变形者,采用柔性基础。除前述的钢筋混凝土基础外,将涵管置于天然土层或砂砾石垫层上(无基涵管),亦属柔性基础。但在经常有水或涵前壅水较高以及淤泥、沼泽和严寒地区,不宜采用柔性的无基涵管,而应敷设在用石料、混凝土或三合土筑成的凹槽刚性基础上。

四、基础埋置深度

影响小桥涵基础埋置深度的因素主要有三个:一是地基土壤的强度(承载力的大小),二是水流的冲刷能力,三是地基冰冻的程度。考虑这三方面因素,基础埋置深度应符合下列要求。

(1)设于基岩上的基础,基础可直接置于基岩上,但应清除风化层。如风化较厚难以清凿时,亦可置于风化层中,基础埋深视风化程度、冲刷情况及承载力而定。

(2)当地基为一般土壤河床,又无冲刷时,基础应埋于地面下不小于 0.6m 或 1.0m(盖板涵用 0.6m,石拱涵及小桥用 1.0m)深。如河床上有铺砌时,一般宜设在铺砌层底面以下 1.0m 深。

(3)当地基为一般淤泥或软弱层时,应根据地质情况采取扩大基础、倒拱、块石挤淤、砂(土、石灰)及小木桩挤密、换土、砂垫层等加固措施。

(4)在有冲刷的河流上,因涵洞都设有铺底,一般不考虑冲刷深度对基础埋深的影响。小桥基础应在设计洪水位冲刷线以下不小于 1.0m 深。

(5)冰冻对地基的影响较大,地基土壤冻胀后承载能力大大降低,特别是春季土壤消融后引起土壤翻浆,严重影响基础的稳定。因此在冰冻地区,基础埋置深度还应考虑冰冻深度。当地基土壤为不冻胀层(如岩石、卵石、中粗砂等)时,可不受冰冻深度限制。一般情况基础应埋于冰冻线以下 0.25m 深。但对于孔径小、洞身长的涵洞基础埋置,可只将距洞口两端 2m 范围内的基础埋于冰冻线以下0.25m深,其余洞内基础因洞内温度稍高,基底可适当抬高,一般为冰冻深度的0.5～0.7倍,如图8-2所示。对于地基土属于弱冻胀土的小桥涵基础,可埋在冻结层内,但其深度不小于最大冻土深度的70%。全国各地的冰冻深度见表8-2。

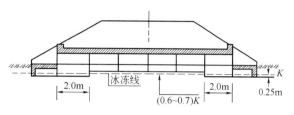

图8-2 冰冻区基础埋置深度(K为冰冻深度)

我国部分地区最大冻土深度(单位:cm)　　　表8-2

地 点	最大冻土层深度	地 点	最大冻土层深度	地 点	最大冻土层深度	地 点	最大冻土层深度
满洲里	>250	沈 阳	>139	石家庄	53	西 安	45
海拉尔	241	鞍 山	108	太 原	77	天 津	45
克 山	233	锦 州	107	延 安	79	蚌 埠	15
齐齐哈尔	>186	呼和浩特	114	西 宁	134	南 京	9
哈尔滨	199	敦 煌	114	济 南	39	合 肥	11
长 春	162	大 同	>150	安 阳	34	甘 孜	>50
乌鲁木齐	133	北 京	85	兰 州	84	上 海	6
通 辽	149	唐 山	62	郑 州	18	拉 萨	24
四 平	120	张 掖	123	洛 阳	21	杭 州	7
哈 密	92	保 定	55	徐 州	23		
皇 新	104	银 川	103	宝 鸡	20		
广 州	0	长 沙	3	南 昌	5		

(6)基础埋深还应考虑基底土质情况,以基地土质确定埋置深主要考虑地基土质的承载力,对板涵地基承载力要求一般为0.2～0.3MPa;对拱涵地基承载力要求一般不小于0.5MPa。在一般情况下,基底的埋置深度不得小于1m,当小桥涵以常规的埋深而确定所在的基底高程位置的地基承载力小于相应拱板涵的允许承载力时,有时为减少涵洞埋深,通常采用地基加固的措施来提高地基的承载力。

五、刚性扩大基础

地基承载能力不足时,可采用设置多层的扩大基础,如图8-3所示。刚性基础扩大时,其台阶的挑出长度应与台阶高度保持一定的比例,通常用刚性角α来控制。对于砖、片石、块石、料石砌体,当用M5级以下砂浆砌筑时,$\alpha \leqslant 30°$;当用M5级以上砂浆砌筑时,$\alpha \leqslant 35°$;采用混凝土浇筑时,$\alpha \leqslant 40°$或$\alpha \leqslant 45°$。

(1)基础的厚度。应根据墩、台身结构形式,荷载大小,选用的基础材料等来确定。基底高程应按上述埋置深度要求确定,水中基础顶面一般不高于最低水位,在季节性河流或旱地上的墩台基础,则不宜高出地面,以免碰损。这样,基础的厚度可按上述要求所确定的基础底面和顶面高程求得。

(2)基础的平面尺寸。基础平面形状一般应根据墩、台身底面的形状而确定,实体墩身截面常用的是圆端形。基础底面长宽尺寸与高度有如下的关系式(图8-3)。

长度(横桥向):
$$a = l + 2H\tan\alpha \tag{8-1}$$

宽度(顺桥向):
$$b = d + 2H\tan\alpha \tag{8-2}$$

式中:l——墩、台身底截面的长度(m);
d——墩、台身底截面的宽度(m);
H——基础高度(m);
α——墩、台身底截面边缘至基础边缘的边线与垂线间的夹角(°)。

(3)基础的剖面尺寸。刚性扩大基础的剖面形状一般做成矩形或台阶形,如图8-3所示。自墩台身底边缘至基顶边缘的距离 c_1 称为襟边,其一方面扩大了基底面积,增加了基础承载力,同时也便于对基础施工时在平面尺寸上可能发生的误差进行调整,也满足了支立墩、台身模板的需要。其值应视基底面积的要求、基础厚度及施工方法而定。桥梁墩、台基础的襟边最小值为20~50cm。

所拟定的基础尺寸,应是在可能的最不利荷载组合条件下,能保证基础本身足够的结构强度,并能使地基与基础的承载力和稳定性均能满足规定的要求。基础每层台阶高度 t_i,通常为 0.5~1.00m(在一般情况下各层台阶宜采用相同厚度)。

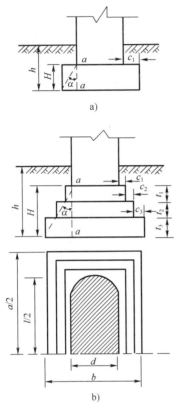

图8-3　刚性扩大基础
a)单层基础;b)多层基础(立面、半平面)

六、软土地基加固

1. 换填土层法

换填土层法,即采用相应的处理方法,将基底下一定范围内软土层挖去或挤去,换以强度较大的砂、碎(砾)石、灰土或素土,以及其他性能稳定、无侵蚀性的土类,并予以压实。根据施工方法不同,又分为如下三种。

1)开挖换填法

将软弱地基层全部挖除或部分挖除,用透水性较好的材料(如砂砾、碎石、钢渣等)进行回填。该方法简单易行,也便于掌握。对于软基较浅(1~2m)的泥沼地特别有效。但对于深层软基处理,要求沉降控制较平的路基、桥梁构造物、引道等,应考虑采用其他方法。

2)抛石挤淤法

在路基底部抛投一定数量片石,将淤泥挤出基底范围,以提高地基的强度。这种方法施工简单、迅速、方便,适用于常年积水的洼地,排水困难,泥炭呈流动状态,厚度较薄,表层无硬壳,片石能沉达底部的泥沼或厚度为 3~4m 的软土;在特别软弱的地面上施工由于机械无法进入,或是表面存在大量积水无法排除时;石料丰富、运距较短的情况。

3)爆破排淤法

将炸药放在软土或泥沼中爆炸,利用爆炸时的张力作用,把淤泥或泥沼扬弃,然后回填强度较高的渗水性土壤,如砂砾、碎石等。爆破排淤较一般方法换填深度大、工效较高,软土、泥沼均可采用。

爆破排淤法用于当淤泥(泥炭)层较厚,稠度大,路堤较高和施工期紧迫时;路段内没有桥涵等构造物,路基承载力均衡一致,因整体沉降对道路不会产生破坏,也可考虑换填。但对桥涵构造物及两侧引道等,应考虑采用其他方法。

2. 挤密法

1)堆载预压法

在软基上修筑路堤,通过填土堆载预压,使地基土压密、沉降、固结,从而提高地基强度,减少路堤建成后的沉降量。进行预压的荷载超过设计的道路工程荷载,称为超载预压;预压荷载等于道路工程荷载,称为等载预压。

堆载预压法对各类较弱地基均有效;使用材料、机具简单,施工操作方便。但堆载预压需要一定的时间,适合工期要求不紧的项目。

2)其他预压法

(1)真空预压法。利用大气压强 0.098MPa 等效堆载预压法对软基进行加固。即依靠真空抽气设备,使密封的软弱地基产生真空负压力,使土颗粒间的自由水、空气沿着纵向排水通道,上升到软基上部砂垫层内,由砂垫层过滤再排到软基密封膜以外,从而使土体固结。该法适用于含水量高、孔隙比大、强度低、渗透系数和固结系数均较小的黏土。

(2)真空预压加堆载预压法。是堆载预压和真空预压两种方法的结合,原理与真空预压相同,但加载更大,预压时间缩短了一半。

3)重锤夯实法

重锤夯实法是利用起重机(起重能力为 8~15t)将重锤(质量 1.5t 或稍重,锤底直径为 1~1.5m)提到一定高度(2.5~4.5m),然后自由落下,如此反复夯实使土表层密实而提高强度的方法,是一种浅层处理方法。重锤夯实法适用于地下水位 0.8m 以下,地基土为稍湿的一般黏性土、砂土、湿陷性黄土、杂填土等情况。

在重锤夯实法的基础上,经过研究和实践,出现所谓强夯法,亦称动力固结法。它是以 8.12t(甚至 20t)的重锤,在 8~20m 落距(最高达 40m)高处自由下落对较厚的松散土层进行强力夯实的地基处理方法。强夯法具有施工简单、加固效果好、使用经济、运用面较广等优点。经强夯法处理的地基,其承载力可提高 2~5 倍,压缩性降低 2~10 倍,广泛用于地基土为杂填土、碎石土、砂土、黏性土、湿陷性黄土及泥炭和沼泽土的情况。不但陆地上使用,亦可水下夯实。缺点是需要相应的机具设备,操作时振动噪声较大,不宜在人口密集或附近防振要求高的地点使用。

4)拌和法

在地基的成孔桩中,将石灰或水泥等固化剂与土基软土搅拌、混合的方法称为拌和法。它可分成表层土拌和法和深层土(深度超过 20m)拌和法。深层土拌和法是利用水泥、石灰等材料作为固化剂,通过特制的深层搅拌机械,将软土和固化剂(浆液或粉体)强行搅拌,经一系列物理—化学反应使软土硬结而加固地基。经处理后,加固土的密度较加固前略有增加,含水量较加固前地基土的含水量小,强度较加固前地基土的强度增加较多。

3. 化学加固法

利用化学溶液或胶结剂,采用压力灌注或搅拌混合等措施,使土颗粒胶结起来,达到对软土地基加固的目的,称为化学加固法,又称胶结法。此法加固效果取决于土的性质和所用的化学剂,亦与施工工艺有关。目前化学溶液以水泥浆液使用较多,施工工艺有注浆法和旋喷法。注浆法是利用机械压力将浆液通过注入管,均匀注入地层,浆液以填充和渗透方式排挤土粒间或石隙中的水分和空气,占据其位置,一定时间后,浆液凝固即可使原土层缝隙固结成整体。

旋喷法是用钻机钻至设计高程后,以高压射流(20 000～50 000kPa)通过钻杆下端的旋转喷射装置向周围土体喷射加固浆液,使浆液与土切割搅拌。钻杆边喷边提升,在喷射有效范围内土和浆液凝固成圆柱体(旋喷柱)。加固直径为0.5～1.5m,桩的极限强度可达500～8 000kPa,它适用于各种较软弱土层。旋喷法费用较高,仅在个别情况下采用。与此相仿的还有一种深层搅拌法,是用于加固饱和软土基的一种新方法。该法利用水泥、石灰等材料作为固化剂,通过特制的深层搅拌机械,将软土和固化剂(浆液或粉体)强行搅拌,经一系列物理—化学反应使较软土硬结而加固地基。

4. 排水固结法

饱和软土在荷载作用下排水固结,抗剪强度可得到提高,以达到加固的目的,此法常用于加固湿软地基。桥涵工程中常用的排水固结法是砂垫层法。

用砂垫层加固地基,就是挖除基底下一部分原有软土,而换填分层夯实的强度较高、稳定性较好的中砂、粗砂和砂砾等,以满足地基稳定和变形的要求。在经济与技术可行的条件下,由于施工可不采用机械,所以具有一定的实用价值。

1) 砂垫层底面尺寸的确定

砂垫层比软土有较大的变形模量和强度,基础底面的压力通过砂砾垫层的扩散作用分布到较大的面积上。其扩散角 φ 可假定为 $35°\sim 45°$。矩形基础的砂砾垫层底面尺寸可按下列公式确定:

$$A = a + 2h_s \tan\varphi \quad (8\text{-}3)$$
$$B = b + 2h_s \tan\varphi \quad (8\text{-}4)$$

式中:a、b——基础的长度和宽度(m);
A、B——砂砾垫层的长度和宽度(m);
h_s——砂砾垫层的厚度,一般为1～3m。

砂砾垫层底面对地基产生的压力假定成梯形分布,如图8-4所示。

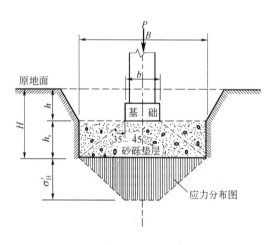

图8-4 砂砾垫层应力分布图

2) 砂砾垫层厚度的确定

砂砾垫层厚度 h_s 可由式(8-5)所给条件确定。如需要的厚度超过3m时,可根据具体情况与其他加固法(如砂桩等)结合使用。

$$\sigma_H \leqslant [\sigma] \quad (8\text{-}5)$$

式中:$[\sigma]$——砂砾垫层底面处软土地基的容许承载力(kPa);
σ_H——砂垫层的计算压应力(kPa)。

对矩形基础,可按下式计算:

$$\sigma_H = \frac{ab\sigma}{ab + \left(a+b+\frac{4}{3}h_s\tan\varphi\right)h_s\tan\varphi} + \gamma h + \gamma_s h_s \tag{8-6}$$

式中:σ——由荷载引起的基础底面的平均压应力(kPa);

γ——原地面至砂砾垫层顶面之间土层(回填土)的重度(kN/m^3);

γ_s——砂砾层的重度,在地下水位以下应扣除水的浮力(kN/m^3);

其余符号意义同前。

第二节 涵洞设计

一、一般要求

(1)涵洞设计时,应按水力性质选择其计算图式。新建涵洞应采用无压力式涵洞;当涵前允许壅水时,可采用压力式或半压力式涵洞。

(2)无压力式圆管涵应根据地基土的密实程度,设置砂垫层、灰土垫层、砌石基础或混凝土基础;建于砂砾地基上的圆管涵,可不设基础,但应对接缝处和进出水口处的地基予以处理,以避免管节间发生不均匀沉降和接缝漏水。压力式和半压力式涵洞应设置基础,接缝应严密。

(3)涵洞内径或净高不宜小于0.75m;涵洞长度大于15m但小于30m时,其内径或净高不宜小于1.0m;涵洞长度大于30m且小于60m时,其内径或净高不宜小于1.25m;涵洞长度大于60m时,其内径或净高不宜小于1.5m。

(4)涵洞进、出洞口及洞外排水工程的形式与尺寸,应使水流能顺利通过,并满足两侧附近路堤的稳定要求,且不应对附近环境造成不利影响。

(5)当有农田排灌需要,且路基填方较低时,可设置倒虹吸管。

二、涵洞洞身总体布置

1.平面布设

一条路线的涵洞平面布设应结合沟谷情况、环境条件等综合考虑,使全线桥涵形成顺畅的排灌系统和交通网络。对一座涵洞而言,其平面布置主要应解决好涵位以及涵洞轴线与路线的交角问题。涵位确定已在第三章第二节中讲述,下面主要讲述涵洞洞身平面布置问题。

1)正沟正涵

涵洞应尽量布置成与路线正交。正交涵洞具有长度短、工程数量小、施工简便等优点,平面布置如图8-5所示。

若天然河道与路线斜交,但地形变化不大,且水流较小,则可经过人工改河,仍设置正交涵洞。

2)斜沟斜涵

路线方向如果与天然河道斜交,经过技术经济比较,不宜改河,则采用斜交涵洞。此处,若正交涵洞出口出现水流直冲农田、房舍、道路等情况,亦应改用斜交涵洞,以免造成水害,平面布置如图 8-6 所示。

为确保涵洞内和上、下游水流顺畅,山区涵洞宜顺沟设置斜交涵位,不宜强求正交,下述条件宜布置斜交涵。

(1)在流速或流量较大的前提下,当河沟水流方向与路线不垂直时,为了使水流畅通,避免形成较严重的涡流现象,减轻对农田、路堤和小桥涵洞口及基础的冲刷,宜斜交布置。

(2)当河沟水流方向与路线不垂直,需设多孔涵洞时,为了避免因采用正交涵洞水流方向不顺,孔(洞)内水流分布不均匀,泥沙沉积,淤塞部分孔(洞)口和孔(洞)身,可采用斜交布置。

(3)当深窄河沟两岸横向坡度较大,河沟水流与路线不垂直时,为了避免采用正交涵引起改沟土石防护工程量过大,此时宜将涵洞斜交布置。

(4)当实地水流方向与路线夹角 α 小于 45°很多时,一般不宜采用小于 45°的斜交涵。可在河沟上、下游分别采取改沟、加设导流和调整构造物等方法,增大水流方向与路线相交的夹角。夹角 α 常用 75°、60°、45°三种,均有标准图选用。

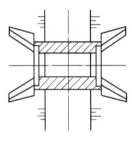

图 8-5 正沟正涵

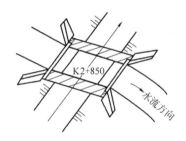

图 8-6 斜沟斜涵

3)斜沟正涵

当路线与河沟斜交而设计成斜涵不易时,可将涵洞设置成正涵,但进出口设成斜向或流线型以调整水流状态,如图 8-7 所示。这种涵洞主体工程的设计和施工比较容易,因此也是常用的形式。

4)曲线涵洞

当路线与沟谷交叉处于河沟弯曲处,涵身又很长,且不易改沟设涵时,可将涵洞洞身设为曲线形,以确保涵洞水流顺畅,节省工程数量,如图 8-8 所示。在这种情况下,若强行改沟设置直线涵洞,将存在如下问题:

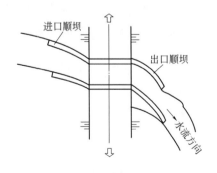

图 8-7 斜沟正涵

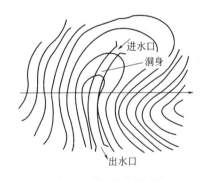

图 8-8 顺沟设曲线涵洞

(1)进出口位置不合适,影响正常水流出入,改沟及引水工程将增大。
(2)基坑挖方工程量大,施工进度慢,造价相对提高。
(3)沟谷强行改直后,涵洞基底地质不均匀,洞身易产生不均匀沉降,直接影响工程质量。

2.立面布设

根据地形、地质及水文等条件,洞身立面布置有如下形式。

1)平坦沟床的布置形式

如图8-9所示,此种形式在天然沟床纵坡较小且涵长较短时采用。布置时,洞底高程及坡度原则上应与天然沟床的高程及坡度一致。当天然沟床坡度较大时,可按下游洞口沟床高程控制,按水流临界坡度(一般为1%~5%)设置,并在进口进行适当的开挖。

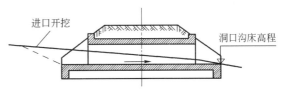

图8-9 平坦沟床洞身立面布置

2)斜坡布置形式

当天然沟床纵坡大于5%~10%时,为使涵洞洞身与沟底天然坡度一致,并减少挖基土石方数量和缩短涵洞长度,常采用斜坡布置形式。常见布置形式如下:

(1)洞身不变仍作一般布置形式,而在进水口做跌水井或急流槽,使涵底与沟底顺接,见图8-10。

(2)设置填方涵洞。当附近有大量石方可供利用时,为减少涵洞工程数量,可将涵基置于砌石(或填石)基底上,做填方涵洞,如图8-11所示。通常拱涵基底用砌石,盖板涵基底可用填石。出水口斜坡表面应用大块石码砌,以防水流冲刷,斜坡坡度一般为1:1.5~1:0.75。

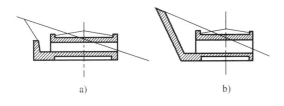

图8-10 陡坡沟床洞身立面布置
a)进口跌水井;b)进口急流槽

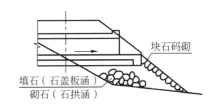

图8-11 填方涵洞

在填石基底上做涵洞,一般要求设在地基良好的地面上,如遇山体破碎、地下水较多、渗水性较强的地基则不宜采用。设置填方涵洞,要注意保证基底强度均匀性,不能置于软硬不同的地基上。填方涵洞填方高度一般不宜大于5m。

当水流较大时,出口砌石边坡可用条石做成多级台阶跌水形式,台阶高度多为30cm,前后搭接30cm宽,如图8-12所示。

(3)当非岩石河沟纵坡在10%以下,岩石河沟纵坡在30%以下时,可采用斜置式斜坡涵,如图8-13所示。并可结合地形、地质情况采用齿状基础、扶壁式基础及台阶形基础等形式。

(4)当非岩石河沟纵坡大于10%,岩石河沟纵坡大于30%时,可采用平置式斜坡涵(又叫阶梯式),如图8-14所示。布置阶梯式涵洞时注意以下几点。

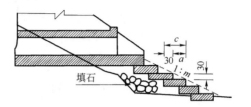

1:m	1:5	1:4	1:3	1:2	1:1.5	1:1.33	1:1	1:0.75
a	150	120	90	60	45	40	30	25
c	180	150	120	90	75	70	60	55

台阶尺寸

图 8-12　出口台阶(尺寸单位:cm)

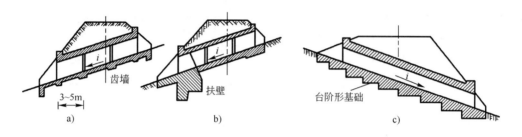

图 8-13　斜置式斜坡涵
a)齿状基础;b)扶壁式基础;c)台阶形基础

①阶梯分节长度一般不宜小于 2m,相邻两段的最大高差一般不超过上部构造的 3/4,并不应大于 0.7m 或涵洞的 1/3 净高,当高差大于此限时应在涵顶加砌矮挡墙,如图 8-14a)、b)所示。

②当沟床天然纵坡变化较大,可适应地形做成不等长、不等高差的台阶形式,如图 8-15 所示。

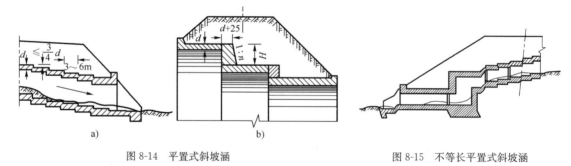

图 8-14　平置式斜坡涵　　　　　　　　图 8-15　不等长平置式斜坡涵

③阶梯涵的沉降缝宜设在台阶落差断面,并结合地质及基础变化情况设置,以防止不均匀沉陷而产生裂缝。

三、涵洞设计成果及示例

1. 设计成果

1)涵洞布置图

涵洞结构小、数量多、设计工作量较大,因而在公路设计文件中一般只要求对每道涵洞绘一纵断面图,叫作涵洞布置图。对于斜涵还要求绘出平面图。涵洞布置图中应示出设涵处原地面线及涵洞纵向布置设计线,并注明地质土壤及各部尺寸和高程以及该涵处有关的路基设计资料(包括路肩宽度、加宽值、超高、路基边及边坡等)。每张图上,可视图幅情况由上至下、由左到右,按桩号排列布置多个涵洞,并附文字说明及工程数量表。比例尺为1∶200~1∶50,通常多用1∶200。

2)涵洞标准图

由于每道涵洞只绘制纵断面图,不能全面反映涵洞的各细部尺寸结构,因而每一条路还需结合该路情况,对该路采用的各种类型的涵洞绘制统一的标准图。标准图应绘制涵洞各部位的详细图形和结构,并有相应的尺寸表。

3)不同设计阶段的要求

(1)初步设计阶段

原交通部颁《公路工程基本建设项目设计文件编制办法》规定,在初设阶段涵洞设计应完成的主要成果是涵洞表。表中列出涵洞中心桩号、结构类型、交角、填土高度、孔数及孔径、长度、进出口形式、设计流量及主要工程、材料数量等。

(2)施工图设计阶段

在施工图设计阶段主要完成涵洞工程数量表和涵洞设计图。

①涵洞工程数量表

列出涵洞中心桩号、交角、孔数及孔径、涵长、结构类型、进出口形式、采用标准图编号、工程及材料数量(包括交通工程及沿线设施通过明涵的预埋件)等。

②涵洞设计图

a. 布置图:绘出设置涵洞处原地面线及涵洞纵向布置,斜涵尚应绘出平面和进出口的立面,示出地基土质情况、各部尺寸和高程。比例尺用1∶200~1∶50,设计示例如图8-16所示。

b. 结构设计图:采用标准图的,在布置图内注明标准图的名称及编号,不再绘设计图。特殊设计的(包括进出口式样特殊或铺砌复杂的),应绘结构设计图。比例尺用1∶200~1∶50。

2. 涵洞布置图设计示例

设计资料:已知某二级公路上一涵洞,涵洞中心桩号为K2+208,中心桩处原河沟地面高程为1 071.86m。该处路基无超高加宽,路基设计高程为1 075.96m,路基宽15m,边坡1∶1.5。由设计流量推算的涵洞孔径为1.42m,设计孔径取标准跨径1.5m,帽石尺寸取30cm×25cm,其中倒角2cm,出檐5cm,铺底厚度取30cm,基础厚度取60cm。如设计为拱涵,拱圈取10cm,矢跨比取1/3。如设计为板涵,板厚取16cm,支座厚度取2cm。涵洞所在地区为季冻区,年平均冻深为1.2m,基地土质为黏性土。野外实测涵轴纵断面资料如下。

上游一侧:

$$\frac{+0.10}{1.5};\frac{+0.15}{8};\frac{+0.22}{8};\frac{+0.30}{10};\frac{+0.41}{12};\frac{+0.50}{20}$$

下游一侧:

$$\frac{-0.16}{3};\frac{-0.22}{4};\frac{-0.32}{6};\frac{-0.38}{8};\frac{-0.41}{10};\frac{-0.45}{16};\frac{-1.0}{16}$$

试作该正交涵洞纵断布置设计。

解:(1)根据涵轴纵断面资料,在米厘纸上点绘涵位处原河沟地面线,如图8-17(本图已缩比)所示。

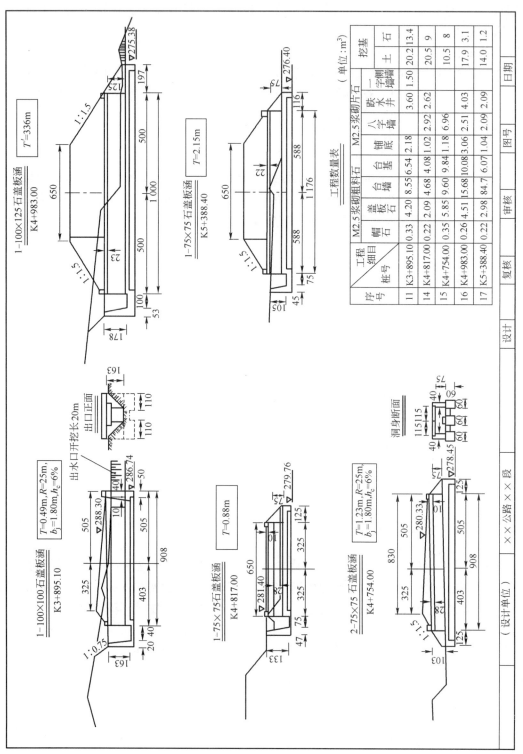

图8-16 涵洞布置图示例

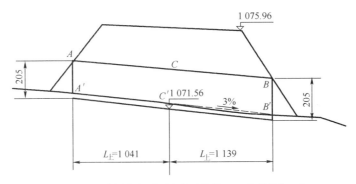

图 8-17 确定纵坡及涵长(尺寸单位:cm;高程单位:m)

(2)根据路基设计表,计算涵位中心桩处的中心填挖高度,经计算,中心填挖高度 h 为:
$$h = 1\ 075.96 - 1\ 071.86 = 4.10(\text{m})$$

(3)按设计中心填挖高度和涵位处设计断面形状,绘出路基设计线(戴帽子)。

(4)根据戴帽结果如设计拱涵难以满足填土高度的要求,结合当地资料供应条件和各类涵洞的特点,本涵拟建为钢筋混凝土盖板涵。

(5)初步估算涵洞的立面布置范围。

经计算涵洞进出口的建筑高度 $h_{进} = h_{出} = h_{均} = 1.75$m,按未加高端墙时的涵洞进出口建筑高度 $h_{均}$ 值,分别在涵底中心和两侧戴帽的路基边坡上共三处截取 $h_{均}$ 值,分别得到 AA'、BB'、CC' 三条竖线,分别从 A 和 B 作垂线交涵轴纵断面地面线于 A'、B' 两点。连接 AB,卡出上、下游涵长大致的布置范围,即 A'、B' 两点的距离。

(6)根据以上布置的 A'、B' 两点,在纸上确定出其连线的平均坡度,可以分别确定上、下游涵底的平均纵坡,并将此纵坡调为百分率整数,再重新按此坡度核算布置情况。通过纸上算定此坡度线的坡度为 3.12%,涵洞铺底、涵身基础和涵身应布置成一致的坡度,取为 3%。

(7)确定上、下游涵底的平均纵坡:
$$I_{涵上} = \frac{H_{进} - H_{沟}}{L_{上估}} = \frac{0.35}{11.65} = 3\%$$

$$I_{涵下} = \frac{H_{出} - H_{沟}}{L_{下估}} = \frac{0.312}{10.64} = 3\%$$

(8)计算涵洞的准确长度:
$$L_{上} = \frac{B_{上} + m(H_{设} - H_{沟} - h_{进}) + c}{1 + mI_{涵上}} = \frac{7.5 + 1.5 \times (1\ 075.96 - 1\ 071.86 - 0.30 - 1.75) + 0.3}{1 + 1.5 \times 3\%}$$
$$= 10.41(\text{m})$$

$$L_{下} = \frac{B_{下} + m(H_{设} - H_{沟} - h_{出}) + c}{1 - mI_{涵下}} = \frac{7.5 + 1.5 \times (1\ 075.96 - 1\ 071.86 - 0.30 - 1.75) + 0.3}{1 - 1.5 \times 3\%}$$
$$= 11.39(\text{m})$$

(9)计算进出口处原地面高程。

经此计算本涵的涵洞进口和出口处的设计高程和涵底中心高程分别为:
$$H_{进} = 1\ 071.86 - 0.3 + 10.41 \times 3\% = 1\ 071.87(\text{m})$$

$$H_{出} = 1\,071.86 - 0.3 - 11.39 \times 3\% = 1\,071.22(m)$$
$$H_{涵} = 1\,071.56(m)$$

(10)涵底铺砌厚度取 30cm,截水墙取 40cm 宽度,最低深度埋深 1.5m;基础的平均埋深取 1.5m。

(11)画纵向布置图,并标注相关拟定和计算尺寸,如图 8-18 所示。

(12)绘制洞口,完成全图。

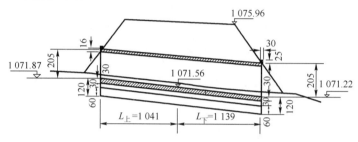

图 8-18　绘制洞身纵面图(尺寸单位:cm;高程单位:m)

第三节　小 桥 设 计

一、一般要求

小桥应按每座桥绘出正式的设计图,包括立面(或纵剖面)、平面、横断面以及其他有关剖面及细部大样图。图中应绘出河床断面线、设计水位及测时水位、土壤地质情况及各部尺寸、结构和高程。图中还应附有文字说明及工程数量表。文字说明主要说明设计依据、所采用标准图的名称和编号、施工事项及注意问题等。文字力求简明扼要。比例尺为 1∶200~1∶50,通常多用 1∶100 或 1∶200。

当有导治构造物或其他附属工程时,还应绘制比例为 1∶1 000~1∶50 的导治构造物和其他附属工程设计图。

二、步骤及内容

1. 选定桥下中心流水面高程和纵坡

通常,宜将桥址中心的天然沟床高程选为小桥桥下铺砌后的中心流水面高程,以利排洪和减少开挖等工程量。小桥沿水流方向的长度很短,故对于比较平缓的沟床,可设成临界坡、平坡或保持原沟床的纵坡。

2. 桥型选择

桥型选择是桥梁设计中的一项重要内容,应与孔径选定综合起来考虑。一般先根据水力计算或需要的桥下净空(跨线桥),初步确定孔径后再进行桥型选择,有时也可在选定桥型后再调整孔径。桥型选择的内容主要是:

(1)上部构造类型选择及尺寸拟定。

(2)墩台的类型选择及尺寸拟定。

(3)基础类型的选择及尺寸拟定。

3.孔径计算及确定

4.平面及立面布置

(1)小桥的平面布置一般只需在1:2 000地形图上进行,现场核对即可。当地形、地貌复杂,上下游有附属设施,或1:2 000地形图不能满足平面布置的需要时,须实测桥址1:1 000~1:500平面图。需实测的情况有:

①位于挖方段的小桥,其墩台位置不能仅在现场确定者。
②在山坡陡峻、沟槽偏斜等处,不能直接在1:2 000地形图和现场布置者。
③地物复杂,小桥布置与其他建筑物相互干扰者。
④上下游有复杂改沟工程者。
⑤需设置山坡建筑物(如急流槽、缓流井)和导治构造物等附属设施者。
⑥斜交小桥地形复杂者。

(2)小桥的桥址纵断面一般利用路线中平测量资料,再根据地形起伏适当加桩即可。遇陡峻山坡或严重地质不良地段时,可根据实际需要增测墩台位置横断面及上、下游辅助纵断面。

绘图比例一般为1:200~1:50(纵横一致),并加注地质资料。

(3)在作平面和立面布置时,应综合考虑水文、地形、地质等条件以及桥跨、墩台和基础的类型,对墩台、锥体护坡和上、下游附属工程等进行总体布置。小桥一般均设置为正交,但若强行改变水流方向后,附属工程量较大或水力条件不佳时,亦可顺天然流向斜交布置。在山坡陡峻地段,桥址布置时应避免出现基础外露甚至悬空等不良现象。当出现此类情况时,可适当加深基础或移动桥位,必要时还可加大孔径或改变桥的类型,予以改善。

在小桥的平面、立面布置中,还应注意小桥位于曲线或坡道时梁和墩台的合理布置问题,并结合具体条件采用弯、坡、斜桥。

三、小桥设计图内容及绘制

小桥设计图一般由立面图、平面图、横断面图、工程数量表和说明五部分组成,必要时还需作细部大样图和剖面图,见图8-19小桥设计图示例。

1.立面图

全桥立面图,对于按直线布置的桥,是桥梁的横向投影图;对于按折线布置的桥,是假想将桥梁中心线展直后的横向投影图。

全桥立面主要标示内容如下:

(1)桥梁的中心里程(两桥台侧墙或八字墙尾端间距离1/2处的里程),台尾和各墩梁缝中心里程,桥梁全长。
(2)桥梁的组成及各部分立面轮廓主要尺寸。

从立面图上可看出桥梁的孔数、跨径、墩台数量及其立面轮廓的主要尺寸、梁缝数宽等。为便于施工,全桥的墩台均顺下行方向依次编号。

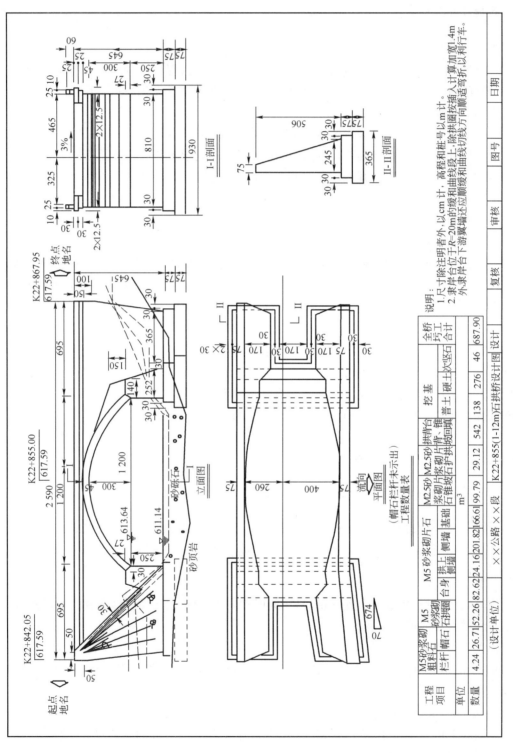

图8-19 小桥设计图示例

(3)桥下河床断面及水文、地质情况。

桥下河床断面是根据桥址纵断面测量的成果绘制的。当桥下有铺砌时,应分别绘出天然河床断面和铺砌后的河床断面。

立面图上应标示由计算得出的设计频率水位(桥前积水水面的高程)。

河床下各地层的情况是根据地质资料绘出的,图上还应注明各钻孔位置、编号、孔口高程、地下稳定水位高程和孔深等。

(4)桥上路线纵断面情况,墩台若干部位的高程。

立面图上要注明桥上纵坡度,两台尾的路肩和路面高程。如桥上有变坡点,应注明变坡点位置和变坡点的桥面高程。各墩台均应注明支承垫石顶面和基底高程。当支承垫石顶面为斜面(此时梁斜置)时,桥台的支承垫石顶面高程为垫石与背墙交线的高程,桥墩的支承垫石顶面高程为垫石与梁缝中心面交线的高程。

2. 平面图

平面图是假想将桥跨移开后的俯视图。平面图主要标示如下内容:

(1)水流方向及流向与桥梁轴线的法线的交角。
(2)墩台身底部和基础的平面形状以及主要平面尺寸。

3. 横断面图

横断面图主要标示如下内容:
(1)墩台及基础的竖向和横向形式及尺寸。
(2)桥面结构形式及桥面宽度布置。

4. 工程数量表

表中列出全桥工程数量,有时也仅列主要工程数量。

5. 说明

说明中应指出图上注记的尺寸、里程和高程的单位、设计依据、采用的标准图和通用图的名称和编号、施工事项及注意问题,以及其他必须说明的问题等。

6. 绘图步骤

(1)整理外业资料,收集有关路线及路基设计资料,拟定主要尺寸,选定标准图。
(2)在立面图上点绘河床横断面,将上、中、下三个断面套绘在一张图上。
(3)绘立面图。一般自上而下绘制起拱线(或墩台顶面),然后确定基础高程,再自下而上绘出全图,并计算每个墩台高度。
(4)绘横断面图。
(5)由立面图及横断面图绘出平面图。
(6)根据需要,绘必要的细部结构图、剖面图、大样图。
(7)计算并标出各部尺寸。
(8)计算工程数量,编写说明,整理完成全图。

四、小桥设计主要成果

1. 初步设计阶段

原交通部颁《公路工程基本建设项目设计文件编制办法》规定,在初步设计阶段小桥设计应完成的主要成果是小桥表。表中应列出小桥中心桩号、河名或地名、交角、孔数及孔径、桥长、结构类型(分上、下部结构)、设计流量、主要工程材料数量等。

2. 施工图阶段

在施工图设计阶段主要完成小桥工程数量表和小桥设计图。

1)小桥工程数量表

列出小桥中心桩号,河名或地名,交角,孔数及孔径,桥长,结构类型(分上、下部结构,墩台基础),进出口形式,采用标准图编号,上、下部构造,墩台基础的工程材料数量等。

2)小桥设计图

(1)布置图:绘出立面(或纵断面)、平面、横断面;示出河床断面,注明水位、地质概况、各部尺寸、高程和里程。比例尺用1∶200～1∶50。

(2)结构设计图:采用标准图的,在布置图内注明标准图的名称及编号,不再绘设计图。特殊设计的,应绘设计图。比例尺用1∶200～1∶50。

【复习思考题及习题】

1. 小桥涵基础有哪些常见类型?各类基础特点及适用条件怎样?
2. 影响小桥涵基础埋深的因素有哪些?确定基础埋置深度应满足哪些要求?
3. 试比较小桥与涵洞设计要求有何异同?
4. 小桥与涵洞设计应完成哪些成果?
5. 名词解释:

整体式基础　分离式基础　刚性基础　柔性基础　砂(土)桩挤密法　砂垫层法　旋喷法

6. 小桥设计作业

1)设计资料

某山岭重丘三级公路渠家溪处,经孔径计算需设一座1—20m石拱桥。桥址路中心河床横断面见表8-3(河床纵坡平缓,上、下游断面相同)。河床地质均为坚硬的砂岩,表面风化层厚约0.5m,设计洪水位高程为244.30m,桥位处路线平面为直线,纵面为平坡,桥面边缘高程为248.60m,路基宽7.5m,桥面净宽为7+2×0.5m,桥头路基挖方边坡为1∶0.3。

小桥设计作业断面资料　　表8-3

编号	里程	高程(m)	编号	里程	高程(m)
1	K3+100	253.64	7	K3+137.00	239.49(测时水位)
2	K3+106.92	248.95	8	K3+142.52	240.27
3	K3+110.13	246.17	9	K3+146.20	242.96
4	K3+114.52	244.30	10	K3+147.40	245.00
5	K3+116.59	239.63	11	K3+154.18	250.10
6	K3+120.90	239.78			

2)设计任务

按小桥设计图表8-19示例要求完成全桥设计,包括立面、平面、横断面及细部构造图。图纸比例采用1:200。

7.涵洞设计作业

1)设计资料

某山岭重丘区四级公路JD_{30}弯道QZ处需设一道涵洞,测得断面资料如下:

$$\frac{0}{10.0}, \frac{-1.0m}{1.0m}, \frac{-0.4m}{1.0m}, \frac{K13+975.21(桩号)}{638.46m(地面高)}, \frac{+0.2m}{3.0m}, \frac{+3.0m}{5.0m}, \frac{+1.0m}{4.5m}$$

沟心处地面高638.46m,沟床为密实的砾石土,路线设计资料为:平曲线半径$R_Z=40m$,纵坡$i=+3\%$,路基宽度为7.5m,路面宽度为6.0m,路拱横坡为2%,路肩横坡为3%,挖方边坡为1:0.75,填方边坡为1:1.5。

2)设计任务

完成一道1-2.5×1.5m石台钢筋混凝土盖板涵设计,包括涵洞的纵剖面图和洞身横断面图,比例为1:100。

第九章
涵洞 CAD 简介

第一节 概述与主要功能

一、概述

计算机辅助设计(Computer Aided Desing,简称 CAD)是研究计算机在设计领域中运用的一门学科。在计算机辅助设计工作中,设计者与计算机利用人机交互技术,充分交流,形成强强联合的设计优势,将人类的聪明才智、丰富经验、善于创造等优点与计算机运算高速、记忆准确、海量存储等优势完美结合,最终完成工程设计。

小桥涵的设计、计算在整个公路设计中占很大的比例。就涵洞而言,如果按平均每公里5道涵洞估算,一条50km的公路就有250道涵洞,按照"一涵一图"的原则,至少有250张涵洞平纵横设计图,如果加上洞口布置图、钢筋设计图、细部大样图、工程数量表等,绘图数量还要大幅增加。如此繁重的小桥涵设计出图工作,过去都由设计人员根据地形、地质、水文等条件套用标准图,花费很多时间手工绘制而成。随着信息时代的来临,所有的设计院都已淘汰传统的手工绘图,取而代之的是计算机绘图。在掌握了小桥涵设计理论的同时,掌握小桥涵 CAD 绘图技术成为工程师必备的技能。采用计算机进行公路涵洞辅助设计,能有效地避免人工设计的种种弊端,其高效的计算和绘图能力可以使设计者真正摆脱繁琐的、大量的重复性工作,集中精力于方案设计和决策,这是从根本上提高设计质量、提高设计效率的有效手段。当前,许多设计单位和软件开发商在 Auto CAD 图形平台的基础上进行了二次开发,开发出了很多实用的软件。我国对涵洞 CAD 软件的开发研究起步于 1988 年,此后,涵洞 CAD 软件得到了较大的发展,并在我国很多工程设计中得到广泛运用。如市场上的 Power Culvert 涵洞设计软件、GCULD 涵洞设计系统以及公路涵洞、通道 CAD 系统。图 9-1 为涵洞 CAD 平、立面图示例。

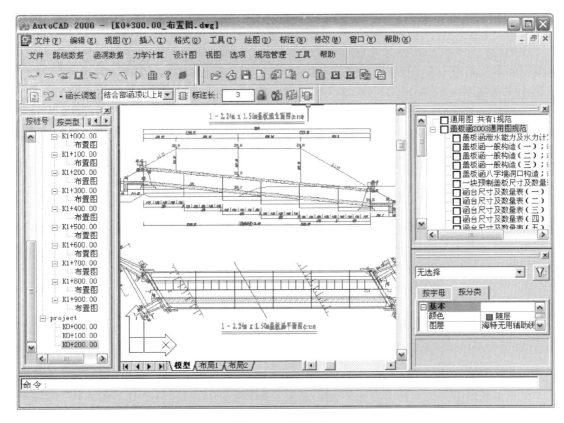

图 9-1 涵洞 CAD 示例

二、主要功能

由于小桥与涵洞的结构形式、受力特点、设计要求等不同,小桥涵 CAD 分为桥梁 CAD 系统和涵洞 CAD 系统两种,一套成熟的小桥涵 CAD 系统需要具备以下几方面的主要功能:

(1)系统应能按我国现行规范及构造要求,对小桥涵常用形式的上部结构和下部结构自动进行设计计算。

(2)各种小桥涵一般布置图的自动绘制与修改。

(3)各种上、下部结构详图的自动绘制与修改。

(4)通道、涵洞一般布置图的自动绘制与修改。

(5)系统应具有较强的人机交互设计系统和友好的工作界面,使系统在使用过程中能更好地与传统设计方法相匹配,发挥设计者灵活处理数据和进行设计的能力,并能更好地适应各种实际情况和特殊场合。

(6)系统应具有灵活的接口,这样,便于和其他桥涵结构计算程序及路线 CAD 系统连接,加强系统的灵活性。

第二节　涵洞 CAD 系统的模块简介及流程

一、模块简介

小桥的设计与大中桥设计流程与步骤基本相同,小桥的设计图绘制通常都是采用一般的桥梁 CAD 系统,还有待于进一步开发成熟的专门针对小桥设计的 CAD 系统。涵洞 CAD 系统则比较成熟。

常见的涵洞 CAD 系统应具备丰富的功能模块。孔数方面应支持任意孔数涵洞的布置；涵洞的布置形式除常见的正交涵洞以外,还应具备斜交正做和斜交斜做设计模块；涵洞结构方面,涵洞 CAD 系统应支持修筑各类常见涵洞结构类型。

1. 盖板暗涵

此类型涵洞主要为钢筋混凝土暗涵,涵洞的孔数可以根据实际需要任意设置。涵洞 CAD 系统支持帽石的斜交正做和斜交斜做；布置方式支持斜交正布和斜交斜布；支持所有的洞口类型和附加洞口类型的搭接；支持一字墙、挡墙等洞身结合部位类型；支持阶梯的系统自动布置和用户输入布置；支持涵顶的平置或斜置；支持铺底的错台和分段的控制；支持基础的平置；支持系统自动调整变异分段；支持与之盖板的板块的大小长度选择和异形板的灵活控制等。此类涵洞在细部构造图上,支持盖板涵标准板钢筋构造图、盖板涵机动板钢筋构造图、盖板涵异形板钢筋构造图、斜标准板构造图、斜机动板构造图、盖板涵台身配筋构造图、盖板涵台帽配筋构造图、盖板涵整体式基础配筋构造图、盖板涵支撑梁构造图 9 种细部构造图的设置和绘制。

2. 盖板明涵

此类型涵洞主要为钢筋混凝土明涵。涵洞 CAD 系统中,明涵只是支持帽石斜交斜做的形式；涵顶与设计线中的路面线保持一致；涵洞的涵底纵坡依靠涵洞的进口和出口处的洞身净高加以调节；其他的与盖板暗涵的设置基本相同。支持盖板涵标准板钢筋构造图、盖板涵机动板钢筋构造图、盖板涵明涵涵面铺装构造图、盖板涵人行栏杆构造图、盖板涵台身配筋构造图、盖板涵整体式基础配筋构造图、盖板涵支撑梁构造图、盖板明涵搭板构造图、低栏杆构造图、明涵的涵台台帽构造图 10 种细部构造图的设置和绘制。

3. 拱涵

支持钢筋混凝土拱涵和石拱涵的设计,涵洞的控制参数设置与盖板涵基本上一致。在拱涵中,支持拱涵标准管节钢筋混凝土配筋构造图、拱涵轻型管节钢筋混凝土配筋构造图、拱涵台身配筋构造图、拱涵整体式基础配筋构造图、拱涵支撑梁钢筋构造图 5 种细部构造图的设置和绘制。

4. 管形涵(圆管涵)

即一般的圆管涵的绘制,圆管涵的基础设置多样。支持管涵备用管节构造图、管涵标准管节构造图、管涵机动管节构造图、管涵斜管节构造图4种细部构造图的设置和绘制。

5.管形涵(倒虹吸)

与圆管涵的设置基本上一致，但是增加管涵接缝构造图。在倒虹吸的涵长计算过程中，倒虹吸的涵长由路面宽度和左右两侧加长的长度组成。在倒虹吸的细部构造图中，还支持套管的钢筋构造图的绘制。

6.管形涵(波纹管)

波纹管支持边管斜置的功能。在边管斜置的时候，涵洞的边管即为洞口形式，这时需要在涵洞的路基边管附近做相应的边坡铺底加固处理，此时涵洞的洞口形式一般为铺砌；边管不斜置的时候，波纹管的修筑与圆管涵的修筑基本相同。

7.箱涵

在箱涵的修建过程中，支持箱涵涵身配筋构造图、箱涵明涵涵面铺装构造图、箱涵牛腿构造图、箱涵右翼墙构造图、箱涵左翼墙构造图、箱涵搭板构造图6种细部构造图的设置和绘制。

另外，涵洞CAD系统还具备水文计算及结构计算模块，满足特殊条件下的涵洞设计。

涵洞CAD系统的数据主要分为原始数据和出图参数两大类，涵洞CAD系统运用者一般可以从参数的理解和输入开始着手设计。

(1)原始数据。原始数据分为涵洞地面线数据、路基横断面数据、涵洞结构数据、配筋等规范数据。

(2)出图参数。出图参数包括输入输出文件名、图幅布置参数、图形比例尺、字高、字体参数等。

二、流程与步骤

1.涵洞CAD流程图

根据涵洞设计时图纸文件的组织形式，设计人员往往习惯上把涵洞设计分为两种方式："通用图＋布置图"和"一涵一图"。目前的涵洞CAD设计系统，都能支持这两种设计方式。

常见的涵洞CAD软件流程图如图9-2所示。

无论是"一涵一图"设计模式，还是"通用图＋布置图"设计方式，涵洞立面布置和洞口选择是最灵活的两个环节，需要设计者具有较多的设计经验和技巧。

1)"通用图＋布置图"方式

该方式是对项目中的每一涵洞只绘制布置图，不单独提供构造图，其主要构件的构造图通过"通用图"的形式体现，涵洞施工时，根据通用图查表获得相应结构尺寸和配筋参数以及单位工程数量，通过这种方式设计涵洞时，应该将通用图作为设计成果的一部分交付出版。一般说来，在涵洞CAD软件中，每个规范文件都对应着一套通用图。

在"通用图＋布置图"的设计方式下：涵洞的上部和下部的圬工工程量来自于CAD软件的实际计算，但其设计参数来自于规范文件；其所有的配筋来自于规范文件。

在此种设计方式下设计涵洞，涵洞CAD软件提供了标准图管理器来绘制和编辑标准图。标准图管理器可以管理图纸，批量替换图框等。

2)"一涵一图"方式

该方式就是对项目中的每一道涵洞都绘制布置图和配套构件的细部构造图(如盖板的配筋图)。涵洞施工时,可以完全脱离通用图。

在此种情况下,用户可以通过涵洞CAD软件提供的"套用规范"或者"交互套用规范"功能有选择性的采用一些规范数据。

在"一涵一图"的设计方式下,所有涵洞的工程量都是根据实际的涵洞设计参数通过一定的工程算法得到。

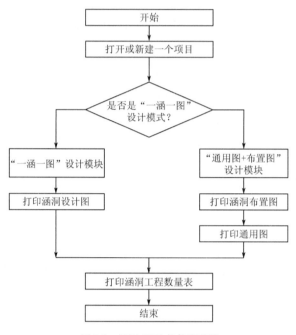

图 9-2 涵洞 CAD 软件流程图

2."通用图＋布置图"模块操作步骤

下面以市场上比较常用的某软件为例,介绍采用此方法设计涵洞的基本操作步骤。

(1)首先,打开"菜单\选项\项目组属性设置"的对话框,选择"设计图风格"下的"设计图组织方式"为"一套通用图＋每道涵洞的布置图",如图 9-3 所示。

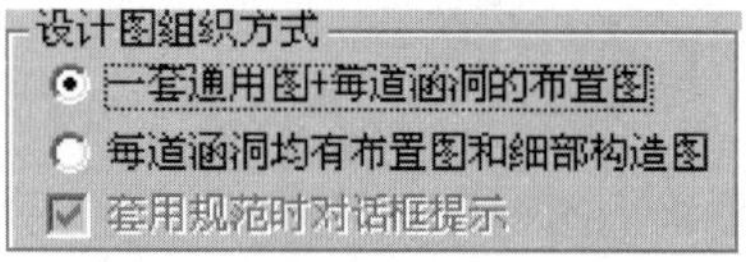

如果在套用规范的过程中,不想弹出一些套用规范成功的提示对话框,则可以不选择"套用规范时对话框提示",此设置只能在"菜单\选项\项目组属性设置\当前涵洞属性设置"中设置,在当前涵洞的全局设置中不能设置。

图 9-3 "通用图＋布置图"选项框

(2)然后选择"菜单\涵洞数据\当前涵洞属性设置"下的其他涵洞级别的设计参数。在选择当前涵洞的属性设置的过程中,可以选择当前涵洞采用的规范文件。

(3)在"菜单\涵洞数据"子菜单下,选择相应的菜单项,依次输入涵洞的地面线、设计线、地质线、涵洞选型和洞身属性等原始设计参数。

(4)在"菜单\涵洞数据"子菜单下,选择"纵面布置"进行涵洞的纵断面布置。

(5)点击"菜单\涵洞数据\洞身及其结合部\阶梯涵分段"子菜单,设置涵洞分段形式和涵洞的铺底错台及其涵洞的异形分段等的调整方式。

(6)选择"菜单\涵洞数据\洞身及其结合部"子菜单下的相应菜单项,设置洞身结合部位的相应设置参数,在 PCVX 中,提供了翼墙、一字墙、挡墙、侧墙这 4 种洞身结合部位形式。

(7)选择"菜单\涵洞数据\洞口参数"子菜单下相应菜单项,设置涵洞的洞口。

(8)选择"菜单\设计图\说明文字"编辑涵洞的当前布置图的说明。

(9)选择"菜单\L 力学计算"子菜单下相应菜单项,进行涵洞力学验算。在此种设计涵洞的方式下,力学计算只是作为一个辅助的设计手段,因为标准图的编制具有一定的限制。

(10)选择"菜单\设计图"子菜单,绘制涵洞的布置图。

3. "一涵一图"模块操作步骤

采用每道涵洞均有布置图和细部构造图设计涵洞时,不仅仅需要对布置图的设计和绘制,还需要对涵洞的相关的细部构造图的设计和绘制,在设计涵洞布置图洞身相关的设计参数过程中,洞身的参数可以调用标准图中的相关设计参数数据,基本流程如下:

(1)打开"菜单\选项\项目组属性设置"的对话框,选择"设计图风格"下的"设计图组织方式"为"每道涵洞均有布置图和细部构造图",如图 9-4 所示。

(2)选择"菜单\涵洞数据\当前涵洞属性设置"下的其他涵洞级别的设计参数。在选择当前涵洞的属性设置的过程中,您可以选择当前涵洞采用的规范文件。

(3)在"菜单\涵洞数据"子菜单下,选择相应的菜单项,依次输入涵洞的地面线、设计线、地质线、涵洞选型和洞身属性等原始设计参数。

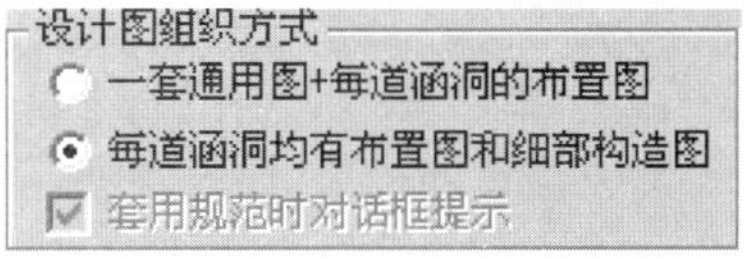

图 9-4 "一涵一图"选项框

(4)在"菜单\涵洞数据"子菜单下,选择"纵面布置"进行涵洞的纵断面布置。

(5)点击"菜单\涵洞数据\洞身及其结合部\阶梯涵分段"子菜单,设置涵洞分段形式和涵洞的铺底错台及其涵洞的异形分段等的调整方式。

(6)选择"菜单\涵洞数据\洞身及其结合部"子菜单下的相应菜单项,设置洞身结合部位的相应设置参数,在 PCVX 中,提供了翼墙、一字墙、挡墙、侧墙这 4 种洞身结合部位形式。

(7)选择"菜单\涵洞数据\洞口参数"子菜单下相应菜单项,设置涵洞的洞口和附加洞口。

(8)选择"菜单\设计图\说明文字"编辑涵洞的说明。

(9)选择"菜单\L 力学计算"子菜单下相应菜单项,进行涵洞力学验算。在此种设计涵洞的方式下,只有力学计算合格的涵洞才能真正开始施工。

(10)选择"菜单\设计图"子菜单,绘制涵洞的布置图。

(11)选择"菜单\设计图"子菜单,绘制细部构造图。

附　录

附录一　小桥涵水文计算用表

暴雨递减指数 n 值分区表　　　　　附表 1-1

省（自治区）名	分　区	n 值		
		n_1	n_2	n_3
内蒙古自治区	Ⅰ	0.62	0.79	0.86
	Ⅱ	0.60	0.76	0.79
	Ⅲ	0.59	0.76	0.80
	Ⅳ	0.65	0.73	0.75
	Ⅴ	0.63	0.76	0.81
	Ⅵ	0.59	0.71	0.77
	Ⅶ	0.62	0.74	0.82
陕西省	Ⅰ	0.59	0.71	0.78
	Ⅱ	0.52	0.75	0.81
	Ⅲ	0.52	0.72	0.78

续上表

省(自治区)名	分 区	n 值		
		n_1	n_2	n_3
福建省	Ⅰ	0.53	0.65	0.70
	Ⅱ	0.52	0.69	0.73
	Ⅲ	0.47	0.65	0.70
	Ⅳ	0.48	0.65	0.73
	Ⅴ	0.51	0.67	0.70
浙江省	Ⅰ	0.60	0.65	0.78
	Ⅱ	0.49	0.62	0.65
	Ⅲ	0.53	0.68	0.73
安徽省	Ⅰ		0.61	0.69
	Ⅱ	0.38	0.69	0.69
	Ⅲ	0.39	0.76	0.77
甘肃省	Ⅰ	0.69	0.72	0.78
	Ⅱ	0.61	0.76	0.82
	Ⅲ	0.62	0.77	0.85
	Ⅳ	0.55	0.65	0.82
	Ⅴ	0.58	0.74	0.85
	Ⅵ	0.49	0.59	0.84
	Ⅶ	0.53	0.66	0.75
宁夏回族自治区	Ⅰ	0.52	0.62	0.81
	Ⅱ	0.58	0.66	0.75
湖南省	Ⅰ	0.40~0.50	0.55~0.60	0.70~0.80
	Ⅱ	0.40~0.50	0.65~0.70	0.75~0.80
	Ⅲ	0.40~0.50	0.70~0.75	0.75~0.80
辽宁省	Ⅰ	0.60~0.66	0.70~0.74	
	Ⅱ	0.60~0.55	0.70~0.60	
	Ⅲ	0.55~0.50	0.60~0.55	
四川省	Ⅰ	0.50	0.60~0.65	
	Ⅱ	0.45	0.70~0.75	
	Ⅲ	0.73	0.70~0.75	
青海省	Ⅰ	0.49	0.75	0.87
	Ⅱ	0.47	0.76	0.82
	Ⅲ	0.65	0.78	
吉林省	Ⅰ	0.56	0.70	0.76
	Ⅱ	0.56	0.75	0.82
	Ⅲ	0.60	0.69	0.75

续上表

省(自治区)名	分区	n 值		
		n_1	n_2	n_3
河南省	Ⅰ	0.55～0.60	0.65～0.70	0.75～0.80
	Ⅱ	0.50～0.55	0.70～0.75	0.75～0.80
	Ⅲ	0.45～0.50	0.60～0.65	0.75
广西壮族自治区	Ⅰ	0.38～0.43	0.65～0.70	0.70～0.73
	Ⅱ	0.40～0.45	0.70～0.75	0.75～0.85
	Ⅲ	0.40～0.45	0.60～0.65	0.75～0.85
新疆维吾尔自治区	Ⅰ	0.63	0.70	0.84
	Ⅱ	0.73	0.78	0.85
	Ⅲ	0.56	0.72	0.88
	Ⅳ	0.45	0.64	0.80
	Ⅴ	0.63	0.77	0.91
	Ⅵ	0.62	0.74	0.80
	Ⅶ	0.60	0.72	0.86
	Ⅷ	0.60	0.66	0.85
山西省		0.60	0.70	
贵州省		0.47	0.69	0.80
河北省	Ⅰ	0.40～0.50	0.50～0.60	0.65
	Ⅱ	0.50～0.55	0.60～0.70	0.70
	Ⅲ	0.55	0.60	0.60～0.70
	Ⅳ	0.30～0.40	0.70～0.75	0.75～0.80
湖南省	Ⅰ	0.45	0.62～0.63	0.70～0.75
	Ⅱ	0.30～0.40	0.65～0.70	0.75
云南省	Ⅰ	0.50～0.55	0.75～0.80	0.75～0.80
	Ⅱ	0.45～0.55	0.70～0.80	0.75～0.80
	Ⅲ	0.55	0.60	0.65
	Ⅳ	0.50～0.45	0.65～0.75	0.70～0.80

注：n_1—小于 1h 的暴雨递减指数；n_2—1～6h 的暴雨递减指数；n_3—6～24h 的暴雨递减指数。

土壤植被分类表　　　　　　　　　　　　　　　　　　　附表 1-2

类别	特征
Ⅱ	黏土、盐碱土地面，土壤贫瘠的岩石地区；植被差、轻微风化的岩石地区
Ⅲ	植被差的砂质黏土；地面土层较薄的土面山区，植被中等、风化中等的山区
Ⅳ	植被差的一般黏砂土地面；风化严重、土层厚的山区；草灌较厚的山丘区或草地人工幼林区；水土流失的黄土地面区
Ⅴ	植被差的一般砂土地面；土层较厚、森林较密的地区；有大面积水土保持措施、治理较好的土质
Ⅵ	无植被松散的砂土地面，茂密并有枯枝落叶层的原始森林

损失参数的分区和系数指数值

附表 1-3

省(自治区)名	分区	分区、指标	K_1	β_1	K_2	β_2	λ
河北省	Ⅰ	河北平原区	1.23	0.61			
	Ⅱ	冀北山区	0.95	0.60			
		冀西北西盆区	1.15	0.58			
	Ⅲ	冀西山区	1.12	0.56			
		坝上高原区	1.52	0.50			
山西省	Ⅰ	煤矿塌陷和森林覆盖较好地区	0.85	0.98			
	Ⅱ	裸露石山区	0.25	0.98			
	Ⅲ	黄土丘陵区	0.65	0.98			
四川省	Ⅰ	青衣江区			0.742	0.542	0.222
	Ⅱ	盆地丘陵区			0.270	0.897	0.272
	Ⅲ	盆缘山区			0.263	0.887	0.281
安徽省	Ⅰ	根据附表1-2 土壤分类			0.755	0.74	0.0171
	Ⅲ				0.103	1.21	0.0425
	Ⅳ				0.406	1.00	0.1104
	Ⅴ				0.520	0.94	0
	Ⅵ				0.332	1.099	0
宁夏回族自治区	Ⅳ	根据附表1-2 土壤分类	0.93	0.86			
	Ⅴ		1.98	0.69			
湖南省	Ⅰ	湘资流域	0.697	0.567			
	Ⅱ	沅水流域	0.213	0.940			
	Ⅲ	沣水流域	1.925	0.223			
甘肃省	Ⅱ	根据附表1-2 土壤分类	0.65	0.82			
	Ⅲ		0.75	0.84			
	Ⅳ		0.75	0.86			
吉林省	Ⅱ	根据附表1-2 土壤分类	0.12	1.44			
	Ⅲ		0.13	1.37			
	Ⅳ		0.29	1.01			
	Ⅴ		0.29	1.01			
河南省	Ⅰ	根据河南省 n 值分区图	0.0023	1.75			
	Ⅱ		0.057	1.0			
	Ⅲ		1.0	0.71			
	Ⅳ		0.80	0.51			
青海省	Ⅰ	东部区	0.52	0.774			
	Ⅱ	内陆区	0.32	0.913			
新疆维吾尔自治区	Ⅰ	$50<A<200$	0.46	1.09			
	Ⅱ	$A<200$	0.68	1.09			

续上表

省(自治区)名	分区	分区、指标 系数、指数	K_1	β_1	K_2	β_2	λ
浙江省	Ⅰ	浙北地区	0.08	0.15			
	Ⅱ	浙东南沿海区	0.10～0.11	0.15			
	Ⅲ	浙西南、西北及东部丘陵区	0.13～0.14	0.15			
	Ⅳ	杭嘉湖平原边缘地势平缓地区	0.15	0.15			
内蒙古自治区	Ⅳ	大兴安中段及余脉山区	0.517～0.83	0.4～0.71			
	Ⅵ	黄河流域山地丘陵区	1.0	1.05			
福建省		全省通用	0.34	0.93			
贵州省	Ⅰ	深山区			1.17	1.099	0.437
	Ⅱ	浅山区			0.51	1.099	0.437
	Ⅲ	平丘区			0.31	1.099	0.437
广西壮族自治区	Ⅰ	丘陵区	0.52	0.774			
	Ⅱ	山区	0.32	0.915			

注：表中 A 表示汇水面积(km^2)。

汇流时间和系数指数　　　　　　附表1-4

省(自治区)名	分区	分区、指标 系数、指数	K_3	α_1	K_4	α_2	β_3
河南省	Ⅰ	河北平原	0.70	0.41			
	Ⅱ	冀北山区	0.65	0.38			
		冀西北盆区	0.58	0.39			
		冀西山区	0.54	0.40			
	Ⅲ	坝上高原区	0.45	0.18			
山西省		土石山覆盖的林区	0.15	0.42			
		煤矿塌陷漏水区和严重化区	0.13	0.42			
		黄土丘陵区	0.10	0.42			
四川省		盆地丘陵区 $I_z \leq 10‰$			3.67	0.620	0.203
		青衣江区 $I_z > 10‰$			3.67	0.516	0.203
		盆缘山区 $I_z \leq 15‰$ 及西昌区			3.29	0.696	0.239
		$I_z \geq 15‰$			3.29	0.536	0.239
安徽省	Ⅰ	$I_z > 15‰$			$\begin{cases} A<(90) \\ 37.5 \\ A>(90) \\ 26.3 \end{cases}$	0.925	0.725
	Ⅱ	10‰～15‰			11	0.512	0.395
	Ⅲ	5‰～10‰			29	0.810	0.544
	Ⅳ	<5‰			14.3	0.30	0.330

续上表

省(自治区)名	分区	分区、指标 系数、指数	K_3	α_1	K_4	α_2	β_3
湖南省	Ⅰ	湘资水系	5.59	0.380			
	Ⅱ	沅水系	3.79	0.197			
	Ⅲ	沣水系	1.57	0.636			
宁夏回族自治区	Ⅰ	山区	0.14	0.44			
	Ⅱ	丘陵区	0.38	0.21			
广西壮族自治区	Ⅰ	山区	0.56	0.306			
	Ⅱ	丘陵区	0.42	0.419			
甘肃省	Ⅰ	平原	0.96	0.71			
	Ⅱ	丘陵区	0.62	0.71			
	Ⅲ	山区	0.39	0.71			
吉林省	Ⅰ		0.000 35	1.40			
	Ⅱ		0.032	0.84			
	Ⅲ		0.022	1.45			
河南省	Ⅰ		0.73	0.32			
	Ⅱ		0.038	0.75			
	Ⅲ		0.63	0.15			
	Ⅳ		0.80	0.20			
青海省	Ⅰ	东部区	0.871	0.75			
	Ⅱ	内陆区	0.96	0.747			
新疆维吾尔自治区	Ⅰ	$50<A<200$	0.60	0.65			
	Ⅱ	$A>200$	0.20	0.65			
浙江省	Ⅰ	浙江地区			72.0	0.187	0.90
	Ⅱ	浙东南沿海区			72.0	0.187	0.90
	Ⅲ	浙西南、西北山区及中部丘陵区			72.0	0.187	0.90
	Ⅳ	杭嘉湖平原边缘地势平缓地区			105.0	0.187	0.90
内蒙古自治区	Ⅰ	大兴安岭中段余脉山地丘陵区	0.334~0.537	0.16			
	Ⅱ	黄河流域山地丘陵区	0.334~0.537	0.16			
福建省	Ⅰ	平原区			1.8	0.48	0.51
	Ⅱ	丘陵区			2.0	0.48	0.51
	Ⅲ	山区			2.6	0.48	0.51
贵州省	Ⅰ	平丘区	0.080	0.713			
	Ⅱ	浅山区	0.193	0.713			
	Ⅲ	深山区	0.302	0.713			

注：表中 A 表示汇水面积(km²)，I_z 表示主河沟纵坡。

经验公式 I 各区系数指数 附表 1-5

省(自治区)名	分区	分区、指标	系数、指数	ψ	m	λ_2
四川省	I	盆地丘陵区	$I_z \leq 2‰$	0.086	1.18	0.712
			$2 < I_z \leq 10‰$	0.105		0.730
			$I_z \geq 10‰$	0.124		0.747
	II	盆地山区,青衣江区	$I_z \leq 10‰$	0.102	1.20	0.724
			$10 < I_z < 20‰$	0.123		0.745
			$I_z \geq 20‰$	0.142		0.788
安徽省	I	$I_z > 15‰$	$P=4\%$	1.2×10^{-4}	2.75	0.896
			2%	1.4×10^{-4}		
			1%	1.6×10^{-4}		
	II	$I_z = 5‰ \sim 15‰$	$P=4\%$	4.8×10^{-4}	2.75	1.0
			2%	5.5×10^{-4}		
			1%	7.0×10^{-4}		
	III	$I_z > 5‰$	$P=4\%$	1.8×10^{-4}	2.75	0.965
			2%	1.9×10^{-4}		
			1%	2.0×10^{-4}		
宁夏回族自治区	I	丘陵区		0.308	1.32	0.60
	II	山区		0.542	1.32	0.60
	IV	林区		0.085	1.32	0.75
甘肃省	I	平原		0.08	1.08	0.96
	II	丘陵		0.14	1.08	0.96
	III	山区		0.27	1.08	0.96
吉林省	I	平原		0.0076~5.6	1.50	0.80
	II	丘陵		0.0053~7.0	1.50	0.80
	III	山区		0.003~0.68	1.50	0.80
河南省	I	根据河南省 n 值分区图		0.22	0.98	0.86
	II			0.66	1.03	0.65
	III			0.76	1.00	0.67
	IV			0.28	1.07	0.81
新疆维吾尔自治区	I	林区土石山		0.0065	1.5	0.80
	II	土石山		0.035	1.5	0.80
内蒙古自治区	I	大青山东端山区	$P=4\%$	8.4	0.41	0.55
			2%	12.3		
			1%	19.2		

续上表

省(自治区)名	分区	分区、指标		系数、指数 ψ	m	λ_2
内蒙古自治区	Ⅱ	大青山东部和蛮汉山山地丘陵区	$P=4\%$	7.8	0.41	0.55
			2%	11.8		
			1%	16.5		
	Ⅲ	大青山西端山区	$P=4\%$	7.4	0.41	0.55
			2%	11.2		
			1%	15.0		
福建省	Ⅰ	平原区		0.09	1.0	0.96
	Ⅱ	丘陵区		0.10		
	Ⅲ	浅山区		0.16		
	Ⅳ	深山区		0.25		
贵州省	Ⅰ	平原丘陵区		0.022	1.085	0.98
	Ⅱ	浅山区		0.038		
	Ⅲ	深山区		0.066		

注：表中 I_z 表示主河沟纵坡。

经验公式Ⅱ各区系数指数表 附表1-6

省(自治区)名	分区	分区、指标		系数、指数 c	β	λ_3
山西省	Ⅰ	石山、黄土丘陵植被差		0.24～0.20	1.0	0.78
	Ⅱ	土石山、风化石山植被一般		0.19～0.16		
	Ⅲ	煤矿漏水区，植被较好地区		0.15～0.12		
四川省	Ⅰ	盆缘丘陵区	$I_z\leqslant10‰$	0.125	1.10	0.723
			$I_z>5‰$	0.145		
	Ⅰ	盆缘丘陵区	$I_z\leqslant10‰$	0.140	1.14	0.737
		青衣江区	$I_z>10‰$	0.160		
安徽省	Ⅰ	$I_z>15‰$	$P=4\%$	2.92×10^{-4}	2.414	0.896
			2%	3.15×10^{-4}		
			1%	3.36×10^{-4}		
	Ⅱ	$I_z=5‰\sim15‰$	$P=4\%$	1.27×10^{-4}	2.414	1.0
			2%	1.32×10^{-4}		
			1%	1.50×10^{-4}		
	Ⅲ	$I_z<5‰$	$P=4\%$	2.35×10^{-4}	2.414	0.955
			2%	2.66×10^{-4}		
			1%	2.75×10^{-4}		
宁夏回族自治区	Ⅰ	丘陵区		0.061	1.40	0.60
	Ⅱ	山区		0.082		0.60
	Ⅲ	林区		0.013		0.75

续上表

省(自治区)名	分区	分区、指标	系数、指数	c	β	λ_3
甘肃省	Ⅰ	平原区		0.016	1.40	0.95
	Ⅱ	丘陵区		0.025		
	Ⅲ	山区		0.05		
吉林省	Ⅰ	松花江、图们江、牡丹江水系	山岭	0.075	0.8	1.12
			丘陵	0.035		
			平原	0.0135		
	Ⅱ	拉林河、饮马河水系	山岭	0.31	0.8	1.37
			丘陵	—		
			平原	0.14~0.618		
	Ⅲ	东运河水系	山岭	—	0.8	0.52
			丘陵	—		
			平原	0.275		
河南省	Ⅰ	见 n 值分区		0.18	1.0	0.86
	Ⅱ			0.45	1.09	0.65
	Ⅲ			0.36	1.07	0.67
	Ⅳ			0.48	0.95	0.80
浙江省	Ⅰ	钱塘江流域		0.01	1.37	1.11
	Ⅱ	浙北地区		0.02		
	Ⅲ	其他		0.015		
福建省	Ⅰ	平原区		0.030	1.25	0.90
	Ⅱ	丘陵区		0.034		
	Ⅲ	浅山区		0.050		
	Ⅳ	深山区		0.071		
贵州省	Ⅰ	平原丘陵区		0.016	1.112	0.985
	Ⅱ	浅山区		0.030		
	Ⅲ	深山区		0.056		

暴雨分区表 附表 1-7

区别	分区界线				分区范围
	东	南	西	北	
第1区	由黄河口起至太行山东麓	黄河	五台山、太行山	燕山山脉	主要是太行山东面山区,包括河北西北部,江南西北角,山西东部一部分
第2区	黄河	黄河	太行山麓	海河	华北平原,包括山东大部、山东黄河以北、河南黄河以北的北角一小部分
第3区	黄海	沂河	运河	黄河、渤海	山东半岛,包括河北大部分、江苏北部一小部分,山东西南角

续上表

区别	分区界线				分区范围
	东	南	西	北	
第4区	黄海	天目山、黄山、大别山、大洪山、荆山	武当山、巫山	沂河、运河、黄河、嵩河	淮河流域和长江下游平原,包括江苏全部,安徽、河南的绝大部分,湖北北部的一小部分,山东西南角
第5区	武夷山	大庾岭和沿广西北部省界山脉	武陵山脉	黄山、大别山、大洪山、荆山	长江流域中游平原,包括湖南全部,江西、湖北一部分,安徽西南角,浙江、广西一小部分
第6区	括苍山、戴云山	罗浮山、九连山	武夷山、大庾岭、北江西江分水岭	天目山	东南丘陵区,包括浙江、福建、广东大部分,江西东南角
第7区	东海、台湾海峡	韩江、九龙江分水岭	括苍山、戴云山	杭州湾	东南丘陵区,包括浙江、福建一部分
第8区	韩江,九龙江分水岭	南海	国界	罗浮山、九连山、云开山、十万大山	东南丘陵区,包括广东省大部分,广西南部一小部分
第9区	北江、西江分水岭	云开大山,十万大山	沿经度106°山脉	沿省界山脉、苗岭山脉	东南丘陵区,包括广西壮族自治区大部分、广东西部一小部分
第10区	武陵山脉	苗岭、国界	沿经度107°山脉,大娄山,沿经度104°山脉	大巴山	云贵高原区,包括贵州全部,陕西、湖北、四川、云南的一部分和广西北角
第11区	沿经度104°山脉	国界	横断山	纬度28°	云南高原区,包括云南大部分、四川一小部分
第12区	沿经度107°山脉	大娄山	茶坪山、邛崃山、夹金山、大相岭	米仓山、摩天岭	四川盆地区,包括四川大部分
第13区	大兴安岭、太行山、五台山、武当山、巫山	大巴山	洛河、泾河发源山脉分水岭	长城	黄山高原区,包括山西大部分,河北、陕西、甘肃的一部分
第14区	大兴安岭	太行山、五台山	贺兰山、六盘水	阴山、锡林浩特、国界	北部高原和黄河岸高原,包括内蒙古自治区的大部分,河北、山西、甘肃的一小部分
第15区	小兴安岭	大、小兴安岭南麓	大兴安岭	国界	黑龙江和内蒙古自治区的一部分
第16区	国界	国界、龙江山、公主岭、双山、燕山山脉	大兴安岭	国界、小兴安岭麓	松花江平原,包括黑龙江、吉林、辽宁、内蒙古自治区的一部分

续上表

区别	分区界线				分区范围
	东	南	西	北	
第17区	龙江山、公主岭	千山、辽东湾	大兴安岭东麓	双山	辽河平原区,包括辽宁的大部分,吉林,内蒙古自治区、河北的一部分
第18区	鸭绿江	西朝鲜湾	大连、本溪的连线	龙江山、千山	辽东半岛区,包括辽宁的一部分

注:1. 海南省用第8区资料,兰州可用14区暴雨资料。
2. 新疆维吾尔自治区、西藏自治区等地区,因形成最大洪水多半为融雪水,不在本分区之内。
3. 台湾省尚未分区。
4. 区内山区迎风坡常出现较大暴雨,分区用的降雨量—历时—重现期曲线系代表平均情况,因此在使用时应加注意。这些山区(根据现有资料)有泰山南面山区、黄山山区、湘西山区、峨眉山山区、邛崃山区、腾冲附近、横断山脉、广西西北山区,还有受台风影响的沿海地区迎风坡也常有大暴雨出现。

径流公式中的地貌系数 ψ 值表　　　　　　　　　　附表1-8

地形	按主河沟平均坡度 I_z(‰)	汇水面积 $A(km^2)$ 的范围		
		$A<10$	$10<A<20$	$20<A<30$
平地	1、2	0.05	0.05	0.05
平原	3、4、6	0.07	0.06	0.06
丘陵	10、14、20	0.09	0.07	0.06
山地	27、35、45	0.10	0.09	0.07
山岭	60~100	0.13	0.11	0.08
	100~200	0.14		
	200~400	0.15	$I_z>100‰$ 的 ψ 值,系参考铁路科学研究院资料拟定,仅供参考	
	400~800	0.16		
	800~1 200	0.17		

土的吸水类属　　　　　　　　　　附表1-9

类别	名称	含砂率(%)
Ⅰ	无缝岩石、沥青面、混凝土面、冻土、重黏土、沼泽土、冰沼土、水稻土	0~5
Ⅱ	黏土、盐土、碱土、龟裂地、山地草甸土	5~15
Ⅲ	壤土(亚黏土)、红壤、黄壤、灰化土、灰钙土、漠钙土、紫色土	15~35
Ⅳ	黑钙土、黄土、栗钙土、灰色森林土、棕色森林土(棕壤)、褐色土、生草少壤土、冲积性土壤	35~65
Ⅴ	沙壤土(亚沙土)、生草的沙	65~85
Ⅵ	沙	85~100

注:1. 表中所指含砂率的砂粒径为0.05~3mm。
2. 土取样位置在地面下0.2~0.5m。
3. 取样质量为200g。
4. 根据土的类别确定径流厚度时,须考虑下列因素,酌予提高或降低类别:
①如某种土的含砂百分数大于表列该类别平均值范围,可酌提高1~2类;如红壤为Ⅲ类,含砂60%时,可作为Ⅵ类。
②如底土不透水,视表土较薄,可降低一类,如沙壤土为Ⅴ类,底土不透水,可作为Ⅳ类。
③对于耕作土或异常松散土,可酌情提高1~2类。
④如土中有遇水不闭合的裂隙(如岩石裂缝),或植物(森林)根系通道、虫孔、动物孔洞等较多时,可提高1~2类。
⑤土中夹杂碎石、卵石、砾石特多时,可提高1~2类。
⑥在含砂量分析试验条件不足时,可参考附表1-10,通过调查土的特征,确定土的名称及其吸水类属。

按土的名称确定土的吸水类属表 附表 1-10

编号	土的名称	说明与特征	土的吸水类型
1	无缝岩石	石山、不风化或风化很微	I
2	沥青面、混凝土	道路路面、飞机跑道等	I
3	冻土	气候严寒、永冻层离地面很浅	I
4	重黏土	土质滑腻,湿时可搓成条,弯曲不断,如所谓"死泥田"	I
5	冻沼土	属苔原气候带,大部分地面被雪原和冰川所覆盖,植物为真藓、地衣、苔草、小灌木;基本特征是无森林。底土为永久冻层,表土为半泥炭的腐殖层。分布在我国新疆维吾尔自治区、西藏高山雪线以上地区、四川西部松潘高山高原的顶部等处	I～II
6	沼泽土	在湿生草类及苔藓植物生长环境发育的土壤,地下水位高或长年积水。通常分泥炭层与潜育层。泥炭湿时成暗棕色或深黑色,无结构,吸水性强,几乎不透水。我国东北东部及大小兴安岭的山峪地区以及各地的沼泽低洼地区都有分布	I～II
7	水稻土	长期种植水稻,表土的黏化(熟化)层相当厚(＞20cm)	I～II
8	黏土	粗糙感觉,湿时可搓成条,如所谓"胶泥田"	II
9	龟裂地	干燥时开裂,雨后裂缝消失	II
10	盐土	分布于西北、内蒙古自治区和东北的干旱及半干旱地区的低地,华北平原、渤海及东海的滨海地区亦分布较广。土中含有各种易溶性盐类,并生长耐盐性植物,如藜科的盐蒿等。表层呈显著片状,并有白色盐霜	II
11	碱土	分布于东北、内蒙古自治区和西北等干旱地区的低平地带,表土为灰色或淡灰色的淋溶层,厚几厘米至 30cm 不等,其下淀积层褐色,呈柱状、棱柱状或角粒状。生长耐盐碱植物,如碱蓬、马蔺草、地肤等	II
12	山地草甸土	分布于青海西藏高原、西北及西南山地,多位于森林线以上、雪线以下地带。降水量不少,而温暖时期很短,腐殖土层较厚,以草甸植物为主,杂生灌丛	II～III
13	壤土(亚黏土)	湿时可搓成条,弯曲有裂痕	II～III
14	红壤	长江以南,东至沿海,西至云贵,南迄海南岛均有分布。发育于气候温暖多雨、森林繁多,以常绿阔叶林居多的地区。剖面呈鲜红色,均匀、疏松和很厚的层次,富含三水铝矿和其他氧化铁形态为主的矿物	II～III
15	黄壤	分布地区和红壤同,以贵州最广,其发育过程也近似。多处地形平坦,冲刷不如红壤剧烈。一般在表面有灰黄色有机薄层,下接黄色重黏的黄壤,富含以水化铁形态为主的针铁矿和多水高岭石	II～III
16	紫色土	分布以四川最广,贵州和云南也有,是发育于紫红色砂页岩上的黄壤型土壤,剖面呈紫色	II～III

续上表

编 号	土 的 名 称	说 明 与 特 征	土的吸水类型
17	灰化土	在密闭的森林植物覆盖下形成。特征是:在森林残落物层下有明显的呈淡色或白色的灰化层。发育很好的灰化土在我国较少。东北林区若干山地所发现的主要是属于生草灰化土亚类。特征是:森林稀疏,林下有草本植物的侵入,使表层的腐殖质增加	Ⅱ～Ⅲ
18	灰钙土	沙漠盆地的四周。夏季炎热,冬季严寒,空气干燥年雨量30mm以下。土壤呈灰色,下层有石灰淀积层。植物生长较多,腐殖质含量少。分布于内蒙古自治区、新疆维吾尔自治区等地,一般在漠钙土之北或地势较高之处	Ⅲ～Ⅳ
19	漠钙土	气候较灰钙土更为干旱,植被稀少,以刍草为主,土色以淡棕色为主,略带红色或灰色。表层细粒物质常被风刮去,仅留石砾于地表。主要分布在内蒙古自治区、新疆维吾尔自治区、甘肃西部与宁夏回族自治区等地	Ⅲ～Ⅳ
20	黑钙土	草甸草原下形成,由于干燥与冰冻,(乌敏酸盐)蓄积于土中,染土粒为灰黑色,甚至黑色。腐殖质多,团粒结构显著,夏季炎热。冬季严寒,气候干燥,缺水,微生物活动少,有机物不易矿化。主要分布在东北和内蒙古自治区。我国黑钙土一般腐殖质层较薄,可列为Ⅳ类;但如腐殖质厚,则应列为Ⅲ类	Ⅲ～Ⅳ
21	灰色森林土	森林草原地带,植被为阔叶森林及灌丛草甸,也有针叶树木。气候干燥和温暖,是生草灰化土与黑钙土之间的过渡地带。以灰色为主。因为森林根系的发展,使土壤透水性比灰化土高而接近黑钙土。分布于华北平原西端及青海等处	Ⅲ～Ⅳ
22	棕色森林土(棕壤)	分布自辽东半岛、辽宁西南部,向南一直到长江沿岸和我国西部山地、高原一带,是温暖湿润气候下、落叶与阔叶森林植物群落下发育的土壤。全剖面层次不甚明显,以棕色为主。颗粒成分相当黏重。有未灰化的和灰化的,最强烈灰化层与灰化土的灰化层不同,不呈白色而呈浅黄色	Ⅲ～Ⅳ
23	森林棕钙土(褐土)	分布于河北东北部、华北平原西端、黄土高原东南部、西北及四川西部山地等较干燥而温暖的地带。发育于森林和草原地带之间的森林草原植物群落下,表面有浅薄森林残落物层,无灰化性质,或因生草的影响,为富含腐殖质层,其下为棕色层,呈粒状,厚50～70cm或更厚,再下为明显钙积层,生长旱生森林和灌丛草	Ⅲ～Ⅳ
24	栗钙土	新疆维吾尔自治区、西北和内蒙古自治区等沙漠盆地四周分布很广,东北大兴安岭西麓有。气候较干旱,夏热冬寒,西北的栗钙土多发育于黄土性母质土。表土栗色,呈大块及粉末状,底层为浅黄棕色,富含石灰质的层次。最多的植物为羽、茅、孤茅及蒿类	Ⅲ～Ⅳ

续上表

编号	土的名称	说明与特征	土的吸水类型
25	黄土性土壤（黄土多孔性土）	分布于华北及西北黄土高原上,以山西、陕西、甘肃几省较多。大部是风成沉积,在干燥气候下,细颗粒不断风积而成多孔性土,剖面多成峭壁,具有眼力能辨别的管形孔隙,呈灰棕色、棕色及红色,土层厚、松,无层理,含多量石灰质,颗粒成分以粉土居多。降水时,水沿管形孔隙直下甚速,但孔隙被破坏时,则渗入甚缓	Ⅲ～Ⅳ
26	冲积性土壤	能生长植物的冲积物而未进行过长期的成土过程的土壤,土层深厚、肥沃、透水和含有腐殖质	Ⅳ
27	生草沙壤土	同沙壤土,有草类植被	Ⅳ
28	沙壤土（亚沙土）	湿时不易搓成条	Ⅴ
29	生草的沙	同沙,有草类植被	Ⅴ
30	沙	手摸时有粗糙感觉,肉眼也可以分辨沙粒,搓不成土条	Ⅵ

汇流时间 附表1-11

汇水面积 $A(km^2)$	汇流时间 $\tau(min)$	汇水面积 $A(km^2)$	汇流时间 $\tau(min)$
$A \leqslant 10$	30	$20 < A \leqslant 30$	80
$10 < A \leqslant 20$	45		

常用径流厚度 h 值(mm) 附表1-12

暴雨分区	土的类别	频率 P / 汇流时间 $t(min)$	$\frac{1}{25}(4\%)$				$\frac{1}{50}(2\%)$				$\frac{1}{100}(1\%)$			
			30	45	60	80	30	45	60	80	30	45	60	80
第1区	Ⅰ		41	50	56	65	45	56	62	73	48	59	67	78
	Ⅱ		32	38	42	47	36	44	49	55	39	48	53	61
	Ⅲ		27	32	36	41	31	38	42	49	35	42	48	55
	Ⅳ		20	26	28	32	25	30	34	39	28	33	39	46
	Ⅴ		13	15	16	18	18	21	23	25	19	24	27	32
	Ⅵ		3	5	6	7	7	9	11	13	9	12	15	20
第2区	Ⅰ		48	58	64	70	51	63	71	79	57	68	77	86
	Ⅱ		38	45	50	54	43	51	57	62	48	57	63	69
	Ⅲ		32	38	42	42	37	45	50	55	43	51	56	61
	Ⅳ		27	31	35	37	30	38	42	45	36	43	47	51
	Ⅴ		18	21	21	20	22	26	28	28	28	32	34	35
	Ⅵ		3	—	—	—	8	9	9	7	12	13	14	15
第3区	Ⅰ		52	66	75	86	56	70	81	93	60	75	85	100
	Ⅱ		43	54	62	70	48	59	67	77	52	63	72	84

续上表

暴雨分区	土的类别	频率P 汇流时间t(min)	$\frac{1}{25}$(4%)				$\frac{1}{50}$(2%)				$\frac{1}{100}$(1%)			
			30	45	60	80	30	45	60	80	30	45	60	80
第3区	Ⅲ		37	48	56	64	41	52	61	70	46	57	64	75
	Ⅳ		32	41	47	54	37	46	52	60	41	50	57	67
	Ⅴ		24	31	36	40	28	34	39	44	31	39	45	52
	Ⅵ		13	17	20	24	15	20	24	30	19	26	32	40
第4区	Ⅰ		52	64	73	84	56	70	83	97	60	78	94	109
	Ⅱ		44	54	61	72	48	62	72	82	52	68	82	95
	Ⅲ		39	50	55	64	43	55	64	75	46	63	77	90
	Ⅳ		32	40	45	53	35	45	53	64	41	54	66	77
	Ⅴ		20	25	31	37	23	32	40	53	31	40	49	60
	Ⅵ		12	14	16	18	16	21	25	30	21	28	33	41
第5区	Ⅰ		43	55	63	72	48	60	69	78	56	69	78	89
	Ⅱ		35	44	52	60	40	50	57	65	48	59	68	77
	Ⅲ		30	39	45	52	35	43	50	57	43	52	60	68
	Ⅳ		24	31	36	42	27	34	41	47	35	44	51	59
	Ⅴ		14	19	23	26	17	23	27	32	24	31	37	42
	Ⅵ		5	6	7	9	7	9	12	15	12	15	18	22
第6区	Ⅰ		48	57	64	71	52	61	70	79	57	69	78	86
	Ⅱ		40	47	52	57	44	51	59	65	49	60	67	72
	Ⅲ		35	41	46	50	39	46	51	56	43	52	58	64
	Ⅳ		27	32	35	37	31	36	40	44	36	44	50	54
	Ⅴ		16	19	20	21	22	23	24	27	27	30	33	35
	Ⅵ		2	3	4	5	5	6	7	9	11	11	12	14
第7区	Ⅰ		54	68	76	85	60	75	86	96	66	83	95	105
	Ⅱ		46	57	64	71	52	66	74	82	59	74	84	94
	Ⅲ		41	51	57	63	47	59	68	74	53	66	76	84
	Ⅳ		34	41	45	51	39	50	56	61	46	58	65	72
	Ⅴ		21	26	30	35	29	35	41	46	33	40	46	52
	Ⅵ		9	10	12	13	17	19	20	23	19	24	26	30
第8区	Ⅰ		59	77	90	105	65	85	100	116	70	92	110	131
	Ⅱ		52	67	79	92	58	76	89	103	63	82	99	118
	Ⅲ		47	61	72	83	53	69	82	95	58	76	92	110
	Ⅳ		39	51	61	72	45	59	70	82	49	66	80	96
	Ⅴ		27	36	45	56	34	45	53	63	39	53	65	79
	Ⅵ		18	25	31	38	24	33	40	49	30	42	51	63

续上表

暴雨分区	土的类别	频率P 汇流时间t(min)	1/25(4%)				1/50(2%)				1/100(1%)			
			30	45	60	80	30	45	60	80	30	45	60	80
第9区	Ⅰ		58	69	75	81	63	74	80	86	70	80	87	94
	Ⅱ		50	59	62	67	56	64	68	72	63	71	77	82
	Ⅲ		46	53	56	59	51	58	62	66	57	64	69	73
	Ⅳ		38	42	45	47	43	48	50	53	48	55	56	59
	Ⅴ		26	28	28	28	30	32	33	34	37	40	40	41
	Ⅵ		6	6	7	9	10	10	11	15	18	19	21	22
第10区	Ⅰ		43	54	60	67	46	57	64	71	52	64	72	79
	Ⅱ		35	43	48	53	38	46	51	57	44	54	60	65
	Ⅲ		30	38	42	46	34	41	46	50	39	48	53	57
	Ⅳ		24	29	31	33	27	32	35	38	34	40	43	45
	Ⅴ		13	16	16	16	15	19	20	21	21	25	26	27
	Ⅵ		—	—	—	—	—	—	—	—	4	4	—	—
第11区	Ⅰ		40	50	57	64	43	56	61	68	45	55	64	73
	Ⅱ		31	39	45	50	34	43	49	55	38	48	55	62
	Ⅲ		27	34	38	42	28	36	41	46	32	40	45	5
	Ⅳ		16	24	28	30	20	26	31	35	25	31	35	41
	Ⅴ		9	15	13	11	12	15	17	19	15	20	23	25
	Ⅵ		—	—	—	—	—	—	—	—	—	—	—	—
第12区	Ⅰ		48	58	65	72	53	62	70	78	59	71	78	84
	Ⅱ		41	48	53	58	45	52	58	64	51	61	67	73
	Ⅲ		35	41	46	50	41	48	53	57	46	53	58	64
	Ⅳ		27	32	36	39	33	38	41	44	38	45	49	53
	Ⅴ		15	19	20	21	21	23	25	26	26	30	32	35
	Ⅵ		2	2	3	4	5	5	6	7	10	10	11	12
第13区	Ⅰ		35	41	44	48	40	47	50	54	46	52	56	61
	Ⅱ		26	29	30	32	31	35	36	37	37	41	42	44
	Ⅲ		21	24	24	24	26	30	30	30	31	35	36	37
	Ⅳ		14	15	15	14	20	21	20	20	25	26	26	27
	Ⅴ		2	—	—	—	9	6	2	1	16	14	11	6
	Ⅵ		—	—	—	—	—	—	—	—	—	—	—	—
第14区	Ⅰ		30	36	41	45	34	41	46	50	38	46	52	57
	Ⅱ		21	25	27	27	25	29	35	34	30	35	38	39
	Ⅲ		16	19	20	20	20	23	25	25	24	29	31	32
	Ⅳ		3	6	8	9	14	16	17	15	17	21	22	22
	Ⅴ		—	—	—	—	6	5	2	1	10	8	3	3
	Ⅵ		—	—	—	—	—	—	—	—	—	—	—	—

221

续上表

暴雨分区	土的类别	汇流时间 t(min) 频率P	$\frac{1}{25}$(4%)				$\frac{1}{50}$(2%)				$\frac{1}{100}$(1%)			
			30	45	60	80	30	45	60	80	30	45	60	80
第15区	Ⅰ		37	46	51	56	39	49	57	63	44	54	62	69
	Ⅱ		29	35	37	39	31	39	44	48	36	43	48	52
	Ⅲ		23	29	31	33	25	32	36	39	30	36	41	44
	Ⅳ		17	20	22	22	19	24	27	29	23	29	33	35
	Ⅴ		10	9	—	—	13	16	14	—	15	19	20	16
	Ⅵ		—	—	—	—	—	—	—	—	—	—	—	—
第16区	Ⅰ		36	45	51	56	41	50	57	63	45	56	64	71
	Ⅱ		28	34	38	41	32	38	43	47	36	44	50	54
	Ⅲ		23	28	31	33	27	33	37	40	31	38	43	47
	Ⅳ		16	20	22	24	21	26	28	31	25	30	34	37
	Ⅴ		9	10	3	—	13	15	15	13	18	21	21	21
	Ⅵ		—	—	—	—	—	—	—	—	2	1	—	—
第17区	Ⅰ		52	64	70	76	58	70	78	85	66	79	86	93
	Ⅱ		44	52	56	61	50	59	64	68	58	67	72	76
	Ⅲ		39	45	50	53	44	53	57	60	52	61	66	69
	Ⅳ		32	37	39	42	32	45	48	50	45	53	56	59
	Ⅴ		24	28	28	26	29	34	35	32	38	43	44	42
	Ⅵ		6	2	2	2	12	9	6	5	19	19	18	13
第18区	Ⅰ		46	57	66	75	52	64	72	81	57	69	78	87
	Ⅱ		37	46	52	58	43	53	58	64	49	58	64	70
	Ⅲ		32	40	46	51	37	46	52	57	43	52	57	64
	Ⅳ		28	33	37	41	33	39	43	47	37	45	50	55
	Ⅴ		20	22	23	25	24	28	30	31	28	33	36	39
	Ⅵ		7	8	8	6	10	12	12	11	16	18	20	21

植物坑洼滞留的径流厚度 z 值　　　　附表1-13

地 面 特 征	z(mm)
高1m以下密草,高1.5m以下幼林,稀灌木丛,根浅茎细的旱田农作物(如草类)	5
高1m以下密草,高1.5m以下幼林,灌木丛,根粗茎粗的旱田农作物(如高粱);山地水稻田,结合治理,坡面已初步控制者	10
顺坡带埂的梯田;每个0.1~0.2m³,>10万个/km²的鱼鳞坑;0.3m³/m左右,>5万个/km²的水平沟(后两项在黄土高原水土流失严重地区不考虑)	10~15
稀林,树冠所遮盖的面积占全面积的百分比(郁闭度)为40%以下,结合治理,坡面已基本控制者	15
平原水稻田	20
中等稠度林(郁闭度60%以上)	25

续上表

地 面 特 征	z(mm)
水平带埂或倒坡的梯田	20～30
密林(郁闭度80%左右)	35
阻塞地、表苔泥苔地、洪水时期长有农作物的耕地	20～40

洪峰传播的流量折减系数 β 附表1-14

汇水面积重心至桥涵的距离 L_0(km)	1	2	3	4	5	6	7	10
平原及丘陵汇水区	1	0.95	0.90	0.85	0.80	0.75	0.70	0.60
山地及山岭汇水区	1	1	1	0.95	0.90	0.85	0.80	0.70

降雨不均匀折减系数 γ 附表1-15

汇流时间 t(min)	季候风气候地区				西北和内蒙古自治区地区			
	汇水面积长度或宽度(km)							
	25	35	50	100	5	10	20	35
30	1.0	0.9	0.8	0.8	0.9	0.8	0.7	0.6
45		1.0	0.9	0.9	1.0	0.9	0.8	0.7
60			1.0	0.9		0.9	0.8	0.7
80				1.0		1.0	0.9	0.8
100							0.9	0.8
150							1.0	0.9
200								1.0

小水库(湖泊)调节折减系数 δ 值 附表1-16

$\frac{f}{A}$(%)	5	10	15	20	25	30	35	40	45	50	60	70	80	90	100
δ 值	0.99	0.97	0.96	0.94	0.93	0.91	0.90	0.88	0.87	0.85	0.82	0.79	0.76	0.73	0.70

注：1. 表中 A 为桥涵处的汇水面积(km²)，f 为水库(湖泊)控制的汇水面积(km²)。
2. 本表是按溢洪流量对入库流量之比值 $K=0.7$ 计算的结果。

径 流 模 量 K 值 附表1-17

频率 \ 地区	华北	东北	东南沿海	西南	华中	黄土高原
1/25	19.5	15.8	22.0	16.0	19.6	8.5
1/50	23.4	19.0	26.4	19.2	23.5	10.2

地 区 指 数 n 值 附表1-18

地区	华北	东北	东南沿海	西南	华中	黄土高原
n 值	0.75	0.85	0.75	0.85	0.75	0.80

注：当汇水面积 $A<1$km² 时，$n=1$。新疆维吾尔自治区、西藏自治区及西北部分地区，海南省以及台湾省由于缺乏资料，暂未能定 K 和 n 值。

按地貌确定的系数 C 值 附表1-19

平原地区	黄土丘陵区	丘陵区	石山区
0.40～0.30	0.47～0.37	0.50～0.40	0.60～0.55

山区河流糙率 n 和粗糙系数 m 值　　　　附表 1-20

类别	河槽特征	n	$m=1/n$	y
1	在陡壁上开凿出的十分平整的引水河槽	0.020	50	1/6
2	同上类型,但只是表面一般处理	0.022	45.5	1/6
3	顺直的天然河槽,良好的土质(黏土、砂、小砾石),坡度不大,$I=0.000\,5\sim0.000\,8$	0.025	40	1/6
4	同样情况下,小卵石、砾石河槽,纵坡 $I=0.000\,8\sim0.001$	0.030	33	1/5
5	形状和表面状况良好的周期性河槽,与上类基本一样,为小卵石、砾石河槽,但带有比较大的小卵石,纵坡 $I=0.001\sim0.003$	0.035	30	1/5
6	周期性流水的土质河槽(干沟),山区河流下游规则、整治良好的小卵石河槽,纵坡 $I=0.003\sim0.007$	0.04	25	1/5
7	有堵塞、弯曲和局部植物丛生,水流表面平稳的石质河槽(较大和中等河流);河底为大卵石覆盖或有植物覆盖的周期性(暴雨和春汛)流水的河槽,纵坡 $I=0.007\sim0.015$	0.05	20	1/4
8	严重堵塞和弯曲的周期性水流河槽,水流表面不平稳的山区(中游)的卵石或巨石河槽,其纵坡 $I=0.015\sim0.050$	0.065	15	1/4
9	山区河流(中游和上游)与周期性水流的山区巨石河槽,水流湍急,水花飞溅,其纵坡 $I=0.05\sim0.09$	0.080	12.5	1/3
10	山区瀑布型河槽(多半在上游区段),河床弯曲并有大漂石,跌水现象明显,水花四溅,以致使水失去透明性而变成白色,水流的声响盖过其他声音,其纵坡 $I=0.09\sim0.20$	0.10	10	1/3
11	特征与上类相同的山区河流,但具有更强水流阻力	0.14	7.5	1/3
12	具有最强的水流阻力	0.20	5	1/2

平原河流糙率 n 和粗糙系数 m 值　　　　附表 1-21

类别	河槽特征	n	$m=1/n$	y
1	渠化河流的顺直区段,薄层淤泥下具有较密实的土壤	0.020	50	1/6
2	渠化河流的弯曲区段,薄层淤泥下具有较密实的土壤	0.022	45.5	1/6
3	顺直、良好的天然土质河槽,水流平稳	0.025	40	1/6
4	同上类条件下的小卵石与砾石河槽	0.030	33	1/5
5	河槽与水流处于良好的状况下,经常流水的中等和较大的河流	0.035	30	1/5
6	一般条件下经常流水的河槽,其流向具有不规则的弯曲;或流向虽顺直,但河底不规则,有浅滩、深坑;或零星孤石,而无茂密杂草的平坦河滩	0.040	25	1/5
7	有堵塞、弯曲,部分长有植物,水流不平稳的多石的大中河流的河槽;覆以正常数量植物(草、灌木丛),稍加整治的较大和中等河流的河滩	0.050	20	1/4
8	严重堵塞和弯曲的周期性流水的河槽;比较堵塞、不平坦、缺乏整治的河滩(有深坑、灌木丛、树木、存在回水);平原河流的多石滩区段	0.065	15	1/4
9	具有很深的深坑,植物丛生的河槽与河滩(流速缓慢)	0.080	12.5	1/3

续上表

类别	河槽特征	n	m=1/n	y
10	同上类,但具有很不规则的斜流和回水现象	0.100	10	1/3
11	沼泽型河流(芦丛、草丘,在很多地方水不流动等);具有很大死水区域的,多树林的、有很深深坑以及湖泊的河滩等	0.140	7.5	1/3
12	同上类,满布树木堵塞的河滩	0.200	5	1/2

泥石流沟粗糙系数 m 附表1-22

类别	沟槽特征	坡度 I	m 值 极限值	m 值 平均值
1	沟槽中堆积有难以滚动的棱角石;沟槽被树木严重阻塞,无水生植物;沟底降落	0.375~0.174	3.9~4.9	4.5
2	不平整的泥石流沟槽,沟底无急剧突起,沟床内均堆积大小不等的石块;沟槽被树木阻塞,沟槽内两侧有草木植被;沟床不平整,有洼坑,沟底呈阶梯式降落	0.199~0.067	4.5~7.9	5.5
3	因有较大的阻力,运动较弱的泥石流河槽;沟槽由滚动的砾石和卵石组成;常因有稠密的灌木丛而严重阻塞,沟槽凹凸不平	0.187~0.116	5.4~7.0	6.6
4	山区中下游的泥石流沟槽。沟槽经过光滑的岩面,有时经过具有大小不断的阶梯跌水的沟床;在开阔河段有树枝。砂石堆积阻塞,无水生植物	0.220~0.112	7.7~10.0	8.8
5	山区或近山区的河槽,由砾石、卵石等中小粒径和能完全滚动的物质所组成。河槽阻塞轻微,河岸有草和木本植物,河底降落较均匀	0.090~0.022	9.8~17.5	12.9

人工管道的糙率 n 值 附表1-23

管道类别	n 值	管道类别	n 值
带釉陶管	0.013	铸铁管	0.013
混凝土和钢筋混凝土管	0.013~0.014	钢管	0.012
石棉水泥管	0.012		

各种明渠糙率 n 值 附表1-24

明渠面壁材料情况及描述	表面粗糙情况 较好	表面粗糙情况 中等	表面粗糙情况 较差
1. 土渠			
清洁、形状正常	0.020	0.0225	0.025
不通畅,并有杂草	0.027	0.030	0.035
渠线略有弯曲、有杂草	0.025	0.030	0.033
挖泥机挖成的土渠	0.0275	0.030	0.033
砂砾渠道	0.025	0.027	0.030
细砂砾渠道	0.027	0.030	0.033
土底、石砌坡岸渠	0.030	0.033	0.035
不光滑石底、有杂草的土坡渠	0.030	0.035	0.040

续上表

明渠面壁材料情况及描述	表面粗糙情况		
	较好	中等	较差
2. 石渠			
清洁的、形状正常的凿石渠	0.030	0.033	0.035
粗糙的、不规则断面的凿石渠	0.040	0.045	
光滑均匀的石渠	0.035	0.035	0.040
精细地开凿的石渠		0.02~0.025	
3. 各种材料护面的渠道			
三合土(石灰、砂、煤灰)护面	0.014	0.016	
浆砌砖护面	0.012	0.015	0.017
浆砌块石护面	0.013	0.015	0.017
条石砌面	0.017	0.0225	0.030
干砌块石护面	0.023	0.032	0.035
4. 混凝土渠道			
抹灰的混凝土或钢筋混凝土护面	0.011	0.012	0.013
无抹灰的混凝土或钢筋混凝土护面	0.013	0.014~0.015	0.017
喷浆护面	0.016	0.018	0.021

自然水流河床的糙率　　　　附表1-25

类别	河槽特征	普通范围	平均值
1	重丘地形河流平整的河床(卵石、砾石底)	0.8~1.5	1.2
2	重丘地形河流中等弯曲的河床,平原微丘河流平整的泥底河床	1~2	1.5
3	重丘地形河流极度弯曲的河床,平原微丘中等弯曲的河床	1.5~2.5	2.0
4	平原微丘河流,小沟、支流等极度弯曲的河床,山岭地区的河床(大卵石、蛮石底)	2~3.5	2.5
5	河岸上植物的平原微丘河流,极度弯曲的河床,大蛮石底的山岭地区河流,森林中的小溪	2.5~4	3.5
6	平整河流的急流区段,不生长植物的河滩	3~7	5.0
7	急流区段,表面有25%生长植物的河滩	5~9	7.0
8	有大块石或各支间极度纷乱的急流区段,表面有50%生长植物的河滩	7~12	9.0
9	表面有75%生长植物的河滩	9~20	12.0
10	表面有100%生长植物的河滩	12~25	20.0

注:水深时用最大的糙率,水浅时用较小的糙率。

主河沟粗糙系数 m_2 值　　　　附表1-26

河沟类型	m_2 值	河沟类型	m_2 值
平坦土质河床	25	杂草丛生河床	15
弯曲或生长杂草河床	20	阻塞的河沟、巨大的顽石	10

山区河沟平均流速（按沉积石块确定） 附表 1-27

最大石块的平均直径(m)	0.13	0.20	0.30	0.40	0.50	0.70	0.80	1.0	1.1	1.6	2.1	2.7	3.3
平均流速(m/s)	2	2.5	3	3.5	4	4.5	5	5.5	6	7	8	9	10

平原区平均流速（按河床土确定） 附表 1-28

序号	河床土的特征 类属	冲刷程度	平均流速(m/s)
1	淤泥、细砂	弱	1.3
2	粗砂或有淤泥隔离的黏土	中等	1.6
3	带卵石的粗砂、黏土	中等	1.8
4	砾石（粒径 2～20mm）	强	2.0
5	卵石（粒径 20～60mm）	强	3.0
6	圆石（粒径 60～200mm）	强	4.0
7	松散或中等密实的土，在深水部分冲刷较强烈，冲刷深度至不冲刷层 当冲刷宽度占河槽整个宽度 20%		1.8
	30%		2.0
	40%		2.3

小流域流量变差系数的平均值 C_V 附表 1-29

土的吸水类属	流量变差系数 C_V 日雨量变差系数 C'_V 的平均值	全国 C'_V 平均值	流量变差系数 C_V 的平均值及其变幅
Ⅰ	1.00	全国 40 余站 C'_V=0.3～0.6，而记录最长的北京、上海、天津三站的历时 10～1 440min 间的 C'_V 为 0.3～0.6，平均 C'_V=0.45	0.45(0.30～0.60)
Ⅱ	1.25		0.56(0.38～0.75)
Ⅲ	1.40		0.63(0.42～0.48)
Ⅳ	1.60		0.72(0.48～0.96)
Ⅴ	2.50		1.12(0.75～1.50)
Ⅵ	3.50		1.57(1.05～2.10)

注：土壤吸水类属见附表 1-9 和附表 1-10。

流量模比系数 K 值 附表 1-30

C_V	频率 P								C_S
	1/1 000	1/500	1/300	1/100	1/50	1/25	1/10	1/5	
0.02	1.06	1.06	1.06	1.05	1.04	1.03	1.03	1.02	0.1
0.03	1.10	1.09	1.09	1.07	1.06	1.05	1.04	1.03	0.2
0.05	1.18	1.16	1.15	1.13	1.11	1.09	1.07	1.04	0.3
0.07	1.26	1.23	1.22	1.18	1.16	1.12	1.09	1.06	0.4
0.09	1.34	1.32	1.30	1.24	1.21	1.16	1.12	1.07	0.5
0.11	1.44	1.40	1.37	1.30	1.26	1.20	1.15	1.09	0.6
0.13	1.53	1.48	1.46	1.37	1.31	1.24	1.17	1.10	0.7
0.15	1.64	1.57	1.54	1.43	1.37	1.28	1.20	1.12	0.8
0.17	1.74	1.66	1.63	1.50	1.43	1.32	1.23	1.13	0.9

续上表

C_V	频率 P								C_S
	1/1000	1/500	1/300	1/100	1/50	1/25	1/10	1/5	
0.20	1.91	1.82	1.76	1.60	1.51	1.38	1.27	1.15	1.0
0.22	2.03	1.92	1.86	1.68	1.57	1.42	1.29	1.16	1.1
0.29	2.39	2.25	2.17	1.91	1.76	1.55	1.39	1.21	1.2
0.36	2.78	2.58	2.49	2.16	1.96	1.69	1.48	1.26	1.3
0.45	3.32	3.09	2.92	2.48	2.23	1.95	1.61	1.32	1.4
0.50	3.64	3.35	3.17	2.67	2.37	1.98	1.67	1.35	1.5
0.56	4.00	3.68	3.47	2.89	2.55	2.19	1.75	1.38	1.6
0.63	4.45	4.08	3.83	3.16	2.77	2.35	1.83	1.41	1.7
0.72	5.07	4.61	4.34	3.53	3.05	2.45	1.95	1.46	1.8
0.78	5.50	4.98	4.67	3.77	3.25	2.55	2.02	1.49	1.9
0.85	6.02	5.42	5.09	4.06	3.47	2.70	2.11	1.52	2.0
0.92	6.58	5.88	5.42	4.36	3.70	2.84	2.19	1.55	2.1
0.99	7.14	6.35	5.85	4.66	3.94	2.99	2.27	1.57	2.2
1.06	7.72	6.83	6.19	4.98	4.18	3.13	2.35	1.59	2.3
1.12	8.23	7.35	6.58	5.24	4.39	3.28	2.40	1.61	2.4
1.20	8.92	7.94	7.00	5.60	4.67	3.41	2.49	1.64	2.5
1.27	9.55	8.37	7.48	5.91	4.92	3.55	2.56	1.65	2.6
1.34	10.19	9.04	7.97	6.24	5.18	3.69	2.62	1.66	2.7
1.41	10.86	9.46	8.47	6.57	5.44	3.84	2.69	1.66	2.8
1.48	11.54	10.03	8.99	6.90	5.71	3.99	2.76	1.67	2.9
1.57	12.43	10.94	9.50	7.33	6.00	4.25	2.83	1.66	3.0
1.69	13.59	11.99	10.30	7.90	6.24	4.40	2.86	1.65	3.2
1.83	15.00	14.30	11.61	8.59	7.02	4.64	3.43	1.64	3.4
1.98	16.54	14.38	12.96	9.36	7.57	4.90	3.59	1.61	3.6
2.11	17.99	15.60	14.02	10.03	8.07	5.11	3.70	1.58	3.8
2.26	19.65	17.00	15.24	10.81	8.64	5.36	3.83	1.54	4.0
2.40	21.28	18.38	16.43	11.56	9.16	5.56	3.93	1.48	4.2
2.54	22.95	19.75	17.64	12.30	9.69	5.75	4.02	1.41	4.4
2.68	24.64	21.15	18.85	13.06	10.19	5.88	4.06	1.32	4.6
2.82	26.38	22.63	20.12	13.83	10.67	5.96	4.10	1.28	4.8
2.96	28.08	24.03	21.34	14.59	11.15	6.00	3.84	1.23	5.0

注：1. 本表是铁路科学研究院根据我国观测15年以上的20个测站记录资料制定的。
2. 本表可以内插。

周期性换算系数 M 表　　　　　　　　　　　　　　　　　　　　　　　　附表 1-31

编制单位	频率 P							
	1/300	1/100	1/50	1/25	1/20	1/10	1/5
第二铁路设计院 $A \leq 30\text{km}^2$（西南地区用）	1.00	0.80	0.67	0.50	0.45	0.33	0.25
	1.25	1.00	0.83	0.62	0.57	0.42	0.32
	1.50	1.20	1.00	0.75	0.68	0.50	0.38
	2.00	1.60	1.33	1.00	0.91	0.67	0.51
	2.21	1.76	1.47	1.10	1.00	0.74	0.56
	3.00	2.40	2.00	1.50	1.36	1.00	0.76
	3.95	3.16	2.64	1.97	1.79	1.32	1.00
第三铁路设计院 $A \leq 30\text{km}^2$		1.00	0.80	0.60	0.50	0.30	
		1.25	1.00	0.75	0.63	0.38	
		1.67	1.33	1.00	0.83	0.50	
		2.00	1.60	1.20	1.00	0.60	
		3.33	2.66	2.00	1.66	1.00	

桥梁 ε、M、φ　　　　　　　　　　　　　　　　　　　　　　　　附表 1-32

桥台形式	挤压系数 ε	流量系数 M	流速系数 φ
单孔桥锥坡填土	0.90	1.55	0.90
单孔桥有八字翼墙	0.85	1.46	0.90
多孔桥或无锥坡桥台伸出锥坡以外	0.80	1.37	0.85
拱脚淹没的拱桥	0.75	1.29	0.80

桥涵进水口摩阻系数 ξ 值　　　　　　　　　　　　　　　　　　　　　附表 1-33

上游洞口建筑形式	ξ	上游洞口建筑形式	ξ
没有洞口建筑的涵洞和没有锥坡的桥梁	0.45	有锥形洞口建筑的涵洞	0.10
有扩张式斜翼墙的洞口建筑涵洞	0.25	有锥形护坡的小桥	0.15

天然流量计算用的积水折减系数 S 表　　　　　　　　　　　　　　　　附表 1-34

H(m)	$\dfrac{B}{H \cdot i}$ \ $Q_{P_1}^{\frac{3}{2}} \cdot A$	2	5	10	15	20	30	50	100	200	500	1 000
0.5	100	1.10										
	150	1.16										
	200	1.20										
	250	1.26	1.16									
	300	1.30	1.17	1.10								
	400	1.40	1.23	1.13								
	500	1.52	1.30	1.20								

续上表

H (m)	$\dfrac{B}{H\cdot i}$	$Q_{P_1}^{\frac{3}{2}}\cdot A$	2	5	10	15	20	30	50	100	200	500	1 000
0.75	25		1.10										
	30		1.12										
	40		1.13										
	50		1.21	1.10									
	70		1.32	1.18									
	100		1.48	1.25	1.11								
	150		1.64	1.38	1.28								
	200		1.88	1.50	1.31	1.24	1.19	1.13					
	250		2.08	1.64	1.39	1.28	1.21	1.15	1.11				
	300		2.20	1.72	1.50	1.35	1.30	1.22	1.17				
	400		2.65	1.94	1.60	1.46	1.40	1.30	1.20	1.12			
	500		3.04	2.20	1.74	1.60	1.49	1.37	1.28	1.20			
1.0	10		1.10										
	15		1.15										
	20		1.23	1.12									
	25		1.31	1.17									
	30		1.43	1.23	1.15								
	40		1.57	1.32	1.20	1.12							
	50		1.70	1.37	1.23	1.18	1.14						
	70		1.94	1.52	1.31	1.23	1.20	1.13					
	100		2.37	1.72	1.47	1.35	1.29	1.20	1.11				
	150		2.86	1.78	1.71	1.57	1.49	1.38	1.24				
	200			1.90	1.71	1.60	1.44	1.30	1.25	1.10			
	250			2.03	1.85	1.71	1.60	1.42	1.26	1.16			
	300			2.32	2.08	1.90	1.70	1.50	1.31	1.20			
	400			2.68	2.30	2.10	1.84	1.61	1.43	1.27	1.10		
	500			2.85	2.57	2.39	2.10	1.80	1.50	1.30	1.16		
1.25	10		1.31	1.15									
	15		1.48	1.21	1.12								
	20		1.60	1.32	1.19	1.11							
	25		1.78	1.40	1.32	1.17	1.13						
	30		2.09	1.60	1.35	1.25	1.20	1.10					
	40		2.30	1.73	1.45	1.32	1.26	1.17					
	50		2.50	1.85	1.56	1.40	1.31	1.23	1.18				
	70		3.18	2.40	1.83	1.60	1.49	1.32	1.22	1.15			

续上表

H (m)	$\dfrac{B}{H \cdot i}$ \ $Q_{P_1}^{\frac{3}{2}} \cdot A$	2	5	10	15	20	30	50	100	200	500	1 000
1.25	100		2.63	2.10	1.86	1.70	1.56	1.37	1.21	1.12		
	150		3.19	2.60	2.30	2.10	1.83	1.60	1.37	1.18		
	200			3.01	2.60	2.38	2.03	1.79	1.50	1.30		
	250				2.98	2.65	2.30	2.01	1.62	1.40	1.18	
	300				3.25	3.00	2.54	2.10	1.71	1.48	1.24	
	400							2.43	1.92	1.58	1.31	
	500							2.72	2.11	1.71	1.39	
1.50	10	1.69	1.33	1.16								
	15	1.96	1.52	1.30	1.21	1.18						
	20	2.27	1.70	1.39	1.27	1.20	1.12					
	25	2.47	1.84	1.53	1.37	1.33	1.24	1.21				
	30	2.81	2.02	1.66	1.48	1.39	1.27	1.22				
	40	3.26	2.32	1.85	1.65	1.52	1.37	1.24				
	50		2.58	1.98	1.74	1.59	1.43	1.33				
	70		3.26	2.46	2.12	1.94	1.71	1.50				
	100			3.06	2.60	2.33	2.02	1.73	1.43	1.24		
	150				3.30	2.94	2.47	2.02	1.64	1.39	1.24	
	200					3.30	2.87	2.42	1.93	1.59	1.28	
	250								2.08	1.67	1.35	
	300								2.20	1.90	1.50	
	400								2.50	2.06	1.64	
1.75	10	2.27	1.64	1.34	1.22	1.15	1.10					
	15	2.50	1.88	1.56	1.41	1.32	1.22	1.12				
	20	3.08	2.00	1.74	1.56	1.45	1.32	1.22				
	25	3.23	2.35	1.92	1.71	1.58	1.43	1.27				
	30		2.72	2.06	1.81	1.67	1.49	1.35				
	40		3.30	2.42	2.06	1.87	1.67	1.50	1.33	1.23		
	50			2.84	2.38	2.10	1.85	1.63	1.52	1.28		
	70				2.70	2.49	2.20	1.92	1.61	1.36	1.14	
	100					2.94	2.47	2.12	1.76	1.43	1.23	
	150						2.54	2.28	1.96	1.69	1.39	
	200							2.76	2.13	1.52		

续上表

H (m)	$\dfrac{B}{H \cdot i}$	$Q_{P_1}^{\frac{3}{2}} \cdot A$	2	5	10	15	20	30	50	100	200	500	1 000
2.0		10	2.82	1.93	1.52	1.37	1.28	1.21					
		15		2.44	1.89	1.67	1.52	1.36	1.22				
		20		2.67	2.13	1.90	1.76	1.56	1.39				
		25		3.30	2.47	2.12	1.92	1.70	1.49	1.20			
		30				2.38	2.13	1.89	1.63	1.36	1.16		
		40				2.62	2.38	2.12	1.82	1.47	1.21		
		50				3.23	2.87	2.46	2.04	1.67	1.35	1.10	
		70						2.94	2.42	1.92	1.56	1.24	
		100							2.50	2.11	1.79	1.43	
		150								2.73	2.17	1.63	
2.5		10		3.18	2.32	2.00	1.82	1.60	1.41				
		15				2.13	1.90	1.65	1.35	1.11			
		20				2.70	2.25	1.93	1.56	1.22			
		25					2.35	2.02	1.70	1.43	1.11		
		30					3.13	2.50	1.92	1.52	1.20		
		40						2.81	2.15	1.72	1.32	1.16	
		50							2.59	1.94	1.56	1.22	
		70							3.10	2.40	1.70	1.30	
3.0		10	2.60	1.92	1.50	1.32	1.20						
		15				3.00	2.68	2.06	1.83	1.50	1.10		
		20					2.18	1.93	1.16	1.27			
		25					2.90	2.30	1.90	1.38			
		30						2.65	2.10	1.55	1.20		
3.5		10						3.10	2.60	2.00	1.60	1.14	
		15							2.70	2.28	1.80	1.40	1.13
4.0		10								2.38	1.93	1.41	
		15								2.90	2.22	1.58	

注：1. 表中符号意义：

Q_{P_1}——原小桥涵通过某一历史洪峰流量或多年平均洪峰流量(m^3/s)；

A——原小桥涵位上游的汇水面积(km^2)；

H——洪峰时原小桥涵前的水深(m)；

B——原小桥涵前相应于洪峰水水深时的水面宽度(m)；

i——原小桥涵处纵向平均坡度(‰)。

2. 表中所列 S 值在 1.1～3.3 范围之内；当 $S>3.3$ 时，应详细调查，确定积水原因后再行计算；当 $S<1.1$ 时按 1.1 计算。

3. 表中所缺数值，可以内插法计算。

非黏性土的允许（不冲刷）平均流速表

附表 1-35

序号	土及其特征 名称	土及其特征 形状	土的颗粒尺寸(mm)	水流平均深度(m) 0.4	1.0	2.0	3.0	5.0	10及以上
				平均流速(m/s)					
1	粉砂及淤泥	粉砂及淤泥带细砂,沃土	0.005~0.05	0.15~0.20	0.20~0.30	0.25~0.40	0.30~0.45	0.40~0.55	0.45~0.65
2	砂,小颗粒	细砂带中等尺寸的砂粒	0.05~0.25	0.20~0.35	0.30~0.45	0.40~0.55	0.45~0.60	0.55~0.70	0.65~0.80
3	砂,中颗粒	细砂带黏土,中等尺寸的砂带黏土	0.25~1.00	0.35~0.50	0.45~0.60	0.55~0.70	0.60~0.75	0.70~0.85	0.80~0.95
4	砾,中颗粒	大砂夹杂着砾,中等颗粒砂带黏土	1.00~2.50	0.50~0.65	0.60~0.75	0.70~0.80	0.75~0.90	0.85~1.00	0.95~1.20
5	砾,小颗粒	细砾带着中等尺寸的砾石	2.50~5.00	0.65~0.80	0.75~0.85	0.80~1.00	0.90~1.10	1.00~1.20	1.20~1.50
6	砾,中颗粒	大砾带砂、带小砾石	5.00~10.0	0.80~0.90	0.85~1.05	1.00~1.15	1.10~1.30	1.20~1.45	1.50~1.75
7	砾,大颗粒	小卵石带砂、带砾	10.0~15.0	0.90~1.10	1.05~1.20	1.15~1.35	1.30~1.50	1.45~1.65	1.75~2.00
8	卵石,小颗粒	中等尺寸卵石带砂、带砾	15.0~25.0	1.10~1.25	1.20~1.45	1.35~1.65	1.50~1.85	1.65~2.00	2.00~2.30
9	卵石,中颗粒	大卵石夹杂着砾	25.0~40.0	1.25~1.50	1.45~1.85	1.65~2.10	1.85~2.30	2.00~2.45	2.30~2.70
10	卵石,大颗粒	小鹅卵石带卵石、带砾	40.0~75.0	1.50~2.00	1.85~2.40	2.10~2.75	2.30~3.10	2.45~3.30	2.70~3.60
11	鹅卵石,小个	中等尺寸鹅卵石带卵石	75.0~100	2.00~2.45	2.40~2.80	2.75~3.20	3.10~3.50	3.30~3.80	3.60~4.20
12	鹅卵石,中个	中等尺寸鹅卵石夹杂着大个的鹅卵石,大鹅卵石带着小的夹杂物	100~150	2.45~3.00	2.80~3.35	3.20~3.75	3.50~4.10	3.80~4.40	4.20~4.50
13	鹅卵石,大	大鹅卵石带小漂圆石、带卵石	150~200	3.00~3.50	3.35~3.80	3.75~4.30	4.10~4.65	4.40~5.00	4.50~5.40
14	漂圆石,小个	中等漂圆石带卵石	200~300	3.50~3.85	3.80~4.35	4.30~4.70	4.65~4.90	5.00~5.50	5.40~5.90
15	漂圆石,中等	漂圆夹杂着鹅卵石	300~400	—	4.35~4.75	4.70~4.95	4.90~5.30	5.50~5.60	5.90~6.00
16	漂圆石,特大		400~500及以上的	—	—	4.95~5.35	5.30~5.50	5.60~6.00	6.00~6.20

黏土的允许（不冲刷）平均流速表　　　　　　　　　　　　　　　　　　　附表 1-36

序号	土的名称	颗粒成分（%）		土的特征															
		小于 0.005 (mm)	0.005~0.050 (mm)	不密结的土（孔隙系数为 1.2~0.9），土的骨料重度在 12kN/m³ 以下				中等密结的土（孔隙系数为 0.9~0.6），土的骨料重度 12~16.6kN/m³				密结的土（孔隙系数为 0.6~0.3），土的骨料重度 16.6~20.4kN/m³				极密结的土（孔隙系数为 0.3~0.2），土的骨料重度 20.4~21.4kN/m³			
				水流平均深度 (m)															
				0.4	1.0	2.0	3.0	0.4	1.0	2.0	3.0	0.4	1.0	2.0	3.0	0.4	1.0	2.0	3.0
				平均流速 (m/s)															
1	黏土	30~50	70~50	0.35	0.40	0.45	0.50	0.70	0.85	0.95	1.10	1.00	1.20	1.40	1.50	1.40	1.70	1.90	2.10
2	重砂质黏土	20~30	80~70	0.35	0.40	0.45	0.50	0.65	0.80	0.90	1.00	0.95	1.20	1.40	1.50	1.40	1.70	1.90	2.10
3	薄砂质黏土	10~20	90~80	—	—	—	—	0.60	0.70	0.80	0.85	0.80	1.00	1.20	1.30	1.10	1.30	1.50	1.70
4	新沉淀的黄土性土	—	—	—	—	—	—	—	—	—	—	—	—	—	—	—	—	—	—
5	砂质土	5~10	20~40	根据砂粒大小采用附表 1-35 数值															

石质土的允许(不冲刷)平均流速表

附表 1-37

序号	土的名称	水流平均深度(m)			
		0.4	1.0	2.0	3.0
		平均流速(m/s)			
1	砾岩、泥灰岩、页岩	2.0	2.5	3.0	3.5
2	多孔的石灰质岩、紧密的岩、成层的石灰岩、石灰质砂岩、白云石质石灰岩	3.0	3.5	4.0	4.5
3	白云石质砂岩、紧密不分层的石灰岩、砂质石灰石、大理石	4.0	5.0	6.0	6.5
4	花岗岩、辉绿岩、玄武岩、安山岩、斑岩	15.0	18.0	20.0	22.0

注：1. 表列流速数值不可内插，当水流深度在表值之间时，流速应取与实际深度最接近时的数值。
2. 当水流深度大于3.0m(在缺少特别观测与计算情况)时，允许流速采用水深为3.0m时的数值。
3. 当设计位于易受风化的密结的及极密结土中的地面排水沟时，允许流速须以中等到密结的土所用之值为限。

人工加固工程的允许(不冲刷)平均流速

附表 1-38

序号	加固工程种类	水流平均深度(m)			
		0.4	1.0	2.0	3.0
		平均流速(m/s)			
1	平铺草皮(在坚实基底上)，叠铺草皮	0.9 1.5	1.2 1.8	1.3 2.0	1.4 2.2
2	用大圆石或片石堆积，当石块平均尺寸为 20～30cm 30～40cm 40～50cm 及以上	3.3 — —	3.6 4.1 —	4.0 4.3 4.6	4.3 4.6 4.9
3	在篱格内堆两层大石块，当石块平均尺寸为 20～30cm 30～40cm 40～50cm	4.0 — —	4.5 5.0 —	4.9 5.4 5.7	5.3 5.7 5.9
4	青苔上单层铺砌(青苔层厚度不小于5cm)： (1)用15cm大小的圆石(或片石) (2)用20cm大小的圆石(或片石) (3)用25cm大小的圆石(或片石)	2.0 2.5 3.0	2.5 3.0 3.5	3.0 3.5 4.0	3.5 4.0 4.5
5	碎石(或砾石)上的单层铺砌(碎石层厚度不小于10cm)： (1)用15cm大小的片石(或圆石) (2)用20cm大小的片石(或圆石) (3)用25cm大小的片石(或圆石)	2.5 3.0 3.5	3.0 3.5 4.0	3.5 4.0 4.5	4.0 4.5 5.0
6	单层细面粗凿石料砌在碎石(或砾石)(碎石层厚度不小于10cm)： (1)用20cm大小的石块 (2)用25cm大小的石块 (3)用30cm大小的石块	3.5 4.0 4.0	4.5 4.5 5.0	5.0 5.5 6.0	5.5 5.5 6.0
7	铺在碎石(或砾石)上的双层片石(或圆石)： 下层用15cm石块，上层用20cm石块(碎石层厚度不小于10cm)	3.5	4.5	5.0	5.5

续上表

序号	加固工程种类	水流平均深度(m)			
		0.4	1.0	2.0	3.0
		平均流速(m/s)			
8	铺在坚实基底上的枯枝铺面及枯枝铺垫(临时性加固工程用)： (1)厚度 $\delta=20\sim25$cm 时 (2)铺面为其他厚度时	— 按上值乘以系数 $0.2\sqrt{\delta}$	3.0	2.5	—
9	柴排： (1)厚度 $\delta=50$cm 时 (2)其他厚度时	2.5 按上值乘以系数 $0.2\sqrt{\delta}$	3.0	3.5	—
10	石笼(尺寸不小于 0.5m×0.5m×1.0m 者)	4.0 及以下	5.0 及以下	5.5 及以下	6.0 及以下
11	在碎石层上 M5 水泥砂浆砌双层片石,其石块尺寸不小于 20cm	5.0	6.0	7.5	
12	M5 水泥砂浆石灰岩片石的圬工(石料极限强度不小于 10MPa)	3.0	3.5	4.0	4.5
13	M5 水泥砂浆砌坚硬的粗凿片石圬工(石料极限强度不小于 30MPa)	6.5	8.0	10.0	12.0
14	C20 混凝土护面加固 C15 混凝土护面加固 C10 混凝土护面加固	6.5 6.0 5.0	8.0 7.0 6.0	9.0 8.0 7.0	10.0 9.0 7.5
15	混凝土水槽表面光滑者： (1)C20 混凝土 (2)C15 混凝土 (3)C10 混凝土	13.0 12.0 10.0	16.0 14.0 12.0	19.0 16.0 13.0	20.0 18.0 15.0
16	木料光面铺底,基层稳固及水流顺木纹者	8.0	10.0	12.0	14.0

注：表列流速值不得用内插法,水流深度在表值之间时,流速数值采用接近于实际深度的流速。

流量合并计算系数 K_i 值表　　　　附表 1-39

Q_0 (m³/s)	L_i (km)	Q_i/Q_0									
		0.1	0.2	0.3	0.4	0.5	0.6	0.8	1.0	1.2	1.5	2.0
1.0	0	1.02	1.10	1.20	1.30	1.41	1.53	1.76	2.00	2.16	2.41	2.23
	0.2	1.00	1.01	1.04	1.07	1.11	1.14	1.27	1.43	1.60	1.85	2.27
	0.3		1.00	1.00	1.00	1.00	1.00	1.02	1.17	1.34	1.59	2.02
	0.4							1.00	1.00	1.09	1.34	1.77
	0.5								1.00	1.09	1.52	
	0.6									1.03	1.45	
	1.0									1.00	1.22	

续上表

Q_0 (m³/s)	L_i (km)	Q_i/Q_0										
		0.1	0.2	0.3	0.4	0.5	0.6	0.8	1.0	1.2	1.5	2.0
2.0	0	1.02	1.10	1.20	1.30	1.41	1.53	1.76	2.00	2.16	2.41	2.83
	0.2	1.03	1.09	1.15	1.20	1.25	1.32	1.43	1.64	1.80	2.00	2.49
	0.3	1.00	1.02	1.05	1.09	1.13	1.16	1.30	1.47	1.63	1.88	2.31
	0.4		1.00	1.00	1.01	1.03	1.06	1.13	1.30	1.47	1.72	2.14
	0.5				1.00	1.00	1.00	1.00	1.13	1.30	1.56	1.97
	0.6								1.00	1.14	1.40	1.82
	1.0									1.00	1.01	1.44
5.0	0	1.02	1.10	1.20	1.30	1.41	1.53	1.76	2.00	2.16	2.41	2.82
	0.2	1.00	1.15	1.25	1.34	1.14	1.47	1.64	1.80	1.96	2.11	2.63
	0.3	1.05	1.12	1.19	1.25	1.31	1.38	1.57	1.70	1.86	1.01	2.54
	0.4	1.03	1.08	1.15	1.18	1.22	1.29	1.44	1.61	1.73	1.92	2.44
	0.5	1.01	1.04	1.08	1.12	1.16	1.20	1.28	1.42	1.68	1.83	2.35
	0.6	1.00	1.01	1.04	1.07	1.10	1.14	1.26	1.06	1.58	1.74	2.25
	1.0		1.00	1.00	1.00	1.00	1.00	1.00		1.23	1.46	1.88
10.0	0	1.02	1.10	1.20	1.30	1.41	1.53	1.76	2.00	2.16	2.41	2.83
	0.2	1.05	1.14	1.23	1.34	1.45	1.57	1.72	1.88	2.04	2.29	2.71
	0.3	0.06	1.15	1.25	1.35	1.42	1.50	1.65	1.81	1.98	2.24	2.65
	0.4	1.07	1.15	2.21	1.29	1.36	1.44	1.59	1.75	1.92	2.17	2.53
	0.5	1.05	1.11	1.19	1.24	1.30	1.38	1.53	1.69	1.86	2.11	2.51
	0.6	1.03	1.08	1.14	1.20	1.25	1.31	1.48	1.63	1.80	2.05	2.47
	1.0	1.00	1.01	1.03	1.05	1.09	1.12	1.23	1.40	1.58	1.81	2.24
15.0	0	1.02	1.10	1.20	1.30	1.41	1.53	1.76	2.00	2.16	2.41	2.83
	0.2	1.04	1.12	1.23	1.33	1.44	1.55	1.76	1.91	2.06	2.33	2.75
	0.4	1.06	1.14	1.25	1.35	1.45	1.52	1.68	1.84	1.93	2.24	2.68
	0.6	1.06	1.15	1.23	1.30	1.37	1.44	1.60	1.76	1.90	2.16	2.60
	1.0	1.04	1.11	1.13	1.18	1.23	1.29	1.44	1.62	1.75	2.05	2.45
20.0	0	1.02	1.10	1.20	1.30	1.41	1.53	1.76	2.00	2.16	2.41	2.83
	0.2	1.04	1.12	1.23	1.33	1.44	1.55	1.76	1.91	2.06	2.33	2.75
	0.4	1.06	1.14	1.25	1.35	1.45	1.52	1.68	1.84	1.98	2.24	2.68
	0.6	1.06	1.15	1.23	1.30	1.37	1.44	1.60	1.76	1.90	2.16	2.60
	1.0	1.04	1.11	1.13	1.18	1.23	1.29	1.44	1.62	1.75	2.05	2.45
30.0	0	1.02	1.10	1.20	1.30	1.41	1.53	1.76	2.00	2.16	2.41	2.83
	0.2	1.04	1.12	1.22	1.33	1.43	1.55	1.78	1.94	2.10	2.35	2.78
	0.4	1.05	1.14	1.24	1.35	1.45	1.57	1.73	1.88	2.04	2.29	2.71
	0.6	1.06	1.15	1.25	1.36	1.46	1.51	1.67	1.82	1.98	2.23	2.66
	1.0	1.05	1.12	1.19	1.26	1.31	1.39	1.53	1.71	1.86	2.12	2.54

续上表

Q_0 (m³/s)	L_i (km)	Q_i/Q_0										
		0.1	0.2	0.3	0.4	0.5	0.6	0.8	1.0	1.2	1.5	2.0
50.0	0	1.02	1.10	1.20	1.30	1.41	1.53	1.76	2.00	2.16	2.41	2.83
	0.2	1.04	1.12	1.22	1.32	1.42	1.54	1.78	1.96	2.12	2.37	2.80
	0.4	1.05	1.13	1.23	1.33	1.44	1.56	1.75	1.92	2.07	2.32	2.75
	0.6	1.06	1.14	1.24	1.34	1.45	1.56	1.71	1.87	2.03	2.28	2.71
	1.0	1.07	1.16	1.26	1.33	1.44	1.47	1.63	1.78	1.95	2.20	2.62
100	0	1.02	1.10	1.20	1.30	1.41	1.53	1.76	2.00	2.16	2.41	2.83
	0.2	1.03	1.11	1.21	1.32	1.42	1.54	1.77	1.97	2.13	2.38	2.81
	0.4	1.04	1.12	1.22	1.33	1.43	1.54	1.78	1.94	2.10	2.35	2.78
	0.6	1.05	1.13	1.23	1.33	1.44	1.55	1.76	1.92	2.08	2.37	2.75
	1.0	1.06	1.14	1.22	1.35	1.46	1.55	1.70	1.86	2.02	2.28	2.70

泥石流堵塞系数表 附表1-40

堵塞程度	特征	堵塞系数 D_c
严重	沟槽弯曲,河段宽窄不均,卡口、陡坎多。大部分支沟交汇角度大。形成区集中,物质组成黏性大,稠度高,沟槽堵塞严重,阵流间隔时间长	>2.5
中等	沟槽较顺直,河段宽窄较均匀,陡坎、卡口不多。主支沟交角多数小于60°。形成区不太集中,河床堵塞情况一般,流体多稠浆,稀粥状	1.5~2.5
轻微	沟槽顺直均匀,主支沟交汇角小,基本无卡口、陡坎。形成区分散,物质组成黏稠度小,阵流间隔时间短而少	<1.5

塌方程度系数 A 值表 附表1-41

塌 方 程 度	塌方面积率(%)	I(‰)	A
严重时	20~40	≥500	1.1~1.4
较严重的	10~20	350~500	0.9~1.1
一般的	5~10	270~400	0.7~0.9
轻微的	3~5	250~350	0.5~0.7

黏性泥石流流速系数值表 附表1-42

流 速 系 数	流深 h_c(m)			
	<2.5	3	4	5
K_c	10	9	7	5

附录二 小桥涵水力计算用表

自由出流的桥涵孔径系数表　　　　　　　　　　　　　　　附表 2-1

		流速(m/s)	2.00	2.25	2.50	2.75	3.00	3.25	3.50	3.75	4.00	4.25	4.50	4.75	5.00	5.25	5.50
孔径系数	桥台形状	伸出锥坡以外	1.53	1.08	0.79	0.59	0.45	0.36	0.29	0.23	0.19	0.16	0.13	0.11	0.098	0.085	0.074
		八字翼墙	1.44	1.02	0.74	0.56	0.42	0.34	0.27	0.22	0.18	0.15	0.12	0.10	0.092	0.080	0.070
		锥坡填土	1.36	0.96	0.70	0.53	0.40	0.32	0.26	0.20	0.17	0.14	0.12	0.098	0.087	0.070	0.066
	桥下临界水深(m)		0.41	0.52	0.64	0.77	0.92	1.08	1.25	1.44	1.63	1.84	2.07	2.30	2.55	2.82	3.09
桥前水深(m)	桥台形状	伸出锥坡以外	0.69	0.08	1.09	1.30	1.56	1.83	2.11	2.43	2.75	3.11	3.50	3.89	4.31	4.76	5.23
		锥坡填土或八字翼墙	0.66	0.84	1.04	1.25	1.49	1.75	2.02	2.33	2.64	2.89	3.35	3.72	4.12	4.56	5.00

注：1. 表中系数为当流量等于 $1m^3/s$ 时的孔径系数，河槽断面为矩形或宽的梯形。
　　2. 当流量不等于 $1m^3/s$ 时，表中所查行的孔径系数应乘以流量的数值才是所求的孔径。

非自由出流的桥梁孔径系数表　　　　　　　　　　　　　　附表 2-2

		流速(m/s)	2.00	2.25	2.50	2.75	3.00	3.25	3.50	3.75	4.00	4.25	4.50	4.75	5.00	5.25	5.50
桥下水深(m)	0.5	孔径系数	1.17	1.05	0.94	0.85	0.78	0.72	0.67	0.63	0.59	0.55	0.52	0.50	0.47	0.45	0.43
		桥前水深	0.75	0.82	0.90	0.98	1.07	1.17	1.28	1.39	1.51	1.64	1.78	1.92	2.08	3.34	2.41
	1.0	孔径系数	0.59	0.53	0.47	0.43	0.39	0.36	0.34	0.32	0.30	0.28	0.26	0.24	0.23	0.21	
		桥前水深	1.25	1.32	1.40	1.48	1.57	1.67	1.78	1.89	2.01	2.14	2.28	2.42	2.58	2.74	2.91
	1.5	孔径系数	0.39	0.35	0.31	0.28	0.26	0.24	0.23	0.21	0.20	0.19	0.17	0.16	0.16	0.15	0.14
		桥前水深	1.75	1.82	1.90	1.98	2.07	2.18	2.29	2.39	2.51	2.64	2.78	2.92	3.08	3.24	3.41
	2.0	孔径系数	0.29	0.26	0.24	0.21	0.20	0.18	0.17	0.16	0.15	0.14	0.13	0.13	0.12	0.11	0.11
		桥前水深	2.25	2.32	2.40	2.48	2.57	2.67	2.78	2.89	3.01	3.14	3.28	3.42	3.58	3.74	3.91
	2.5	孔径系数	0.23	0.21	0.19	0.17	0.16	0.15	0.13	0.12	0.12	0.11	0.10	0.10	0.09	0.09	0.09
		桥前水深	2.75	2.82	2.90	2.98	3.09	3.19	3.28	3.39	3.51	3.64	3.78	3.92	4.08	4.24	4.41
	3.0	孔径系数	0.19	0.17	0.16	0.14	0.13	0.12	0.11	0.10	0.10	0.09	0.09	0.08	0.08	0.08	0.07
		桥前水深	3.25	3.32	3.40	3.48	3.57	3.67	3.78	3.89	4.01	4.14	4.28	4.42	4.58	4.74	4.91
	3.5	孔径系数	0.16	0.15	0.13	0.12	0.11	0.10	0.10	0.09	0.08	0.08	0.07	0.07	0.07	0.06	0.06
		桥前水深	3.75	3.82	3.90	3.98	4.08	4.18	4.29	4.39	4.51	4.46	4.78	4.92	5.08	5.24	5.41
	4.0	孔径系数	0.14	1.13	0.12	0.11	0.10	0.09	0.08	0.08	0.07	0.07	0.07	0.06	0.06	0.06	0.05
		桥前水深	4.25	4.32	4.40	4.43	4.57	4.67	4.78	4.89	5.01	5.14	5.28	5.42	5.58	5.74	5.91

注：1. 表中系数为流量等于 $1m^3/s$ 时的孔径系数，桥面形状为八字翼墙，孔径应为孔径系数乘以流量。
　　2. 桥台形状不是八字翼墙，则应乘以下列系数：伸出锥坡以外乘以 1.06，锥坡填土乘以 0.94。

涵身断面变化的阻力系数 ξ_2 值　　　　　　　　　　　　　附表 2-3

	断面变化比 $\dfrac{\omega_1}{\omega_2}$	0.01	0.1	0.2	0.4	0.6	0.8	1.0
ξ_2	断面由小变大	0.98	0.81	0.64	0.36	0.16	0.04	0
	断面由大变小	0.45	0.39	0.35	0.28	0.20	0.09	0

注：ω_1 为较小断面面积；ω_2 为较大断面面积。

进口阻力系数 ξ_3 值　　　　　　　　　　　　　　　　　　　　　　　附表 2-4

进口边缘的外形	ξ_3	进口边缘的外形	ξ_3
边缘未做成圆弧形	0.5	边缘轮廓很光滑	0.05～0.10
边缘微带圆弧形	0.20～0.25		

急弯的阻力系数 ξ_4 值　　　　　　　　　　　　　　　　　　　　　　　附表 2-5

θ	15°	30°	45°	60°	90°
ξ_4	0.025	0.11	0.26	0.49	1.20

正方形断面缓弯阻力计算中的 K 值　　　　　　　　　　　　　　　　　附表 2-6

$\dfrac{b}{2R}$	0.1	0.2	0.3	0.4	0.5	0.6	0.7	0.8	0.9	1.0
K	0.12	0.14	0.18	0.25	0.40	0.64	1.02	1.55	2.27	3.23

注:b-净宽(m);R-弯曲半径(m)。

圆形断面缓弯阻力计算中的 K 值　　　　　　　　　　　　　　　　　　附表 2-7

r/R	0.1	0.2	0.3	0.4	0.5
K	0.13	0.14	0.16	0.21	0.29

小桥涵孔径估算表　　　　　　　　　　　　　　　　　　　　　　　　　附表 2-8

桥涵类型	圆管涵		箱拱涵				小桥			
水深(m) 高水位时 水面宽(m)	0.25	0.50	0.25	0.50	1.00	1.50	1.00	1.50	2.00	3.00
2.0	0.75	1.00	0.50	1.00						
3.0	1.00	1.25	1.00	1.50						
4.0	1.25	1.50	1.50	2.00						
5.0	1.50		2.00	2.00	3.50	4.00				
6.0				3.00	3.50	4.00				
7.0				3.00	4.00	4.50		5.0	5.0	
8.0							5.0	5.5	6.0	
10.0							6.0	6.5	7.0	
15.0							9.0	10.0	11.0	
20.0								12.0	14.0	
25.0								16.0	18.0	
30.0									18.0	20.0

涵洞最小孔径表　　　　　　　　　　　　　　　　　　　　　　　　　　附表 2-9

涵洞长度	最小孔径及净高(m)	涵洞长度	最小孔径及净高(m)
$L \leqslant 15$	0.75	$L > 30$	1.25
$15 < L \leqslant 30$	1.00	农田灌溉涵	0.50

附录三 小桥涵勘测调查记录簿

(《JTG/T C10—2007 公路勘测细则》)

调查：　　　　记录：　　　　复核：　　　　　　年　月　日　第___页

编　号		桩　号	
地域或河名		桥涵位置与路线交角及河流流向简图	
河床土壤			
构造物处河床坡度			
构造物处河底高程		水面坡度 i	
水位高程		水深	
洪水位高程			
模拟设置形式		桥/管涵/板涵/箱涵	
模拟孔(跨)径			
其他勘测调查(汇水面积、历史洪水位、河道简史、河床冲淤、河或沟渠功能、河沟底纵坡、河涵底高程及上下游构造物情况、漂浮物及冰冻情况等描述)			

年　月　日　第___页

<u>构造物平面示意图</u>

<u>河床(沟渠)断面示意图</u>

参 考 文 献

[1] 中华人民共和国行业标准.JTG B01—2014 公路工程技术标准[S].北京:人民交通出版社股份有限公司,2014.

[2] 中交第一公路勘察设计研究有限公司.公路工程基本建设项目设计文件编制办法[M].北京:人民交通出版社,2007.

[3] 中华人民共和国行业标准.JTG D60—2015 公路桥涵设计通用规范[S].北京:人民交通出版社股份有限公司,2015.

[4] 顾克明.公路桥涵设计手册—涵洞[M].北京:人民交通出版社,1993.

[5] 河北省交通规划设计院.公路小桥涵手册[M].北京:人民交通出版社,1982.

[6] 中华人民共和国行业标准.JTG C10—2007 公路勘测规范[S].北京:人民交通出版社,2007.

[7] 中华人民共和国行业标准.JTG/T C10—2007 公路勘测细则[S].北京:人民交通出版社,2007.

[8] 吴应辉.桥涵水文[M].2版.北京:人民交通出版社,1988.

[9] 熊广忠.桥涵水力水文计算[M].北京:人民交通出版社,1978.

[10] 毛瑞祥,程翔云.公路桥涵设计手册:基本资料[M].北京:人民交通出版社,1993.

[11] 管枫年,洪仁济,徐尚壁.灌区水工建筑物丛书:涵洞[M].北京:人民交通出版社,1983.

[12] 交通部第一公路工程总公司.公路施工手册—桥涵[M].北京:人民交通出版社,2000.

[13] 孙建国.路桥施工图识读指南[M].北京:人民交通出版社,2000.

[14] 中华人民共和国行业标准.JTG C30—2015 公路工程水文勘测设计规范[S].北京:人民交通出版社股份有限公司,2015.

[15] 中华人民共和国行业标准.JTG/T D65-04—2007 公路涵洞设计细则[S].北京:人民交通出版社,2007.

[16] 中华人民共和国行业标准.JTG/T F50—2011 公路桥涵施工技术规范[S].北京:人民交通出版社,2011.

[17] 姚祖康.公路排水设计手册[M].北京:人民交通出版社,2002.

[18] 叶镇国.水力学与桥涵水文[M].北京:人民交通出版社,1998.

[19] 铁道部第三勘测设计院.铁路工程设计技术手册—桥渡水文[M].北京:中国铁道出版社,1993.

[20] 铁道部第一勘测设计院,等.铁路工程设计手册—涵洞与拱桥[M].北京:中国铁道出版社,1999.

[21] 中华人民共和国行业标准.JTG D61—2005 公路圬工桥涵设计规范[S].北京:人民交通出版社,2005.

[22] 刘培文,等.公路小桥涵设计示例[M].北京:人民交通出版社,2005.

[23] 熊启钧.取水输水建筑物丛书:涵洞[M].北京:中国水利水电出版社,2006.

[24] 李惠英,等.取水输水建筑物丛书:倒虹吸管[M].北京:中国水利水电出版社,2006.

[25] 李祝龙.公路钢波纹管涵洞设计与施工技术[M].北京:人民交通出版社,2007.
[26] 孙家驷,等.道路设计资料集5—涵洞设计[M].北京:人民交通出版社,2006.
[27] 中华人民共和国行业标准.JT/T 791—2010 公路涵洞通道用波纹钢管(板)[S].北京:人民交通出版社,2010.
[28] 内蒙古自治区质量技术监督局.DB15/T 654—2013 公路波纹钢管(板)桥涵设计与施工技术规范[S].北京:人民交通出版社股份有限公司,2013.

人民交通出版社股份有限公司 公路出版中心
土木工程/道路桥梁与渡河工程类教材

一、专业基础课
1. 材料力学(郭应征) ……………… 25元
2. 理论力学(周志红) ……………… 29元
3. 理论力学(上册)(李银山) ……… 52元
4. 工程力学(郭应征) ……………… 25元
5. 结构力学(肖永刚) ……………… 32元
6. 材料力学(上册)(李银山) ……… 49元
7. 材料力学(下册)(李银山) ……… 45元
8. 材料力学(石晶) ………………… 42元
9. 材料力学(少学时)(张新占) …… 36元
10. 弹性力学(孔德森) ……………… 20元
11. 水力学(第二版)(王亚玲) ……… 25元
12. 土质学与土力学(第五版)(钱建固) … 35元
13. 土木工程制图(第三版)(林国华) … 39元
14. 土木工程制图习题集(第三版)(林国华) … 25元
15. 土木工程制图(第二版)(丁建梅) … 39元
16. 土木工程制图习题集(第二版)(丁建梅) … 22元
17. ◆土木工程计算机绘图基础(第二版)
    (袁 果) ………………………… 45元
18. ▲道路工程制图(第四版)(谢步瀛) … 36元
19. ▲道路工程制图习题集(第四版)(袁 果) … 26元
20. 交通土建工程制图(第二版)(和丕壮) … 39元
21. 交通土建工程制图习题集(第二版)
    (和丕壮) ……………………… 22元
22. 工程制图(龚 伟) ……………… 38元
23. 工程制图习题集(龚 伟) ……… 15元
24. 现代土木工程(付宏渊) ………… 36元
25. 土木工程概论(项海帆) ………… 32元
26. 道路概论(第二版)(孙家驷) …… 20元
27. 桥梁工程概论(第三版)(罗 娜) … 32元
28. 道路与桥梁工程概论(第二版)(黄晓明) … 40元
29. 道路与桥梁工程概论(苏志忠) … 33元
30. 公路工程地质(第三版)(窦明健) … 23元
31. 工程测量(胡伍生) ……………… 25元
32. 交通土木工程测量(第四版)(张坤宜) … 48元
33. ◆测量学(第四版)(许娅娅) …… 45元
34. 测量学(姬玉华) ………………… 34元
35. 测量学实验及应用(孙国芳) …… 19元
36. ◆道路工程材料(第五版)(李立寒) … 48元
37. ◆道路工程材料(第二版)(申爱琴) … 48元
38. ◆基础工程(第四版)(王晓谋) … 37元
39. 基础工程(丁剑霆) ……………… 40元
40. ◆基础工程设计原理(第二版)(袁聚云) … 36元
41. 桥梁墩台与基础工程(第二版)(盛洪飞) … 49元
42. ▲结构设计原理(第三版)(叶见曙) … 59元
43. ◆Principle of Structural Design(结构设计原理)
    (第二版)(张建仁) …………… 60元
44. 混凝土结构设计原理(薛兴伟) … 45元
45. ◆预应力混凝土结构设计原理(第二版)
    (李国平) ……………………… 30元
46. 专业英语(第三版)(李 嘉) …… 39元
47. 土木工程材料(孙 凌) ………… 48元

二、专业核心课
1. ◆路基路面工程(第四版)(黄晓明) … 59元
2. 路基路面工程(何兆益) ………… 45元
3. ◆▲路基工程(第二版)(凌建明) … 25元
4. ◆道路勘测设计(第四版)(许金良) … 49元
5. ◆道路勘测设计(第三版)(孙家驷) … 52元
6. 道路勘测设计(裴玉龙) ………… 38元
7. ◆公路施工组织及概预算(第三版)(王首绪) … 32元
8. 公路施工组织与概预算(靳卫东) … 45元
9. 公路施工组织与管理(赖少武) … 35元
10. 公路工程施工组织学(第二版)(姚玉玲) … 38元
11. ◆桥梁工程(第二版)(姚玲森) … 62元
12. 桥梁工程(土木、交通工程)(第四版)
    (邵旭东) ……………………… 65元
13. ◆桥梁工程(上册)(第二版)(范立础) … 54元
14. ◆桥梁工程(下册)(第二版)(顾安邦) … 49元
15. 桥梁工程(第三版)(陈宝春) …… 49元
16. ◆桥涵水文(第五版)(高冬光) … 35元
17. 水力学与桥涵水文(第二版)(叶镇国) … 46元
18. ◆公路小桥涵勘测设计(第五版)(孙家驷) … 35元
19. ◆现代钢桥(上)(吴 冲) ……… 34元
20. ◆钢桥(第二版)(徐君兰) ……… 45元
21. 钢桥(吉伯海) …………………… 53元
22. ▲桥梁施工及组织管理(上)(第三版)
    (魏红一) ……………………… 45元
23. ▲桥梁施工及组织管理(下)(第二版)
    (邬晓光) ……………………… 39元
24. ◆隧道工程(第二版)(上)(王毅才) … 65元
25. 公路工程施工技术(第二版)(盛可鉴) … 38元
26. 桥梁施工(第二版)(徐 伟) …… 49元
27. ▲隧道工程(杨林德) …………… 55元
28. 道路与桥梁设计概论(程国柱) … 42元
29. ◆桥梁工程控制(向中富) ……… 38元
30. 桥梁结构电算(周水兴) ………… 35元
31. 桥梁结构电算(第二版)(石志源) … 35元
32. 土木工程施工(王丽荣) ………… 58元
33. 桥梁墩台与基础工程(盛洪飞) … 49元

三、专业选修课
1. 土木规划学(石 京) …………… 38元
2. 道路规划与设计(符锌砂) ……… 46元
3. ◆道路工程(第二版)(严作人) … 46元
4. 道路工程(第三版)(凌天清) …… 42元
5. ◆高速公路(第三版)(方守恩) … 34元
6. 高速公路设计(赵一飞) ………… 38元
7. 城市道路设计(第二版)(吴瑞麟) … 26元
8. 公路施工技术与管理(第二版)(廖正环) … 40元

注:◆教育部普通高等教育"十一五"、"十二五"国家级规划教材
　　▲建设部土建学科专业"十一五"规划教材

9. ◆公路养护与管理(马松林) …………… 28元
10. 路基支挡工程(陈忠达) ……………… 42元
11. 路面养护管理与维修技术(刘朝晖) … 42元
12. 路面养护管理系统(武建民) ………… 30元
13. 道路与桥梁工程计算机绘图(许金良) … 31元
14. 公路计算机辅助设计(符锌砂) ……… 30元
15. 交通计算机辅助工程(任 刚) ……… 25元
16. 测绘工程基础(李芹芳) ……………… 36元
17. GPS测量原理及其应用(胡伍生) …… 28元
18. 现代道路交通检测原理及应用(孙朝云) … 38元
19. 公路测设新技术(雒 应) …………… 36元
20. 道路与桥梁检测技术(第二版)(胡昌斌) … 40元
21. 特殊地区基础工程(冯忠居) ………… 29元
22. 软土环境工程地质学(唐益群) ……… 35元
23. 地质灾害及其防治(简文彬) ………… 28元
24. ◆环境经济学(第二版)(董小林) …… 40元
25. 桥位勘测设计(高冬光) ……………… 20元
26. 桥梁钢—混凝土组合结构设计原理
    (黄 侨) …………………………… 26元
27. ◆桥梁建筑美学(第二版)(盛洪飞) … 30元
28. 桥梁检测与加固(王国鼎) …………… 27元
29. 桥梁抗震(第三版)(叶爱君) ………… 26元
30. 大跨度桥梁结构计算理论(李传习) … 18元
31. ◆浮桥工程(王建平) ………………… 36元
32. 隧道结构力学计算(第二版)(夏永旭) … 34元
33. 公路隧道运营管理(吕康成) ………… 22元
34. 隧道与地下工程灾害防护(张庆贺) … 45元
35. 公路隧道机电工程(赵忠杰) ………… 40元
36. 地下空间利用概论(叶 飞) ………… 30元
37. 建设工程监理概论(张 爽) ………… 35元
38. 建筑设备工程(刘丽娜) ……………… 39元
39. 机场规划与设计(谈至明) …………… 35元
40. 公路工程定额原理与估价(第二版)
    (石勇民) …………………………… 39.5元
41. Theory and Method for Finite Element Analysis
    of Bridge Structures(刘 扬) ……… 28元
42. 公路机械化养护技术(丛卓红) ……… 30元
43. 舟艇原理与强度(程建生) …………… 34元

四、实践环节教材及教参教辅
1. 土木工程试验(张建仁) ……………… 38元
2. 土工试验指导书(袁聚云) …………… 16元
3. 土力学复习与习题(袁聚云) ………… 35元
4. 桥梁结构试验(第二版)(章关永) …… 30元
5. 桥梁计算示例丛书—桥梁地基与基础(第二版)
    (赵明华) …………………………… 18元
6. 桥梁计算示例丛书—混凝土简支梁(板)桥
    (第三版)(易建国) ………………… 26元
7. 桥梁计算示例丛书—连续梁桥(邹毅松) … 58元
8. 桥梁计算示例丛书—钢管混凝土拱桥
    (孙 潮) …………………………… 32元
9. 结构设计原理计算示例(叶见曙) …… 40元
10. 土力学与基础工程习题集(张 宏) … 20元
11. 道路工程毕业设计指南(应荣华) …… 34元
12. 桥梁工程毕业设计指南(向中富) …… 35元
13. 道路勘测设计实习指导手册(谢晓莉) … 15元
14. 桥梁工程综合习题精解(汪莲) ……… 30元

五、研究生教材
1. 路面设计原理与方法(第三版)(黄晓明) … 68元
2. 沥青与沥青混合料(郝培文) ………… 35元
3. 水泥与水泥混凝土(申爱琴) ………… 30元
4. 现代无机道路工程材料(梁乃兴) …… 42元
5. 现代加筋土理论与技术(雷胜友) …… 24元
6. 道路规划与几何设计(朱照宏) ……… 32元
7. 高等桥梁结构理论(第二版)(项海帆) … 70元
8. 桥梁概念设计(项海帆) ……………… 68元
9. 桥梁结构体系(肖汝诚) ……………… 78元
10. 高等钢筋混凝土结构(周志祥) ……… 27元
11. 工程结构数值分析方法(夏永旭) …… 27元
12. 结构动力学讲义(曾庆元) …………… 35元

六、应用型本科教材
1. 结构力学(第二版)(万德臣) ………… 30元
2. 结构力学学习指导(于克萍) ………… 22元
3. 结构设计原理(黄平明) ……………… 47元
4. 结构设计原理学习指导(安静波) …… 35元
5. 结构设计原理计算示例(赵志蒙) …… 40元
6. 工程力学(喻小明) …………………… 55元
7. 土质学与土力学(赵明阶) …………… 30元
8. 水力学与桥涵水文(王丽荣) ………… 27元
9. 道路工程制图(谭海洋) ……………… 28元
10. 道路工程制图习题集(谭海洋) ……… 24元
11. 土木工程材料(张爱勤) ……………… 39元
12. 道路建筑材料(伍必庆) ……………… 37元
13. 路桥工程专业英语(赵永平) ………… 44元
14. 工程测量(朱爱民) …………………… 30元
15. 道路工程(资建民) …………………… 30元
16. 路基路面工程(陈忠达) ……………… 46元
17. 道路勘测设计(张维全) ……………… 32元
18. 基础工程(第二版)(刘 辉) ………… 32元
19. 桥梁工程(第二版)(刘龄嘉) ………… 49元
20. 工程招投标与合同管理(第二版)
    (刘 燕) …………………………… 39元
21. 道路工程CAD(杨宏志) ……………… 23元
22. 工程项目管理(李佳升) ……………… 32元
23. 公路施工技术(杨渡军) ……………… 64元
24. 公路工程试验检测(第二版)(乔志琴) … 55元
25. 工程结构检测技术(刘培文) ………… 52元
26. 公路工程经济(周福田) ……………… 22元
27. 公路工程监理(朱爱民) ……………… 33元
28. 公路工程机械化施工技术(徐永杰) … 22元
29. 城市道路工程(徐 亮) ……………… 29元
30. 公路养护技术与管理(武 鹤) ……… 58元
31. 公路工程预算与工程量清单计价(第二版)
    (雷书华) …………………………… 40元
32. 基础工程(第二版)(赵 晖) ………… 32元
33. 测量学(张 龙) ……………………… 39元

教材详细信息,请查阅"中国交通书城"(www.jtbook.com.cn)
咨询电话:(010)85285865,85285984
道路工程课群教学研讨QQ群(教师) 328662128　桥梁工程课群教学研讨QQ群(教师) 138253421
交通工程课群教学研讨QQ群(教师) 185830343　交通专业学生讨论QQ群 433402035